Design and Development
of Excellent Online
Open Courses

精品在线开放课程
设 计 与 开 发

张一春　编著

清华大学出版社
北京

内 容 简 介

　　本书是一本系统论述和介绍在线开放课程建设的书，是精品在线开放课程设计与开发的一本实用教材，也是开展信息化教学及资源建设的指导书。

　　全书详细介绍了精品在线开放课程建设的理念、方法与策略，并根据在线开放课程建设的环节从初识在线学习、规划课程设计、准备课程开发、建设课程内容、设计学习活动、检测学习效果、分析课程数据、应用移动交互和拓展教学资源九个方面系统介绍在线开放课程的设计、开发与应用，为教师开展在线开放课程建设和教学应用提供建议与对策。

　　本书是以学习者的视角和在线开放课程的学习流程来编写的，采用了"单元+活动"的形式，结构新颖、内容充实、图文并茂、简便实用，不仅可帮助教师和学生了解在线学习、提高在线开放课程设计和开发水平、有效开展信息化教学改革与创新，也可为视频公开课、资源共享课、教学资源库、大规模在线开放课程（MOOC）、微课等数字化教学资源建设提供帮助，还可为企业教学资源开发者、教育教学改革和研究者、超星泛雅平台和学习通的使用者提供帮助。

图书在版编目（CIP）数据

精品在线开放课程设计与开发 / 张一春编著.—北京：清华大学出版社，2019（2022.8重印）
ISBN 978-7-302-53631-4

Ⅰ.①精…　　Ⅱ.①张…　　Ⅲ.①网络教学－课程设计　　Ⅳ.①G434

中国版本图书馆 CIP 数据核字（2019）第 180692 号

责任编辑：陆浥晨
封面设计：吕　菲
责任校对：王荣静
责任印制：曹婉颖

出版发行：清华大学出版社
　　　　　网　　　址：http://www.tup.com.cn, http://www.wqbook.com
　　　　　地　　　址：北京清华大学学研大厦 A 座　　　　邮　　编：100084
　　　　　社 总 机：010-83470000　　　　　　　　　　邮　　购：010-62786544
　　　　　投稿与读者服务：010-62776969，c-service@tup.tsinghua.edu.cn
　　　　　质量反馈：010-62772015，zhiliang@tup.tsinghua.edu.cn
印 装 者：三河市铭诚印务有限公司
经　　销：全国新华书店
开　　本：185mm×260mm　　　　印　　张：13.75　　　　字　　数：318 千字
版　　次：2019 年 9 月第 1 版　　　　　　　　　　　印　　次：2022 年 8 月第 6 次印刷
定　　价：49.00 元

产品编号：084315-01

前　言

　　近年来，在线开放课程和学习平台在世界范围迅速兴起，拓展了教学时空，增强了教学吸引力，激发了学习者的学习积极性和自主性，扩大了优质教育资源受益面，正在促进教学内容、方法、模式和教学管理体制机制发生变革，给高等教育教学改革发展带来新的机遇和挑战。为加快推进适合我国国情的在线开放课程和平台建设，促进信息技术与教育教学深度融合，推动高等教育教学改革，提高高等教育教学质量，服务学习型社会建设，教育部启动了国家精品在线开放课程的认定工作，拟建设一批以大规模在线开放课程为代表、课程应用与教学服务相融通的优质在线开放课程，以创新在线课程共享与应用模式，推动优质大规模在线开放课程共享、不同类型高校小规模定制在线课程应用、校内校际线上线下混合式教学，推进以学生为中心的教与学方式方法变革。

　　国家精品在线开放课程采用综合考察课程的教学内容与资源、教学设计与方法、教学活动与评价、教学效果与影响、团队支持与服务等要素，以先建设应用、后评价认定的方式，在"十三五"期间规划建设 3000 门国家精品在线开放课程，并推动实施一流课程建设的"双万计划"，即建设 1 万门国家级和 1 万门省级一流线上线下精品课程，建立学分认定制度，推动优质资源开放共享。因此，如何提高教师在线开放课程建设能力和水平，帮助他们更好地建设在线开放课程，推动优质教学资源共享，提高教学质量和人才培养质量，是当下教育教学改革的一个重要方向。

　　本书是一本系统论述和介绍在线开放课程建设的书，是一本精品在线开放课程设计与开发的实用教材，也是开展信息化教学及资源建设的指导书。全书详细介绍了精品在线开放课程建设的理念、方法与策略，并根据在线开放课程建设的环节从"初识在线学习""规划课程设计""准备课程开发""建设课程内容""设计学习活动""检测学习效果""分析课程数据""应用移动交互"和"拓展教学资源"九个方面系统介绍在线开放课程的设计、开发与应用，为教师开展在线开放课程建设和教学应用提供建议与对策。

　　本书是以学习者的视角，根据在线开放课程的学习流程来编写的，采用了"单元+活动"的结构，有"活动导图""活动思考""预备知识""实践操作""活动实践"等部分，以行动学习、合作学习为原则，将理论与实践相结合，操作与练习为一体，突出了"融理论于技术，用技术辅助教学"的宗旨，力求结构新颖、内容充实、图文并茂、简便实用，体现精品特色。

　　本书是集体智慧的结晶，由张一春教授的研究团队共同完成。全书由张一春负责策划、撰写及统稿，参与撰写的人员还有：张文梅（单元一），邓敏杰（单元二），李迎（单元三），陈昊烺（单元四），葛楠、张利娟（单元五），范文翔（单元六）、付雨朦（单元七）、葛楠（单元八）、唐丽（单元九），葛楠还参与了全书的统稿和整理工作。

本书不仅可帮助教师和学生了解在线学习、提高在线开放课程设计和开发水平、有效开展信息化教学改革与创新，也可为视频公开课、资源共享课、教学资源库、MOOC、微课等数字化教学资源建设提供帮助，还可为企业教学资源开发者、教育教学改革和研究者、超星泛雅平台和学习通的使用者提供帮助。

书中参考与引用了许多文献与资料，其中的主要来源已在参考资料目录中列出，如有遗漏，恳请原谅，对资料及案例作者表示感谢。特别感谢王毅、吴善超先生及超星的大力支持，衷心感谢清华大学出版社的鼎力相助。由于作者经验与学识所限，书中谬误在所难免，欢迎读者批评指正。

作　者

2019 年 1 月于随园

目　录

初识在线学习

活动导图

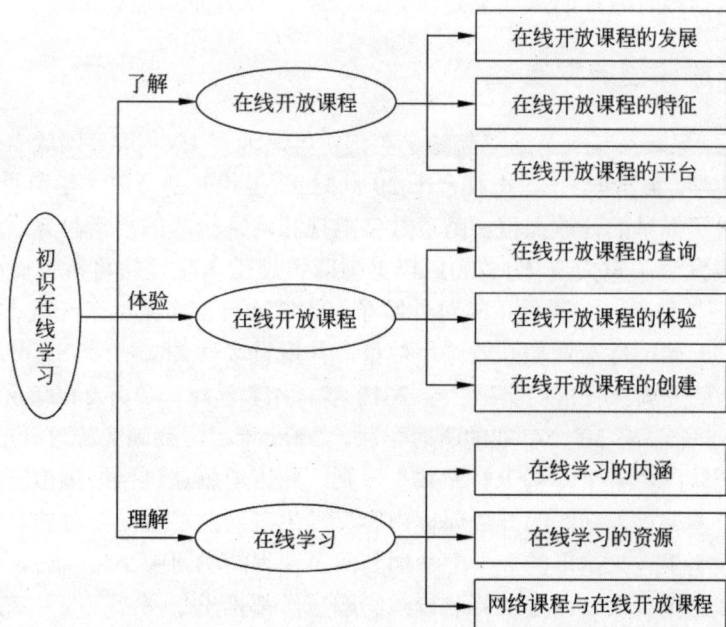

活动思考

1. 网络课程与在线开放课程有何异同?
2. 在线学习与传统课堂学习有何异同?
3. 国内外有哪些在线开放课程的平台? 各有何特点?
4. 在线开放课程一般有哪些结构与功能?
5. 国内外在线开放课程各有何特点?

活动 1　了解在线开放课程

近年来，网络教学和在线学习已经成为教学改革的潮流和趋势，受到越来越多的国内外高校的重视。《国家中长期教育改革和发展规划纲要（2010—2020 年）》指出："开发网络学习课程，创新网络教学模式，更新教学观念，改进教学方法，提高教学效果"[1]。2015 年 4 月 13 日，教育部以教高〔2015〕3 号印发《关于加强高等学校在线开放课程建设应用与管理的意见》，充分肯定了在线开放课程对教育教学的积极作用，鼓励推动适合我国国情的在线开放课程和平台建设[2]。2018 年 1 月 15 日，教育部召开新闻发布会，推出了首批 490 门"国家精品在线开放课程"。2018 年 12 月又推出了北京大学"慕课问道"等 801 门国家精品在线开放课程。由此可见，开发与建设合适的在线开放课程服务于信息化教学是当前教育改革的一项重要任务。[3]

一、在线开放课程的发展

开放课程（open course）最早起源于英国，可追溯至 1969 年英国成立的开放大学开展的远距离教学。英国的 BBC 电视台于 20 世纪 90 年代开播开放大学节目，用来教授相关课程，形成了最早的开放课程。随着数字电视和网络技术的日新月异，远距离教学的理念和实践也发生了重大变化。2001 年美国麻省理工学院开始将所有课程资料上网，2003 年麻省理工学院开放课件正式对外发布。MIT 项目自实施以来一直不断发展，从小规模试点课程开始，逐渐增加开放课程数量，并增设多种外文翻译，充分利用先进技术优势，将优秀的开放课程推向全球。至 2010 年，MIT 已对外公开 2 000 余门课程，内容涵盖 MIT 的 5 个学院 30 个专业的所有学科。2006 年起，英国实施"开放学习"计划，在开放大学团队的主导下，基于资源共享原则，利用电脑通过网络虚拟空间开设了基于网络的在线公开课程。新颖的开放课程内容、师生之间的多元交互方式，以及便捷的课程参与方式吸引了越来越多的大学生参加到网上课程的学习中来[4]。

开放课程出现以后，许多世界名校纷纷响应，都推出了网上在线开放课程。经众多的字幕组翻译后，开放课程在国内得到了广泛的传播，使国内学习爱好者有幸学习到了耶鲁大学、哈佛大学、斯坦福大学、牛津大学等国外一流大学精彩的课程。继网络课程之后，大规模开放的在线课程在国际上迅速发展起来，随即 Coursera、Udacity、edX 这三大 MOOC 在线课程平台迅速亮相，以新的形式吸引了全球的目光。面对这样的发展趋

① 佚名. 国家中长期教育改革和发展规划纲要（2010—2020 年）[J]. 中国高等教育，2010（z3）：1-17.

② 中国教育信息化网. 教育部关于加强高等学校在线开放课程建设应用与管理的意见[J]. 中华人民共和国国务院公报，2015（18）：48-50.

③ 教育部关于公布 2018 年国家精品在线开放课程认定结果的通知（教高函〔2019〕1 号），http://www.moe.gov.cn/srcsite/A08/s5664/moe_1623/s3843/201901/t20190121_367540.html.

④ 钱小龙，汪霞. 美国大学课程国际化之路[J]. 高教发展与评估，2012，28（03）：102-108+124.

势，我国也开始重视自己的在线开放课程的开发与建设。教育部于 2003 年启动了精品网络课程建设，2010 年起开展了精品资源共享课建设，2013 年起建设 MOOC 课程，2016年起建设在线开放课程。但由于发展时间、技术跟进、建设理念等因素，我国在线开放课程的发展还落后于国际上的许多国家。因此，如何借鉴国际在线开放课程建设的经验，结合我国实际情况进一步推进我国在线开放课程建设与发展已成为教育教学改革的又一个突破口。

在线开放课程与传统课程无论是在网络技术的采用方面、课程内容的呈现形式方面，还是在教学活动的开展方面都存在巨大的差异。在网络技术不断发展的过程中，通过与教育教学领域的互动孵化出众多与网络技术相关的教育教学形式，包括网络促进课程、混合课程和在线开放课程。在线开放课程，是面向社会公众的免费开放的网络课程。美国麻省理工学院认为在线开放课程是指其在网络上免费提供的电子教学资源；耶鲁大学认为是一种基于网络环境，有意识、有组织地免费为学习者提供的丰富的超时空、跨地域的正式和非正式学习资源[1]。在线开放课程经过几年的发展，拥有成千上万的学习者和受益者，目前已成为包含视频公开课、资源共享课、MOOC、SPOC、微课等在内的在线课程与资源，为无数远程学习者和自主学习者带来了便捷的学习体验，使知识的传递跨越了时空的限制。

二、在线开放课程的特征

在线开放课程之所以能够受到广大社会公众的青睐，且发展得如此迅速，与其自身独有的特征有着密切关系。总体来说，在线开放课程具有开放性、设计性、多样性、准确性和自由性等特点，具体表现在以下几个方面。

1. 课程的开放性

首先是访问的开放性。开放课程内容可以通过互联网在世界范围内进行广泛的传播，任何学习者都可以在网络环境下自由地访问和学习自己感兴趣的课程，在线开放课程不受学习者身份、地位、时间、空间和人数等的限制。其次，学习的免费性。在线开放课程是免费（或低价）的，很多在线学习平台提供了丰富多样的非营利性课程学习资源、认知工具、技术环境和开发项目等，供学习者免费使用。再次，内容的重复利用性。开放课程可以让学习者重复和循环利用、修改及传播[2]。最后，学习的开放性。学习者可以大规模参与，根据课程学习目标，基于自身原有的知识技能和大家共同的兴趣爱好来自行组织参与相关活动。

---

① 孙苗. 开放课程的学习模式及教育意义分析[J]. 教育现代化，2015（1）：91-95.
② 国家开放大学图书馆. OER 与 MOOC：开放的"异"与"同" [EB/OL]. [2014-05-01]. http://library.crtvu.edu.cn/crtvul_ou_express/41. pdf.

2. 教学的设计性

在线开放课程的主讲教师一般由具有丰富教学经验的名师担任，在线课程的整体结构、内容选择和呈现形式一般都经过了精心的设计，教师针对教学对象开展教学，并利用平台的相关功能设计教学流程。例如，在视频中结合具体内容有针对性地内嵌一些小练习或小测试，这不仅有助于调节学习者的学习状态，还能帮助学习者及时检验并发现自己的学习漏洞，且视频时长较短，适应了学习者的认知特点和学习需求[①]，有效地提高了学习效果。

3. 形式的多样性

网上在线课程可能来自世界各地的高校课堂，来源于世界不同的国家和地区，学习者可能同时学习地域不同、风格不同、特点不同的教师的课程，他们有的课堂可能幽默风趣，有的也可能安静严谨，不同教学风格的教师带来的就是不同表现形式的课程。这些课程有的是理论课，有的是实验课，有的是长课程，也有的是微课程，还有的是 TED 等演讲报告，形式多样，这是在开放式网络环境下诞生的在线开放课程非常明显的一个特征，如图 1-1 所示。

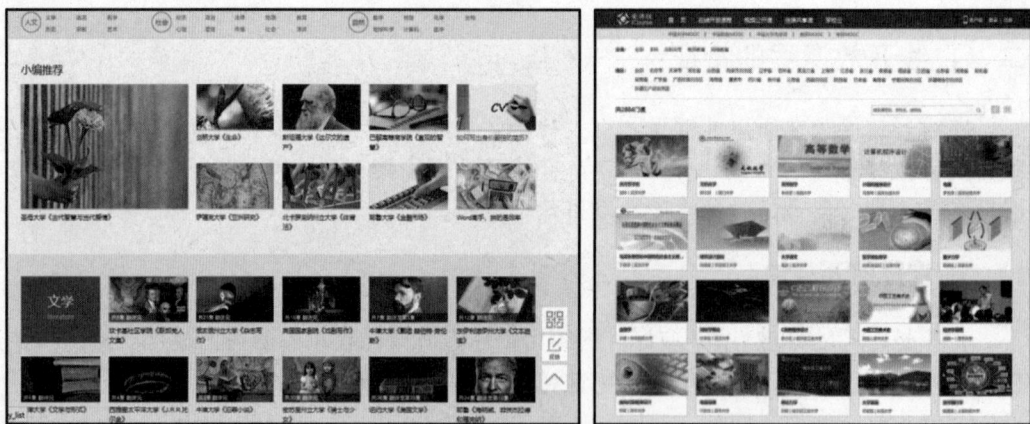

图 1-1　各式各样的在线开放课程

4. 内容的准确性

大量的在线开放课程为学习者提供了广泛的学习内容与广阔的选择空间。在学习一门开放课程之前，学习者首先要明确自己的学习需求，然后搜索选择合适的课程来学习。因此，要求教学者在组织创建在线开放课程前有一个明确的教学定位，针对特定的学习群体进行教学，做到精准教学，即奥格登·林斯利（Ogden Lindsley）于 20 世纪 60 年代基于斯金纳的行为学习理论提出的方法。如图 1-2 所示的《高等数学》在线开放课程中，教师给出了具体的课程介绍、章节目录等信息，让学生明确了解这门课程所讲授

---

① 秦学明，孟红娟. 大规模开放在线课程的特征分析及其发展反思[J]. 软件导刊（教育技术），2015，14（3）：27-29.

的内容，便于学生选择。

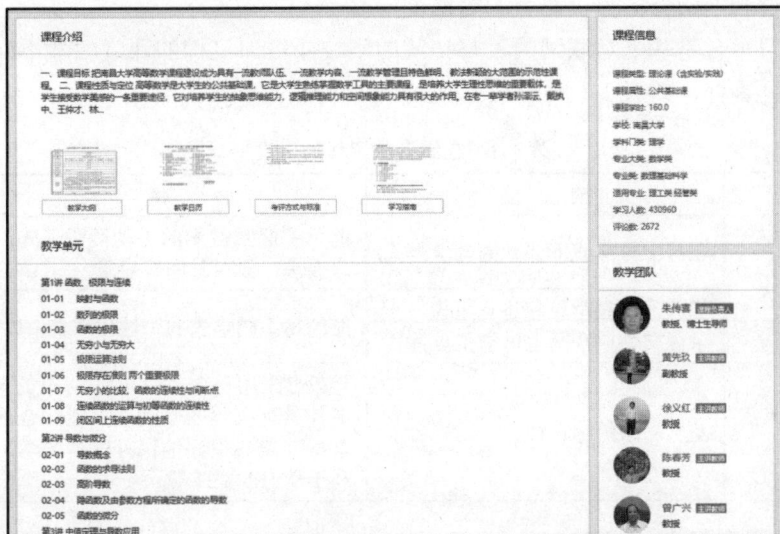

图 1-2　某平台在线开放课程——高等数学教学目录

5. 学习的自由性

斯坦福学习实验室（Stanford Learning Lab）研究表明：学习往往是在一定"零碎"时间中进行，学习者在"移动"中，注意力是高度分散的，需要具备"碎片"式学习经验与获取知识的主动性[①]。在线开放课程与普通课堂教学的最大不同在于其学习形式是线上的。线上化的学习方式给了学习者更多的自由，学习者可充分利用自己的零碎时间，自由合理地安排学习时间，提高时间利用率。

三、在线开放课程的平台

1. 在线学习平台的形式

网络课程都需要依托网络在线学习平台才能使用。该平台是一个包括网上教学、辅导、自学、交流、作业、测试以及质量评估等多种功能和服务的综合教学服务支持系统。

在线学习平台是学习者进行网络学习的媒介，学习者可以在在线学习平台上获取学习资源，参与教学活动，与其他学习者进行交流讨论等。它还可以通过记录学习者在线上参加学习课程的进度，教学互动、课后练习、模拟考试、互相交流等情况，实现对学习者学习情况的全程跟踪管理和对学习者学习需求的全面掌握，还可以通过对学习者的学习数据分析进行学习进度及方向上的调整，让学习者更加系统、全面、科学地学习。在企业中利用在线学习平台，可以实现对员工的远程培训，还可以将学员在线下参加过

---

① 付道明，徐福荫. 普适计算环境中的泛在学习[J]. 中国电化教育，2007（7）：94-98.

的培训、考试等内容导入平台中，组成完整的学员学习培训档案，为领导者对员工素质进行公正评价和准确分析提供有力的数据支持。

在线学习平台是基于互联网的，与传统的学校或培训机构的课堂教学不同，其学习方式也是多种多样，如表 1-1 所示。

表 1-1　在线开放课程的形式

形　式	描　述	特　点
虚拟课堂	在网上模拟线下课堂的教学模式	继承了课堂教学的生动活泼形式，对地域没有要求，但对时间有要求
录像点播平台	把教师的教学过程进行录像，把录像文件放在网上供学生点播	能满足不同学生的个性化需求，针对性较强
多媒体互动课堂学习平台	基于网络的综合性的互动平台	一般会采用符合 SCORM 标准的课件，这类课件具有很强的互动性，能够合理运用各种素材，能够很好地保存学员的学习记录，有利于学习的跟踪

2. 在线学习平台的类型

在线学习平台的形式很多，分类方式也有很多，从用户年龄层可将在线学习细分领域分为基础教育在线学习、高等教育在线学习、职业教育在线学习、社区教育在线学习等；根据功能可以分为通用在线学习平台和专门课程平台；根据学习内容性质可分为综合型、学科型和专题型等。如表 1-2 所示。

表 1-2　以学习内容性质为划分标准的平台类型①

具体分类	适 用 对 象	基 本 内 容	一 般 特 点
综合型	各类学习者	各门类基础知识	网络信息资源广泛汇集，题材广泛，合作的机构和专业人士很多，筛选严格，质量比较高，课程制作比较精良
学科型	相关专业教师、学生	针对某一学科的具体内容	为专业学习者提供学科相关知识，有一定的广度和深度
专题型	相关领域学习者、专业研究人员	围绕特定主题的资源信息	实现专题研讨和知识深化延伸，针对性较强，便于特定学习者之间的经验交流

根据平台功能可将在线学习平台分为 B2B2C 平台型、B2C 服务型、辅导工具型和网校型，如表 1-3 所示。

3. 在线学习平台的功能

在线学习平台能够为学习者提供更多更优质的学习体验，能够帮助学生在课下随时随地进行学习，这与它强大的功能分不开。在学习平台的功能一般有三大类：一是基本功能，即一般学习平台应具有的功能；二是特有功能，即某些学习平台所具有的功能；

---

① 宋吉祥，吴学贤，杨成. 网络学习平台的类型与功能分析[J]. 中国教育技术装备，2005（9）：10-15.

表 1-3 以平台功能为划分标准的平台类型

分 类	描 述	举 例	亮点/不足
B2B2C 平台型	在线教育主流方式,通过和机构合作,个人老师入驻形式,向学习者提供在线和点播的网络授课资源	网易云课堂	(1)课程质量高:偏重精选课程,课程大部分来源于相关机构和个人,严格的审查和遴选,降低用户试错成本; (2)遴选方式多元化:通过"技能图谱""猜你喜欢"等功能,让用户很好地定位自己的知识水平和薄弱点,做出合理课程学习选择; (3)良好的互动性:通过"精选笔记""答疑解惑""题库训练"等功能,形成学习闭环,增加用户黏性
B2C 服务型	自主制造高质量内容,类似电商界的京东,希望通过高质量的内容和服务吸引用户	酷学习	通过网址自主制造一系列有趣的教学微视频(大约 10 分钟)服务于在校学生的教学网站; 亮点:打造微视频概念,有趣,好玩,短小精悍;把一个科目学习内容打散切割成一块块小的部分,有助于学生快速找到薄弱点,利用零碎化时间实现趣味化学习; 不足:缺乏课后讨论和互动,只是单纯的资源观看,没有形成良好的学习闭环
辅导工具型	主要通过答题、智能出卷、闯关做题等方式复制用户学习,多以 APP 为主	百词斩	百词斩为每一个单词都配了有趣的图片和例句,帮助用户在背单词时,建立关联记忆,让记单词成为一种乐趣
网校型	提供真实的 1 对 1 师生视频辅导交流平台,网络家教平台	新东方等	是新东方的一站式学习互动交流平台,提供出国留学、考研培训、英语培训和职业教育培训等,有强大的师资力量与教学资源,先进的教学方法,内容涵盖英语学习规划、成长导航、新东方搜课、新东方老师答问、在线咨询、网上学习等

三是可拓展功能,即有发展潜力甚至延伸组合的功能。如表 1-4 所示。

表 1-4 在线学习平台功能模块

功能类型	具体功能模块	功 能 特 点	适用平台类型
基本功能	学习资源模块	提供学习资源库、网络课程等	适用于各种学习平台
	交流协作模块	提供学习交流空间、工具等	
	资源、用户管理模块	用户管理、学习资源管理、学习申请管理、公告管理等	
特有功能	专题研讨模块	提供研讨任务、空间、工具等	专题型学习平台
	成果展示模块	展示学习者的优秀学习成果	研究性、协作性、探究性学习平台
拓展功能	学习交互模块	实现灵活、适应性学习互动	适用于各种学习平台
	学习评价模块	实现动态评价,形成评价量规,对学习者进行诊断性、形成性、总结性评价等	适用于各种学习平台

　　比如"中国大学 MOOC"平台,其功能可分为运营管理系统、教师发布系统和用户学习系统三大系统,如表 1-5 所示。教师使用中国大学 MOOC 的课程发布系统,可进行发布课件、发布作业、测验考试、线上讨论等一系列完整的 MOOC 课程教学活动。利用

大数据支持教学服务的功能，能够针对线上学生的学习行为结果进行数据追踪统计，为教师和管理者提供完善的数据反馈结果，有利于更好地指导教学方案。平台还有强大的教务接口功能，可以完成师生身份认证、用户信息变更、课程学期数据和成绩数据同步等功能。

表 1-5　"中国大学 MOOC" 功能系统分类介绍

系 统 分 类	面向对象	功　　能
运营管理系统	高校管理员	为其提供管理学校信息、开设课程、开设学期、运营学期等完善的教务功能，同时提供了学生管理、教师管理等便捷的管理功能
教师发布系统	教师、助教	提供强大的教学功能。包含高效简洁的课程内容发布系统、多样化的教学工具、强大的数据反馈、分析和管理功能
用户学习系统	学习者	完整的学习体验：课件、视频、测验与作业、教师答疑、课后讨论等； 更丰富的在线学习形式支持：多倍速视频、自动判题系统、同伴互评等； 多终端的随身学习支持：Web 端体验完整学习，移动端随时随地接力等； 权威证明：高校和教师权威认证的实名证书

如超星泛雅平台，它包含基础、资源和特色三大模块，整合了网络课程建设、教学互动平台、学习空间、全国课程资源中心、移动学习等 14 种功能，为学校量身打造一个能辅助培养学生自主学习、提升老师教学效率、优化学校教学管理的新一代网络教学综合服务平台。如表 1-6 所示。

表 1-6　超星泛雅网络教学平台功能介绍

模块	内　容	简　　介
基础模块	网络课程建设	提供 MOOC 式的课程建设工具，支持各种网络课程形式
	教学互动平台	提供全面网络教学功能，包括作业、考试、通知、互动课堂、PBL 教学、资料、统计等。知识单元化的 MOOC 课程支持辅助教学、闯关模式网络教学、混合式翻转课堂教学等多种教学模式
	学习空间	为用户提供个性化的主页，记录学习历程。可以融入 SNS 的概念，以满足师生之间、生生之间的学习互动交流
	教学管理评估	通过统计教学过程中产生的数据，可以对老师的教学情况、学生的学习情况、课程访问情况等进行全面的、可视化的统计分析，以帮助学校和老师更好地进行教学管理评估
	网络教学门户	提供能充分展示学校特色的门户首页，可实现新闻动态显示，具备信息发布和页面自定义、访问统计分析、统一检索等功能
资源模块	全国课程资源中心	整合了全国高校各院系的众多课程，并以课程为中心，整合与课程相关的各种精品资源，包括各高校的名师视频课程、网络精品共享课程以及与课程相关的图书、期刊等
	备课资源库	提供数量种类众多的电子图书、学术视频、课件等教学、学习资源，以供老师在教学和备课时使用
	泛雅课程共享中心	汇集所有联盟课程以及在泛雅平台上的优质课程

续表

模块	内　容	简　介
特色模块	移动学习	泛雅可支持各种移动终端，满足师生随时随地移动学习
	本校资源管理平台	是面向高校教学管理部门及全校老师提供教学资源管理的服务平台，它通过对学校教师和院系手中的各种教学资源进行系统的归类和整理，并将文件加以统一的管理和存储，实现有效管理与控制
	专业教学资源库	帮助学校专业实现教学资源有组织地建设、管理及共享。针对不同专业创建独立网站进行资源管理
	质量工程	主要包括政策文件发布、在线项目管理、项目统计分析和项目成果展示等。同时，平台还提供附件文档的在线阅读、项目公文模板自定义等特色功能
	教师发展中心	可以展示学校教学风采，开展教师培训，促进教师间的交流与资源共享，管理教师学分及教学档案
	泛雅联盟	以庞大的泛雅用户群体作为联盟的用户基础，为联盟成员拥有海量的课程资源提供数据支持

4. 常见的在线学习平台

（1）新浪公开课

新浪公开课创建于 2010 年下半年，由新浪教育频道发起和制作。它是一个为大学生、中学生、家长、领导、政府及事业单位等群体提供世界各大名校和国内知名高校课程资源的网络视频教学共享平台，目前已拥有海量国外高校公开课视频，对用户的针对性较强，同时支持网页、iPad、移动 APP 等多种终端，如图 1-3 所示。

图 1-3　新浪公开课首页

网址：http://open.sina.com.cn

（2）网易公开课

网易公开课创建于 2010 年 11 月 1 日，是面向社会大众提供世界各大名校和国内知名高校课程资源的公开免费课程平台，它的内容涵盖人文、社会、艺术、科学、金融等众多领域，目前已发展为涵盖众多国际名校和中国大学公开课的大型资源聚集地，后期新加入了可汗学院与 TED 精彩视频栏目，如图 1-4 所示。

图 1-4　网易开课首页

网址：http://study.163.com

（3）爱课程

爱课程由教育部、财政部合作创建于"十二五"期间，它是服务于高校师生和社会大众的高等教育课程资源共享平台，提供优质教育资源共享和个性化教学资源服务。目前网站内已集中千余门中国大学视频公开课和中国大学资源共享课，集中分享优质中国高等教育资源，如图 1-5 所示。

图 1-5　爱课程首页

网址：http://www.icourses.cn

（4）超星泛雅

超星泛雅由超星集团研发并发布于 2013 年，它是服务于社会大众的新一代网络教学平台，它整合了超星资源库、互联网、学校等资源，为用户提供个性化的课程定制和教学服务。泛雅平台目前已拥有千余门专业课程资源，它以泛在教学与混合式教学为核心思想，集大规模在线开放课程及精品课程建设、教学互动、资源管理、教学成果展示、教学管理评估于一体，实现了个性化、因材施教的高效教学管理模式，如图 1-6 所示。

图 1-6 超星泛雅平台首页
网址：http://fanya.chaoxing.com

（5）Blackboard

毕博（Blackboard，BB）教学平台，是由美国 Blackboard 公司 1997 年开发、2003 年进入中国的在线教学管理系统，集课程建设、资源管理、移动学习、社区学习、交流互动、统计测评、在线课堂于一体，满足学生在课堂内外进行自主学习和协作学习的需求。Blackboard 平台能支持百万级用户的教学。全球有超过 100 多个国家的 19 000 多个大学及教育机构使用 Blackboard 产品，其中包括著名的普林斯顿大学、哈佛大学、斯坦福大学、西北大学、杜克大学等。中国数百个用户遍及高等教育、基础教育、职业教育和企业培训等领域。如图 1-7 所示。

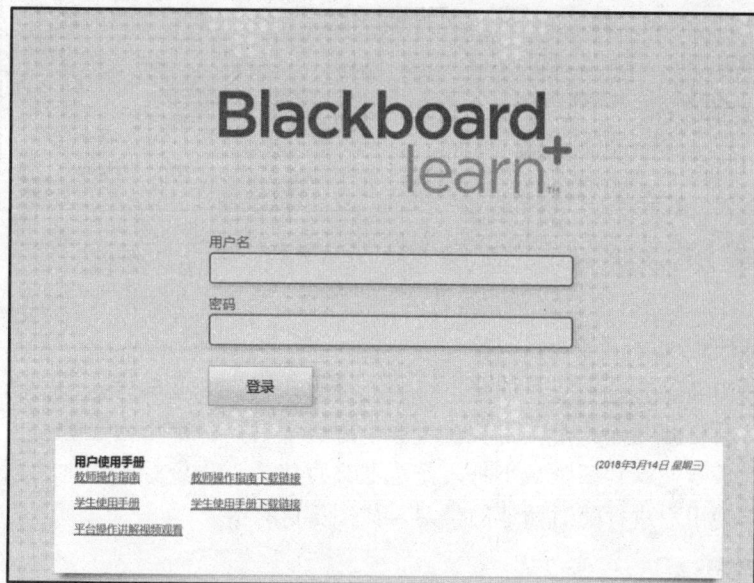

图 1-7 Blackboard 平台首页
网址：http://www.blackboard.com.cn/

（6）学堂在线

学堂在线是由清华大学研发出的中文 MOOC 平台，于 2013 年 10 月 10 日正式启动，平台的国内课程来自清华大学、北京大学、复旦大学、西安交通大学、中国科技大学、台湾新竹清华大学、台湾新竹交通大学等著名高校；国外课程则来自麻省理工学院、加州大学伯克利分校、斯坦福大学、荷兰代尔夫特理工、澳大利亚昆士兰大学等世界一流大学。学堂在线积极利用在线教育资源促进混合式教学模式创新。混合式教学旨在通过更有效率、更为弹性的学习方式，充分利用并结合线上与线下学习的不同特点，提升学习效果。迄今，学堂在线为国内超过 100 个大专院校及机构搭建了小规模私有在线课程（SPOC）平台，使这些机构能借此开展在线课程建设并推进基于在线课程的混合式教学实践，如图 1-8 所示。

图 1-8 Coursera 首页

网址：http://www.xuetangx.com/

（7）智慧职教

智慧职教由高等教育出版社创建，是为社会大众提供职业教育课程资源与培训的职业教育数字教学资源共建共享平台和在线教学服务平台。目前平台已拥有大量职业教育院校合作，开放专业课程门类数十种，是职业教育优质课程资源聚集地，同时支持移动设备登录，方便用户进行随时随地的学习，如图 1-9 所示。

（8）Coursera

Coursera 由 Andrew Ng 和 Daphne Kollerr 创建于 2012 年 4 月，是服务于社会大众的免费在线公开课。它同斯坦福大学、密歇根大学、普林斯顿大学、宾夕法尼亚大学等世界顶尖大学合作，在线提供免费的网络公开课程，并开发了多国字幕翻译。Coursera 于 2013 年 10 月进驻中国，并上线了移动 APP，提供来世界各国名校的海量优质教学资源。Coursera 需要在网站注册并进行课程报名才能学习，有些课程需要缴纳一定数额的学费，如图 1-10 所示。

图 1-9　智慧职教首页

网址：http://www.icve.com.cn

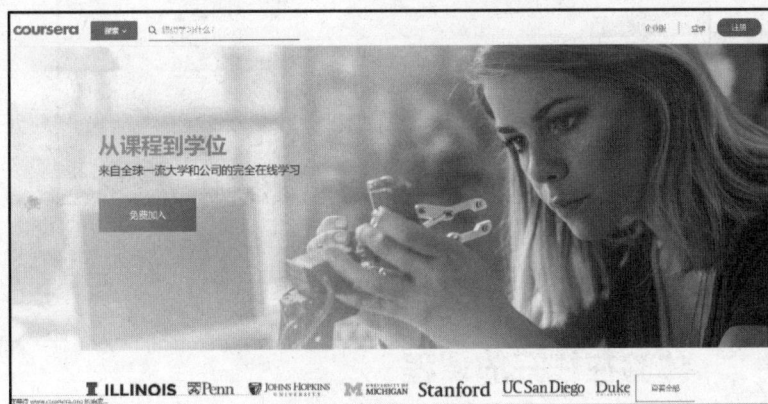

图 1-10　Coursera 首页

网址：https://www.coursera.org

（9）Udacity

Udacity 创建于 2011 年，是一家面向社会大众的营利性质的在线网络教学平。Udacity 提供在线教学，并与业内许多公司合作，为毕业生解决就业问题。目前有 900 万用户，正在向学位制方向转变。它采用由教授简单介绍主题后便由学生主动解决问题的类似于"翻转课堂"的教学模式，平台上不仅有教学视频，还有自己的学习管理系统，内置编程接口、论坛和社交元素，如图 1-11 所示。

（10）edX

edX 由麻省理工和哈佛大学联合创建于 2012 年 4 月，是一家面向社会大众提供在线课程教学并应用此平台进行教学法研究的大规模在线开放课程平台。它不仅提供在线课程教学，还有对教学法的相关研究，但目前只能在 Youtube 上观看，如图 1-12 所示。

图 1-11　Udacity 首页

网址：https://www.udacity.com

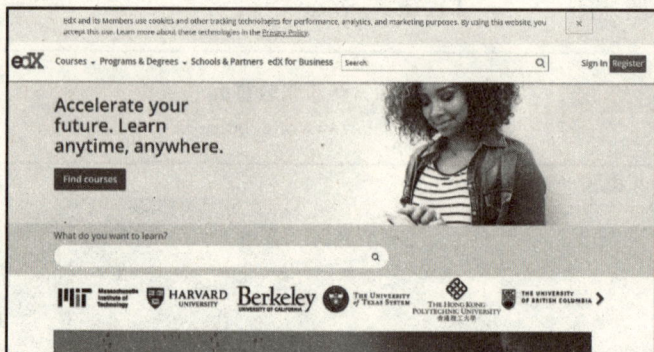

图 1-12　edX 首页

网址：https://www.edx.org/

活动 2　体验在线开放课程

一、在线开放课程的查询

　　一门完整的在线开放课程一般要包括课程简介、课程视频、教学课件、测试与作业、交流讨论、考试评价等环节。观看一些优秀的在线课程，不仅可以学习到有益的知识，也能够了解在线开放课程的设计与建设的情况，有利于教师自己开发与建设在线开放课程。

　　如果要查找在线开放课程，首先要明确自己的目标与需求，才能搜索到符合要求的课程。其次要选择一个合适的在线开放课程平台。如要查询国外的原版课程，可以找Coursera、Udacity、edX 等国外在线开放课程网站；如果要查找翻译过的国外课程，可以找新浪、网易公开课平台等国内平台；如果要查询国内的课程，可以找爱课程网、中国大学 MOOC、超星泛雅等平台。选好平台后，在这些平台的查询对话框中输入课程的关键词查询，或通过分类搜索来查询即可。

　　例如我们要查询法律方面的课程，可以先找到法学大类，然后再根据理论法学、法律社会学、立法学等多种分类来查询；如果想要了解法律常识，可以选择有关法律的著名学校的公开课，如网易公开课中斯坦福大学的"法律学"公开课、中国政法大学的"法律逻辑与方法"等；如果想要参加有关法律方面的考试，需要有关老师辅导讲解知识点的，则需要选择网校性质的辅导类型的课程。

如果我们想要在中国大学 MOOC 上查询音乐方面的课程，则可在中国大学 MOOC平台上，在检索框中输入"音乐"，检索后即可查询出 137 个与"音乐"有关的课程，如图 1-13 所示。

图 1-13 在线开放课程查询

二、在线开放课程的体验

目前网络上有很多优秀的在线开放课程可供学习者自由选择学习，下面以超星泛雅平台中的课程为例，体验学习在线开放课程。

1. 以学习者角度

以学习者身份登录平台的"信息化教学理念与策略"课程，点进课程，会看到整个课程的章节，还有课程介绍及教师团队等基本资料，如图 1-14 所示。

有的课程是开放的，有的课程需要注册才能学习。进入本课程之后，可以按照课程的要求和提供的内容开展学习。如在此门课程中，在进行正式的课程学习之前，需要先做一份问卷前测，以了解学习者对信息化教学的了解程度，以方便制定更有效的课程学习方案。接下来，就按照每个单元的环节进行学习。完成相关课题任务，如图 1-15 所示。

图 1-14　课程首页

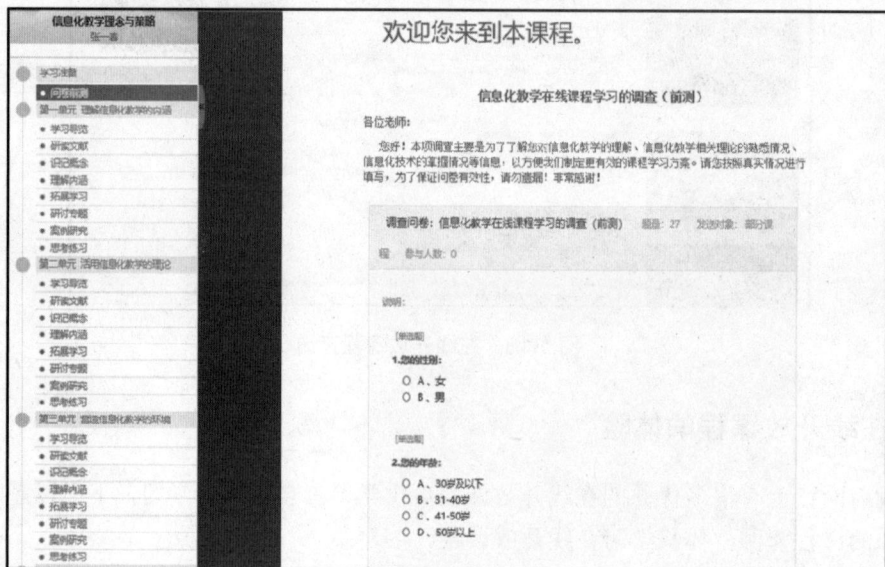

图 1-15　问卷前测

如果要学习相应的章节内容，就可以单击相应的版块，根据教学提示和要求进行，如图 1-16 所示。

2. 以教学者角度

以教师的身份登录平台，可以设计建设整门课程。教师在使用平台制作在线开放课程时不需要过多地考虑技术问题，可以很方便地建设课程。

如"信息化教学理念与策略"课程是南京师范大学"随园微校"课程群中的一门课

程，教师单击该课程封面图片，即可进入课程登录界面，如图 1-17 所示。

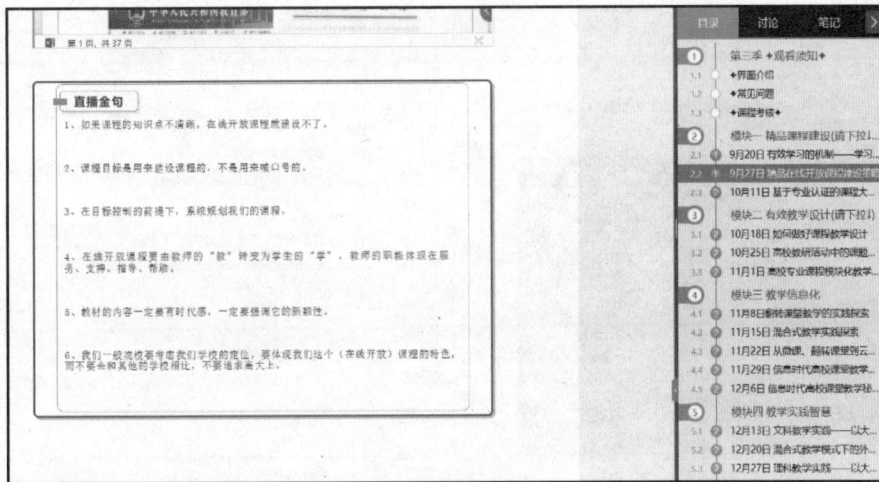

图 1-16　学习内容

图 1-17　课程登录界面

该课程的教学对象是对信息化教学有一定了解且想进一步了解的学习者，在具体的教学过程中，教师采用的基本教学策略是"分专题讲解+问题研讨+具体案例剖析+思考练习"，该课程将每一单元划分为八个层次，分别为学习导览、研读文献、识记概念、理解内涵、拓展学习、研讨专题、案例研究和思考练习八部分，以便学习者对单元知识的理解与掌握能够逐步展开。

首先，教师把所要教授的课程分为若干个专题，每个专题上传一些相关的材料，供学生课内外浏览，可以有文字、视频、图片等多种形式，如图 1-18 所示。

其次，教师根据每个章节的内容，安排不同形式的问题研讨，如观看视频回答问题，或本单元的相关思考讨论，教师也可以通过创建相关活动、展开话题谈论的方式让学生都参与到专题研讨中，以此来加深学生对概念知识的理解，如图 1-19、图 1-20 所示。

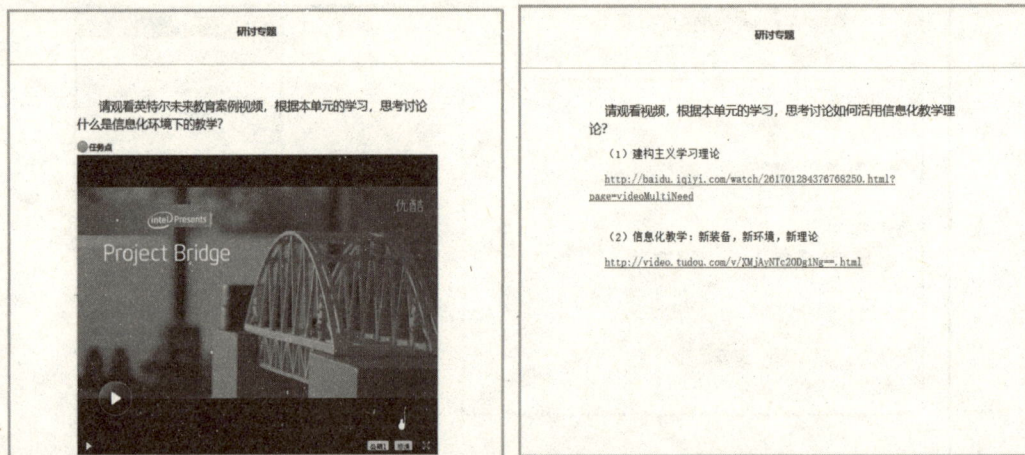

图 1-18 "研讨专题"形式

图 1-19 创建活动页面

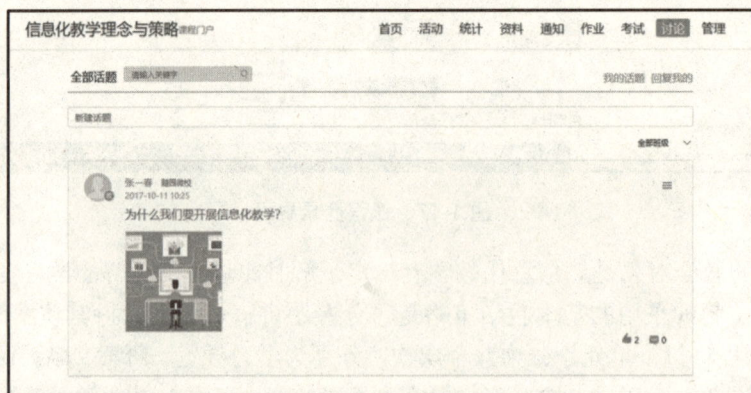

图 1-20 话题讨论页面

最后，教师可以通过平台上的管理功能，管理各个班级的学生，按照不同班级的学习进度合理调整课程安排。

总体来说，该课程组织教学内容的思路比较清晰，可以通过研究专题进行学习和研究，然后通过专题研讨的活动和相关讨论，在表达自己的学习和研究成果的同时，也可以通过其他同学的补充讨论来了解自己看法的不足之处。教师在该课程中主要起引导、帮促作用。

三、在线开放课程的创建

由于在线开放课程平台提供了许多教学中的功能与技术，因此使用平台创建课程，对教师的技术要求比较低，教师只要把精力放在课程内容的设计制作上，就可以很轻松地完成课程的建设。本书以超星泛雅平台为例，介绍在线开放课程的设计与开发。

① 创建课程。创建一门课程需要以教师身份登录平台，然后单击右上方创建课程就可以新建一门属于自己的课程，如图 1-21 所示。

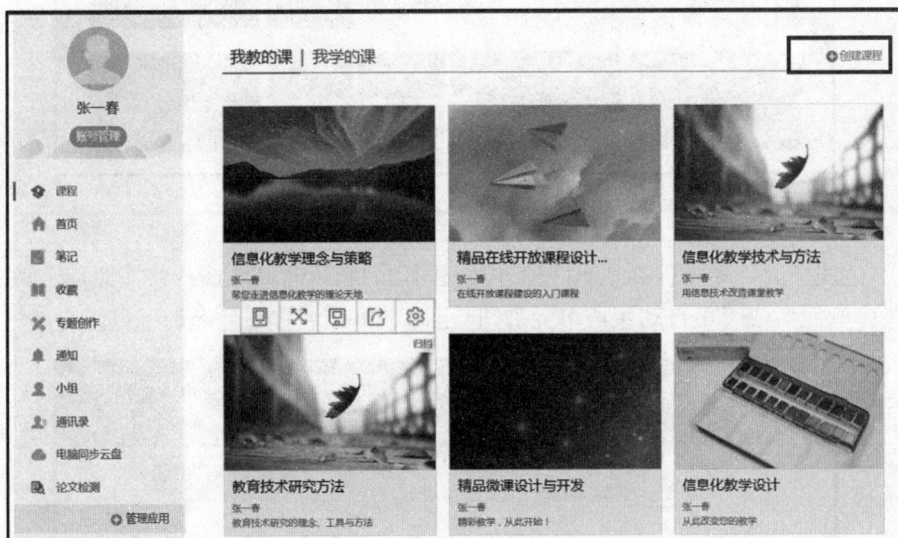

图 1-21　创建课程页面

② 完善信息。进入新建页面，输入课程名称、教师和课程相关说明（如没有说明，可不填），信息确认无误后单击下一步，如图 1-22 所示。

图 1-22　创建课程——填写课程相关信息

③ 设计封面。平台中会提供一些封面图片，也可以自行设计或查找合适的图片作为课程封面，如图 1-23 所示。

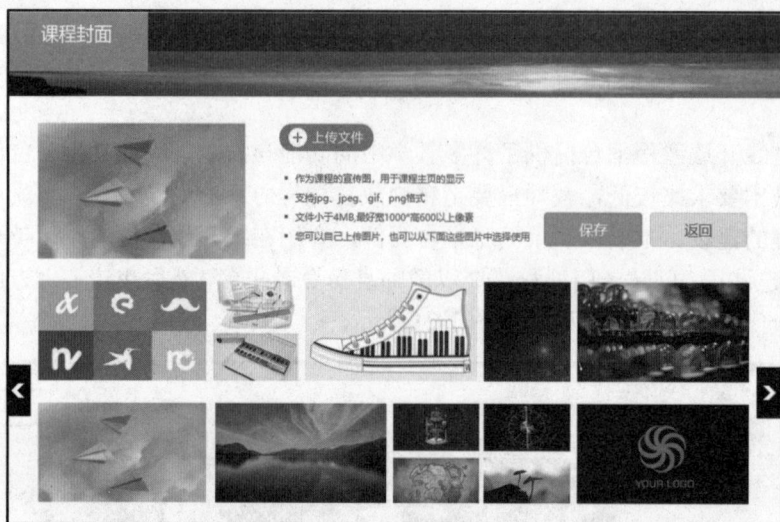

图 1-23　选择课程封面

④ 生成单元。单击保存以后，会出现图 1-24 所示选项，选择"按照周、课时自动生成课程单元"或"不自动生成单元"，自己确定单元名称与环节。

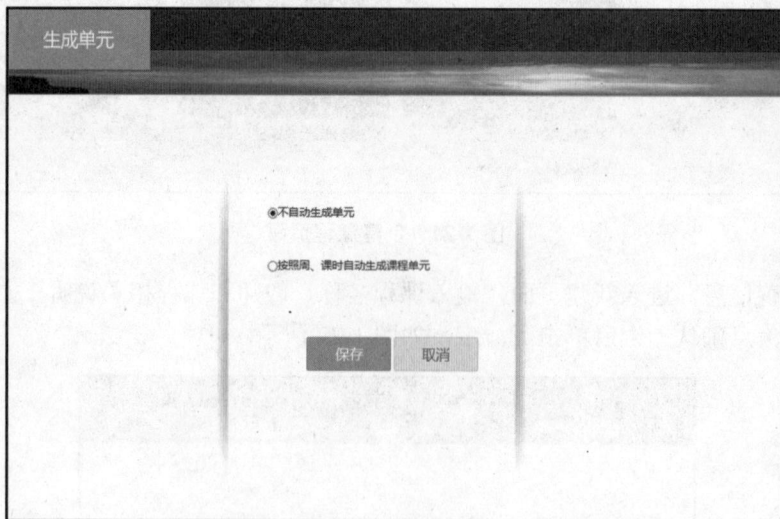

图 1-24　生成单元

⑤ 保存已选封面。出现课程内容创建的页面，单击"编辑"，就可以设计自己的课程啦，如图 1-25 所示。

⑥ 添加课程内容。课程创建好后，就可以开始添加完善课程内容，设置课程各项功能，逐步完成整门课程的建设。

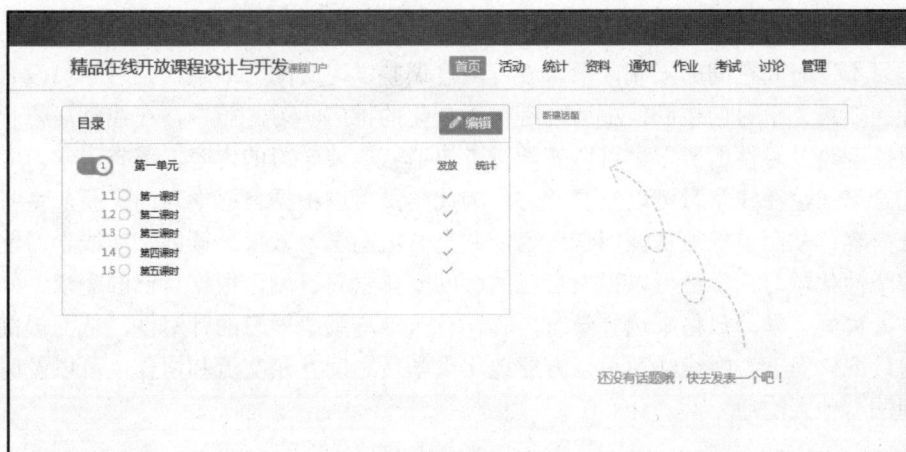

图 1-25　课程内容编辑

◈ 活动 3　理解在线学习

一、在线学习的内涵

1. 在线学习内涵及特点

在线学习（e-learning），是指在由通信技术、微电脑技术、计算机技术、人工智能、网络技术和多媒体技术等所构成的电子环境中进行的学习，是基于技术的学习。随着计算机网络普及度的不断提高，以互联网等先进技术为中介进行的线上活动越来越多。近年来，在教育领域，与在线学习相近的概念也越来越多，常见的如表 1-7 所示。

表 1-7　在线学习的相关概念介绍

相关名词	含义
远程教育	是学生与教师、学生与教育组织之间采取多种媒体方式进行系统教学和通信联系的教育形式[1]
开放教育	即教育对象的开放、教育资源开放、学习方法开放、教学过程开放的教育形式，是相对封闭教育而言的
在线教育	是一种基于网络的学习行为
开放学习	是指面向社会各类对象，不受传统教育机构常有的种种入学条件限制，采用多种形式和手段组织进行的有计划的学习
在线学习	是通过应用信息科技和互联网技术进行内容传播和快速学习的方式，是基于技术的学习
移动学习	是一种在移动设备帮助下的能够在任何时间、任何地点发生的学习，移动学习所使用的移动计算设备必须能够有效地呈现学习内容并且提供教师与学习者之间的双向交流
混合学习	其主要思想是把面对面教学和在线学习两种学习模式进行整合以达到降低成本、提高效益的一种教学方式

---

[1]　马海文. 如何提高远程教育中学生的学习效果[J]. 教育革新，2008（11）：71.

在线学习作为信息化时代十分流行的一种学习方式,具有自己的特点与优势。第一,在线学习不受时间空间的限制,学习者可随意调整学习时间与地点,且对学员没有任何软硬件的要求,学习门槛低,更适合进行大众化的推广学习。第二,在线学习符合当今时代对速度与及时性的要求,可以使学习者快速获取要学习的内容,节省了学习者等待的时间。第三,在线学习可以反复学习,因此学员可以根据自己学习的需要,重听或重学部分内容,从而更好地掌握所学内容,并充分巩固学习效果。第四,在线学习能很好地实现个性化学习,学员可以根据自己的时间安排学习进度,根据自己的需求、知识背景、个人喜好、学习风格来选择学习内容,有效地增强了学习的针对性,从而提高个人的学习效率。第五,在线学习可以方便地实现学员之间互相交流和协作,可以及时把自己的想法与他人沟通。

2. 在线学习模式

在线教育最突出的特点是利用网络等各种媒体资源,以学生自主学习为中心,实现学生对知识的掌握。而在线学习的过程是一个互动的过程,学习活动的建立以学生的实际需求为基础,通过一系列在线方式引领学生学习,激发学生学习热情,提高学习效果。

在线学习模式主要有两种:自主式在线学习模式和引领式在线学习模式[①],如表 1-8 所示。

表 1-8　在线学习模式分类

在线学习模式分类	概　念	特　点	优　势	不　足
自主式在线学习模式	是一种由学习者自己制订学习计划、确定学习目标、选择适合自己的学习方法、控制学习进程、评价学习结果的体现主体能动性的在线学习方式	强调是学习者自主学习的行为,以人本主义思想为基础,以学习者为中心,实质仍属于自学的一种形式	学习者可以享有充分的自由,数字化学习资源可以充分复用、可大幅度节约有限的师资资源	对学习者要求高,交互性差,学习效率相对较低,学习效果不一定理想
引领式在线学习模式	指在助学者的引导下,学习者在特定的时间内,有目的、有计划地学习指定的在线课程,在线课程的主体是助学者与学习者之间的交互性学习活动,这种交互学习活动也是学习者获取知识的主要途径	重心在于教师的引导和带领,课程设计以促进学员之间的沟通与协作为出发点。强调教师参与、学习者的非自主性和人与人之间的交互	良好的互动交流活动能够正确引导学生学习,减少弯路	盲目扩增助学者人数易导致教学资源浪费;学生的自由度受限制,学生学习较被动

二、在线学习的资源

随着信息技术的快速发展,信息化教学资源建设推动进程也加快了步伐。我国的信

---

① 肖为胜,方志军. 在线学习模式浅探[J]. 教育学术月刊,2009(6):108-109.

息化教学资源建设经历了从资源共享课到 MOOC、SPOC 等网络课程，再到公开课、微课等视频课，一直到现在逐渐发展成为范围更广泛、形式更多样的在线开放课程。

信息化教学资源，广义上是指以现代信息技术为基础和核心，支持教和学活动的所有因素和条件，狭义上是指支持教和学活动的学习材料、学习工具和交流工具等资源，是经过数字化处理或者经过再加工和制作的、可以在多媒体计算机与网络环境下运行的、能够展现相关知识节点内容的教学材料。它的目的是支持教学活动，使教学更有效地达成教学目标，其重要特征是以现代信息技术为依托，它是现代教学资源系统的组成部分。信息化教学资源具有便捷化、数字化、网络化、多媒化、超媒化、共享化和互动化的特点，与传统的教学资源相比，信息化教学资源具有众多优势，如表 1-9 所示。

表 1-9　信息化教学资源与传统教学资源的异同

表现方向	传统教学资源	信息化教学资源
资源类型	类型单一，多为工具资源	类型多样，包括环境资源、信息资源、人力资源、工具资源等
设计理论	通常对于不同的人群，设计理论具有一定的针对性，适用范围有限	综合融入多种理论，如传播学理论、心理学理论、学习理论等
学习理念	一般滞后于最新技术理念的发展，受情境场所的限制，理念相对落后	紧随时代发展而不断更新，融合各种新型学习理念如泛在学习、混合学习、开放学习、自主学习等
学习模式	受限于课堂、时间与特定的学习者	模式多样且多变，如探索新知、任务驱动、专题研究等
建设策略	忠于课堂和学生	强调基础、重在设计、体现特色、泛在共享

信息化教学资源的普遍应用实现了多重转变，从学生视角来看，从注重技术转变为注重设计；从课堂视角来看，从展示资源转变为展示教学；从过程视角来看，从传递知识转变为促进学习；从效益视角来看，从共享给予转变为共建协作。在线学习就是在信息化环境下，以任务为线索，以活动为纽带，以为学为思想，以应用为共享，以适应技术支持下灵活多变的学习方式，如表 1-10 所示。

表 1-10　在线学习资源的形式

资源形式	应用目的	应用特征	应用形态
素材类学习资源	这些资源一般是根据特定的教学目的和应用目的，将多媒体素材和资源进行有效的组织	传播教学信息的基本材料单元	主要包括文本、图形/图像、音视频和动画等媒体素材
集成型学习资源		是一种"复合型"的资源	课件与网络课件、案例、操作与练习型、虚拟实验型、微世界、教育游戏类、电子期刊类、教学模拟类、教育专题网站、研究性学习专题、问题解答型、信息检索型、练习测试型、认知工具类和探究性学习对象等
网络课程	按一定的教学目标、教学策略组织起来的教学内容和网络教学支撑环境	网络课程顺应人们需要终身学习这一趋势，给人们随时获取新知识提供了便利和强有力的支持	网络教学支撑环境特指支持网络教学的软件工具、教学资源以及在网络教学平台上实施的教学活动

三、网络课程与在线开放课程

网络课程是通过网络表现的某门学科的教学内容及实施的教学活动的总和，包括两个组成部分：按一定的教学目标、教学策略组织起来的教学内容和网络教学支撑环境。网络课程是在先进的教育思想、教学理论指导下的基于 Web 的课程，其学习过程具有交互性、共享性、开放性、协作性和自主性等主要特征。网络课程是最基本的教学单位，而教学资源则是网络课程建设的最基本素材，包括授课教案、教学课件、素材案例、实验演示、职业技能要求等，作业练习、测试题等。在线开放课程是基于网络教学平台建设的，是真正可以应用于网络辅助学习的，能够通过应用而持续更新，具有持久生命力的开放课程。在线开放课程建设的核心是网络课程建设与应用。网络课程既是教学的基础，也是在线开放课程的核心，其建设是校园数字化教学的基础，能极大地促进学校优质课程资源建设。网络课程是一个大的概念，可以涵盖在线开放课程。网络课程是由网络课程资源和网络课程活动两部分组成的，在线开放课程也包含资源和活动两部分，因而也属于网络课程的范畴。

但在线开放课程也具有某些与传统网络课程不同的特点，如表 1-11 所示，在线开放课程在类型、开放性、规模和灵活性方面与网络课程表现出一些差异。

表 1-11　网络课程与在线开放课程的异同

特点	网 络 课 程	在线开放课程
类型	根据教学目标的不同，可分两种类型——自主学习型网络课程和引导学习型网络课程。引导学习型网络课程以老师引导为主，辅助学生完成课程内容、作业、测试等学习活动；一般作为课堂教学的辅助平台。自主学习型网络课程以学生探究学习和协作学习为主，提供多种教学策略，指导学生自主完成整个课程的学习；适用于选修课课程、职前培训课程、终身学习课程为主	在线开放课程类目繁多，但主要以引导学习型为主，专业性更强
开放性	传统的网络课程大都是放在某个校园网或局域网的，是为学校或特定机构的教学服务的，需要专门注册登录才能进入。一般学校内的网络课程，大都是辅助课堂教学的，而在远程教育系统则以独立形式存在为主	平台一般是基于互联网而不是某个局域网的，对全体大众开放，不仅仅限于某个学校或机构的正式学习者，无须注册缴费也可以学习，但若想进入课程的核心领域或取得学分和证书，则仍需注册缴费。在课程建设或活动组织方面，人人都可以为在线开放课程提供学习资源和话题，都可以参与各种学习交流活动
规模	规模较小，学习者人数往往不多，以正式学习者为主	规模较大，人数动辄几千上万，除了正式学习者以外，也包含各种打酱油的临时学习者，可谓来者不拒
灵活性	传统的网络课程一般由学校课程移植而来，强调学科和专业的系统性、逻辑性。其视频课件往往参照课堂教学形式录制，长度一般较长	在内容和形式方面更为开放，内容不仅限于传统的学科和专业，更贴近学习者的生活和需求，更注重综合性、普适性、生成性，更重视学习过程中的互动而不是灌输，其视频形式一般也短小精悍，向微课程靠拢。评价方式也更灵活多元，比如更多地引入同伴互评等

活动实践

请在在线开放课程平台上完成以下操作。

1. 课程体验与评价。在平台上查询一门你感兴趣的课程，进行观看学习，了解课程的结构、内容、教学过程与要求。

2. 学习课程。注册登录"信息化教学理念与策略"课程，根据课程向导，完成问卷前测及系统活动和作业。

3. 创建课程。在尝试使用课程创建向导开设一门课程，并搭建目录。

规划课程设计

活动导图

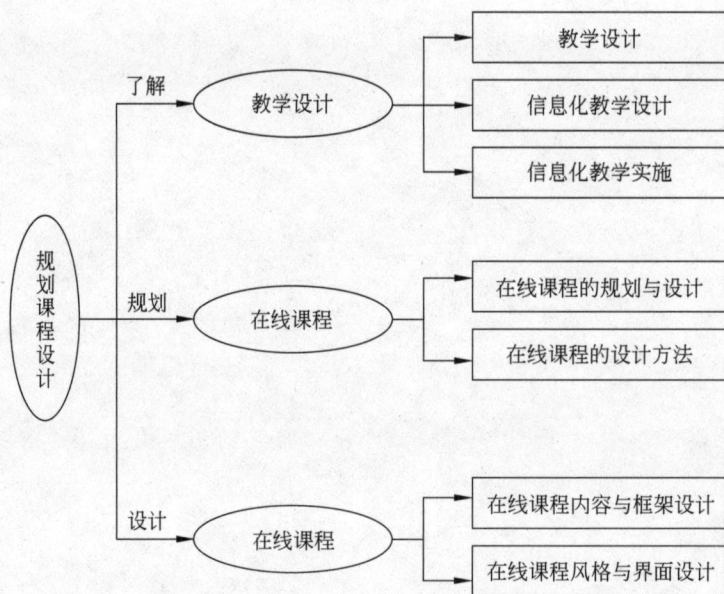

活动思考

1. 何为信息化教学设计?
2. 如何规划与设计在线开放课程?
3. 如何进行在线开放课程的内容与框架设计?
4. 如何定制在线开放课程的风格和界面?
5. 在线开放课程的设计与实际的课堂教学设计有何不同?

◆ 活动1　了解教学设计

要建好一门在线开放课程，首先要对课程和教学进行设计与规划。

一、教学设计

加涅认为，教学是以促进学习的方式影响学习者的一系列事件[①]。因而，它是一项有明确目的的人类活动。设计简言之就是一种有目的的创作行为。信息社会的快速发展对教育提出了较高的要求，因此我们也需要对教学进行精心的设计，以促进教育目标的高效达成。同时，通过教学设计，也利于教师的教学工作由个人经验走向科学化。那么，如何才能设计好教学呢？这就需要我们对教学设计有所了解。

1. 教学设计的含义

教学设计（instructional design，ID），也称作教学系统设计（instructional system design，ISD）。关于教学设计的定义，目前国内外不同的学者观点并不完全一致。但国内总体认为，教学设计是以传播理论、学习理论和教学理论等为基础，运用系统论的观点和方法，分析教学中的问题和需求，确定教学目标，设计和开发解决教学问题的策略方案、实施解决方案、评价实施结果并对方案进行修改，从而找出最佳解决方案的过程。它以系统科学方法论为指导思想，对教学问题的分析为依据，目的是使教学效果最优化。

教学设计也是创建教学系统的过程，它把教学系统作为其研究对象。教学系统是对用于促进学习的资源和程序的安排。其中，课程设置计划、课程大纲、课堂教学过程、单元教学材料等看成不同层次的教学系统。教学设计作为一个系统计划的过程，是应用系统方法探究教学系统中的各个要素之间的本质联系，包括教师、学生、教学内容和教学媒体，以及教学目标、教学策略和教学评价等，并使之有机结合完成教学系统的功能。

教学设计一般可归纳为三个层次，分别是以"产品""课堂""系统"为中心的层次。它是一门应用性很强的学科，将教与学的理论与教学实践、设计实践等连接起来，侧重于问题求解中方案的寻求和决策过程。目前，已在学校教育、全民的社会教育和继续教育，以及遍及工业、农业、金融、军事、服务等各行业、各部门的职业教育和培训中得到广泛应用。

2. 教学设计的一般模式

模式是再现现实的一种理论性的简约形式。因此，教学设计的过程模式是一套程序化的步骤，是在教学设计的实践中形成的一种理论表现形式，同时也是教学设计理论的简约体现。自20世纪60年代出现的第一个模式到目前，在文献中已有数百个模式出现。

---

① 加涅，等. 教学设计原理[M]. 王小时，等译. 5版. 上海：华东师范大学出版社，2007：3.

常用的教学设计模式有 ADDIE 模型、迪克和凯里模式等。教学设计的模式主要由学习需要分析、学习内容分析、学习目标的阐明、学习者分析、教学策略的制定、教学媒体的选择和应用、教学设计成果的评价等构成，如图 2-1 所示。

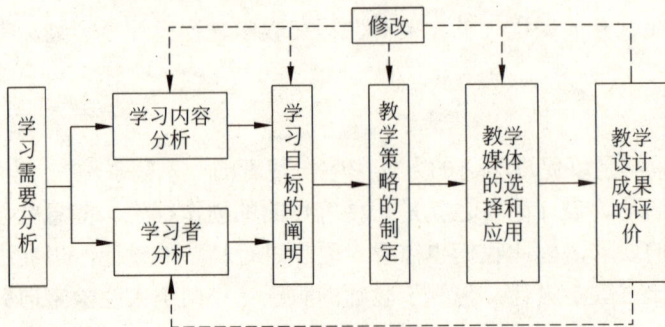

图 2-1　教学设计的一般模式

学习需要分析，是教学设计的一项基础性工作，主要进行问题分析，通过问题的确定与原因分析，确定教学目标和教学内容。学习需要分析是提高教学质量的重要基础。

学习内容分析，是以教学目标为基础，对学习内容的范围、深度和各部分间的联系等，进行详细剖析并规定性说明的过程。

学习者分析，即教学对象分析，需要考虑学习者的特点、初始能力，以及获取这些信息的方式、对教学设计的影响等。

学习目标的阐明，是对教学目标的详细说明，如陈述目标、确定目标、编写目标等。

教学策略的制定，是一项系统考虑诸多因素并根据总体情况择优选择的工作，包括教学活动程序的安排、教学方法的选择、教学组织形式的考虑等。

教学媒体的选择和应用，即依据教学目标、教学内容、教学对象和教学条件等，对用于传递教育教学信息的工具的选择和应用的过程。

教学设计成果的评价，即对教学结果及教学设计成果进行评价分析，包括诊断性评价、形成性评价、总结性评价等。

其中，学习者、目标、策略、评价构成教学设计四大基本要素。在实际的教学设计工作中，要从教学系统的整体功能出发，保证各要素相辅相成，产生整体效益。此外，教学系统是开放的，教学过程也是动态化的，因而教学设计工作也具有灵活性。因此，我们需要在参考教学设计一般模式的基础上，因地制宜开展教学设计工作。

二、信息化教学设计

1. 信息化教学设计的含义

信息化教学，是以现代教学理念为指导，以信息技术为支持，应用现代教学方法的教学，它要求观念、组织、内容、模式、技术、评价与环境等一系列因素的信息化[①]。所

---

① 张一春. 信息化教学技术与方法[M]. 北京：高等教育出版社，2013：8.

谓信息化教学设计，就是运用系统方法，以学生为中心，充分、合理地利用现代信息技术和信息资源，对教学目标、教学内容、教学方法、教学策略、教学评价等教学环节进行具体策划，创设教学系统的过程或程序，以更好地促进学习者的学习[1]。信息化教学设计的目的是在教学设计理论的指导下，科学安排教学过程的各个环节和要素，实现教学过程和学习过程的全优化。

信息化教学不只是在传统教学基础上对教学媒体和手段的改变，更加注重信息技术对整个教学系统带来的改革和变化。信息化教学设计强调以学生为中心、自主探究学习、协作学习、意义建构、学习环境的构建、信息资源和多元评价方式的设计，强调学生信息能力和信息素养的培养，强调学生学习兴趣的提升，促进学生高阶能力的发展，从而优化教育教学效果。它实现了从传统教学的内容导向向教与学导向的转变，以及由学生被动接受向主动探究学习的转变。

在进行信息化教学设计时，需要注重情境的创设与转换，充分尊重工具和资源的多样性，以任务驱动和问题解决作为学习与研究活动的主线，学习结果采用灵活的、可视化的方式进行阐述和展现，鼓励合作学习，强调针对学习过程和学习资源的评价等。

信息化教学设计的过程基本上可以分为单元教学目标分析、学习任务和问题设计、信息资源的查找与设计、教学过程设计、学生作品范例设计、评价量规设计、单元实施方案设计、教学设计过程的评价和修改等环节。由于教学设计具有灵活性特征，因此在信息化教学设计的过程中，也需要在参照各步骤分析和操作的基础上，考虑信息化教学设计的开放性和动态性，并根据实际情况灵活调整其流程和工作。

2. 信息化教学设计典型案例

目前，信息化教学设计在教学中已经普遍使用。具体在开展信息化教学时，需要树立新的教学理念，如以人为本、全人发展、素质教育、个性化教育等，结合翻转课堂、混合式学习等现代教学模式，充分发挥信息技术和学科优势，激发学生兴趣，促进学生有效学习。

下面，我们结合《信息化教学设计精彩纷呈》一书中的"小户型家居的概念设计"[2]这个教学案例来看一下课堂教学的信息化教学设计。案例的设计思路如表 2-1 所示，案例的教学设计如表 2-2 所示。

（一）教学思路

室内艺术设计为典型的服务行业，落实到高职艺术设计专业教育教学中，体现为强调学生的动手能力与审美意识，同时对接实际岗位职责，要求学生在设计工作中既要掌握各项设计技能，同时还需具备一定的艺术创作力。为了达成这两方面的培养目标，本次教学设计从行业岗位调研到课程内容整合，从项目任务设计到课堂环节实施，从教学

---

[1]　张一春. 精品网络课程设计与开发[M]. 南京：南京师范大学出版社，2008：26-27.
[2]　张一春. 信息化教学设计精彩纷呈[M]. 北京：高等教育出版社，2018：99-111.
案例作者：赵茂锦，苏州农业职业技术学院。

策略分析到教学效果反馈,都贯穿了"以人为本、创新思维"的核心理念。

1. 根据室内设计岗位,改革教育教学内容

首先教师根据实际岗位工作,结合行业规范和考证要求将室内艺术设计专业核心课程"居住空间设计"重新整合为"小户型室内设计、商住两用住宅室内设计、别墅室内设计"三大项目。然后将项目一分解为"室内感知、概念设计、扩充设计、施工图制作、软装设计"五个学习任务,本次教学基于任务二"概念设计",并细分为"平面布局、空间规划、优化提升"三项工作流程,为了让学生充分掌握每个流程中的岗位任务,以及兼顾高职学生现状特点,最后将三项流程分别转化为"功能分区、感知检测""空间优化、完善尺度""突显个性、多元感受"六个可供学生直观操作的学习任务。实现了专业与产业、职业岗位对接,专业课程内容与职业标准对接。

2. 四类人群分组设计,置身其中边做边想

本次课程通过大数据分析,选取了单身、小夫妻、三口之家、老年四类代表性人群作为客户对象,学生分组针对其中一类人群开展设计工作。教学过程以"置身其中、边做边想"为关键词,配合信息技术,学生将抽象的设计思维,通过"置身其中"的学习情境、"边做边想"的学习过程,转化为具象的设计作品。针对某一人群完成设计工作后,组组之间相互分享,可以快速了解其他不同人群需求特征,掌握其他不同人群设计要点,实现了举一反三,提高了学习效率。

3. 落地先进信息技术,辅助学生自主学习

使用 720° 全景,代替学生现场测量,方便学生随时随地感知项目,构建三维空间感知;制作逐帧动画,创新传统模型制作形式,引导学生熟悉空间搭建过程,形成立体空间认知;查看平台资源,形象展现抽象原理,培养学生自行查找资料并自主解决问题的能力;虚拟仿真检测,解决教师费时费力逐一进行改图的问题,实时监控学生概念设计过程的科学性与规范性;体验虚拟现实,化解施工后才能直观发现问题的诟病,突破学生不能直观、有针对性进行设计的难题。

表 2-1　信息化教学设计思路

课题名称	小户型家居的概念设计		课程名称	居住空间设计
授课班级	室内艺术设计专业二年级学生		授课课时	2 课时
授课地点	数字化室内设计工作室 (课程网络教学平台、校企合作开发仿真学习软件、虚拟现实设备等)		授课形式	教、学、做一体 校企合作课程
课程分析	室内艺术设计专业针对长三角地区室内装饰装修行业,培养具备家居空间设计、商业空间设计、软装艺术设计、与客户进行良好沟通洽谈能力的高素质技术技能人才。"居住空间设计"是本专业核心课程,重在培养学生"以人为本、有效创新"的设计理念,打造出符合客户生理和心理双重需求的居住环境			
授课内容	课程根据行业规范和考证要求,结合岗位能力,将课程内容由简单到复杂整合为小户型室内设计、商住两用住宅室内设计、别墅室内设计三大项目,其中"小户型室内设计"按照职业岗位典型工作任务分为室内感知、概念设计、扩充设计、施工图制作、软装设计 5 个学习任务,本次课为任务 2 概念设计			

续表

所选教材	1. "十二五"国规教材《居住空间室内设计》，高光主编：化学工业出版社 2014 年出版。 2.《室内装饰设计员国家职业标准》中华人民共和国劳动和社会保障部制定《住宅装饰装修工程施工规范》（GB 50327—2001）、《建筑装饰装修工程质量验收规范》（GB 50210—2001）。 3.《住宅设计解剖书》[日]X-Knowledge 著，刘峰译，江苏凤凰科学技术出版社 2015 年出版；《住宅格局解剖图鉴》[日]铃木信弘著，郑敏译，南海出版公司 2014 年出版
教学目标	知识目标：掌握家居概念阶段平面布局、空间规划、优化提升的设计流程。 能力目标：合理分析客户人群特征，设计出客户满意的小户型家居概念设计作品。 素质目标：强化学生以人为本的设计理念，培养学生有效创新的设计思维
教学重点	小户型概念设计阶段工作流程与方法
教学难点	立足不同的人群需求，进行针对性的家居概念设计
学情分析	本课程的教学对象是高职室内艺术设计专业二年级学生。 已有基础：初步掌握计算机辅助设计，具有空间感性认识。学习过"设计素描""设计色彩""室内设计原理""人体工程学""计算机辅助设计"等课程，有一定审美，能够使用计算机绘制二维、三维图纸。 不足之处：室内设计经验不足，欠缺空间感知力。学生室内空间设计的行业经验普遍不足，且对如何根据客户的性格喜好进行针对性的设计缺乏实践经验，还缺少理性认识和直观的感知。 学习特点：具有明确职业梦想，热衷掌握信息科技。学生对于艺术与科技结合的学习方式比较感兴趣，并希望通过本课程及后续商业空间设计、软装设计等课程学习，实现他们成为一名室内设计师的职业梦想
教学改革	1. 内容优化：基于工作过程设计学习任务 基于室内设计岗位实际工作流程：平面布局—空间规划-—优化提升，教师将每个环节拆分为两个适合学生直观可操作的学习任务：功能分区—感知检测—空间优化—完善尺度—突显个性—多元感受。 2. 活动设计：感性空间认知到理性方案设计的转化过程 本次课程通过大数据分析，选取代表性人群，作为客户对象，学生分组开展教学活动。教学设计以"置身其中、边做边想"为关键词，以学生"置身其中"自我学习为准则，教师将先进的信息技术落地于各教学环节中，以学生"边做边想"自我感知为线索，师生共同完成教学目标及任务。力图使艺术设计与信息科技完美融合，打造现代"手e人"。 3. 技术融合：利用信息技术有效解决教学重难点 720°全景：代替学生现场测量，方便学生随时随地感知项目，构建三维空间感知；逐帧动画：创新传统模型制作，引导学生熟悉空间搭建过程，形成立体空间认知；平台资源：形象展现抽象原理，培养学生自行查找资料并自主解决问题的能力；虚拟仿真：解决传统教师逐一进行改图的费时费力问题，实时监控学生概念设计过程的科学性与规范性；虚拟现实：化解施工后才能直观发现问题的诟病，化解学生不能直观、有针对性进行设计的难题
教学改革	置身其中　　　边做边想 岗位流程：　　　平面布局　　　　空间规划　　　　　优化提升 学习任务：功能分区—感知检测—空间优化—完善尺度—突显个性—多元感受 信息手段：　720°全景—逐帧动画—平台资源—虚拟仿真—VR 技术—VR 技术 　1. 720全景：方便学生随时随地感知项目，构建三维空间感知。 　2. 逐帧动画：引导学生熟悉空间搭建过程，形成立体空间认知。 　3. 平台资源：培养学生自行查找资料，自主解决问题的能力。 　3. 虚拟仿真：监控学生设计过程的科学性与规范性。 　4. 虚拟现实：解决学生不能直观、有针对性进行设计的难题

	一、课前任务
	任务一：功能分区
	教学目的：相同的户型结构，不同的人群需求，开启共性与个性学习
	学生活动：分析不同人群特征，根据不同需求绘制平面布局图，完成分析报告
	手段对比：传统现场量房：费时费力，不直观
	720°全景户型漫游：快速方便，准确直观
	解决问题：解决学生不能实时去项目现场进行实地测量的问题
	1. 学生登录教学平台，熟悉任务单，下载小户型图纸。
	2. 各组选择不同设计对象（单身人群、年轻夫妻人群、三口之家人群、老年人群），线上线下查阅资料，梳理分析不同人群类型的需求。
	3. 根据720°全景户型漫游，各组分析推敲，梳理该户型的优缺点，根据业主不同需求进行功能空间划分，绘制平面布局图。
	4. 查看教学平台资源，完成"家居功能分区报告"。
	5. 将图纸与报告上传至教学平台，互评方案
	二、课堂教学
	任务二：感知检验
	教学目的：通过逐帧动画，让学生自行感知立体空间、自主发现分区后的问题
	学生活动：按照课前方案搭建乐高模型，拍摄过程，生成逐帧动画
	手段对比：传统纸板模型：耗时较长，效果死板
主要内容	乐高逐帧动画：快速有趣，动态呈现
	解决问题：引导学生直观熟悉空间搭建过程，形成立体空间认知
	1. 教师引导小组使用乐高积木搭建功能分区后的方案模型。
	2. 指导小组拍摄模型搭建过程，自主生成逐帧动画。
	3. 通过自主制作的空间搭建动画，学生发现存在的问题，返回进行方案修改。
	任务三：空间优化
	教学目的：充分利用平台资源，解决学生设计瓶颈
	学生活动：查阅平台资源，小组讨论交流，化解空间利用率的问题
	手段对比：教师讲授知识：学生吸收教师的"间接经验"，印象不够深刻
	自学平台资源：学生获取自己的"直接经验"，能够举一反三
	解决问题：解决小户型空间利用率的设计难题
	1. 教师提出问题：如何提高小户型的空间利用率？
	2. 引导学生登录平台，查阅资料，进行讨论自学。
	3. 小组间相互讨论交流，逐步拓展空间利用率
	任务四：完善尺度
	教学目的：借助虚拟仿真，学生自主发现问题，解决问题
	学生活动：将设计方案导入虚拟仿真软件中，根据软件提示，不断完善方案
	手段对比：教师逐一改图：低效率，课堂教学无法覆盖每个学生
	虚拟仿真软件：高效率，学生自主检测，感知问题，解决问题
	解决问题：随时监控学生设计过程的科学性与规范性
	1. 学生登录室内设计虚拟仿真软件，导入之前的设计方案。
	2. 学生操作软件，软件检测出方案错误点，进行扣分，并提供问题分析。
	3. 根据软件提示，学生完善各项人性化设计

主要内容	任务五：个性提升
	教学目的：使学生身临其境于自己的设计方案，设身处地地考虑客户感受
	学生活动：借助 VR，在虚拟现实空间中对家具陈设、材质搭配进行个性提升
	手段对比：传统图纸媒介：空间感知不直观
	VR 虚拟现实：沉浸式的交互空间
	解决问题：解决学生不能直观、有针对性进行设计的难题
	1. 教师引导小组佩戴 VR 眼镜，并与电脑实时传输。
	2. 学生置身于三维动态视景与实体设计行为融合的交互环境中感受方案。
	3. 模拟业主的年龄职业、性格喜好，对家具陈设、材质搭配等进行针对性提升
	任务六：多元感受
	教学目的：快速经历其他不同情境，掌握不同人群设计要点
	学生活动：组间交换 VR 眼镜，成果分享，体验其他方案，进行录屏式汇报
	手段对比：互换设计图纸：难以短时间掌握其他方案设计要点
	VR 虚拟现实：直观、快速地沉浸体验其他设计方案
	解决问题：打破组组之间、学生与企业导师之间的时空局限
	1. 学生互换 VR 眼镜，在虚拟现实中分享设计成果，互评方案。
	2. 学生借助 VR 进行录屏式方案汇报，课后教师推送给企业导师进行点评
	三、课后拓展
	教学目的：课堂教学延伸至社会调研，将设计做"活"
	学生活动：寻找身边作品所属人群，进行社会调研
	手段对比：教师直接评图：一对一，教学死板
	满意度调研：设计做"活"，培养职场表达能力
	解决问题：拓展方案设计的延续性与可持续性
	1. 课后两周通过线上线下完成作品所属人群的针对性满意度调查。
	2. 查看课程平台上的设计案例，拓展国际视野
	四、课程评价
	1. 学生登录平台，进行"素质评价"中各分项的自评与互评。
	2. 教师针对学生分别进行素质与技能评价，与企业导师共同评选出优秀作品。
	3. 根据课程积分，下载绘图电子文档，为下一任务积累素材

（二）教学实施设计

教学实施过程中遵循让学生先犯错、再知错、懂改错的流程，将传统教学模式中由教师主导，输出教师自己"间接经验"，转换为以学生为主体，在自主探究过程中掌握自身"直接经验"，以此达到"授人以渔"的教学效果。

1. 课前任务不在于多，而要步步到位

教师在课前就设置了按照相同的户型结构展开教学，但针对不同人群需求特征进行设计的工作室模式，学生既要统一学习针对小户型概念设计的流程与方法，又要学习如何满足指定人群需求特征的个性化。教师将实际岗位工作"功能分区"前置于课前，并转换为熟悉课程任务、分析户型结构、完成图纸报告三项任务，既是上次课程的拓展，也是本次课程内容的前置。

（1）熟悉课程任务。学生通过登录教学平台，熟悉本次课程任务清单，明晰本次课程最终目的是完成某一小户型的前期概念设计工作。

（2）分析户型结构。学生在清楚任务后，下载小户型图纸，通过教师制作的 720° 全景户型漫游分析户型结构，推敲户型原始结构的优缺点；并选择不同的设计对象，线上线下查阅相关资料，梳理分析各类人群需求。

（3）完成图纸报告。依据之前学习的计算机辅助设计课程，完成小户型图纸的平面布局图，再根据查阅的资料完成指定人群的分析报告。图纸是为了衔接课上任务，报告是为了让学生明白设计工作是有血有肉，不是空想而来的。

2. 课中环节不在于满，而需环环相扣

课中分别设置了感知检验、空间优化、完善尺度、个性提升、多元感受五项任务。每项任务匹配一项信息技术辅助教学。任务的设置基于岗位工作流程，互相支撑，环环相扣。

（1）感知检验。针对课前学生绘制的平面分区图，教师不直接点评，而是创新地通过搭建乐高积木来把平面图纸转化为立体模型，这样学生自主地发现在平面图上被忽视的问题，培养学生自主发现问题、解决问题的能力。

（2）空间优化。在小户型空间立体化后，学生发现小户型空间利用率的问题。针对这类通识性设计问题，教师通过教学平台上的视频资源，将抽象理论进行形象展示，学生通过讨论自主完成小户型的空间扩展，获取了自身的"直接经验"。

（3）完善尺度。空间优化后，学生由于缺乏现场实践，导致尺寸出现偏差。教师改变之前逐一改图的方式，通过自主研发的室内设计虚拟仿真软件，检验学生的设计方案。通过软件的指错、纠错，学生懂错、改错。于无声处，强化学生"以人为本"的设计理念。

（4）个性提升。待作品概念阶段设计完毕后，教师不直接点评作品优劣，而是通过虚拟现实技术，让学生身临其境于自己的设计方案之中，同时单击虚拟操作界面，模拟客户感受进行方案个性化提升。解决了以往设计中学生不能直观、有针对性地进行作品优化。

（5）多元感受。四个小组分别针对不同人群完成一套家居的概念设计，但每组只掌握一类人群的设计要点，教师再次通过虚拟现实，让学生直观感受其他小组设计方案，可以快速掌握其他人群的需求特征与设计要点，以此举一反三。

3. 课后拓展不在于广，而是活学活用

设计工作是服务型行业，为了让未踏入社会的学生真正体会到这一点，教师要求学生通过线上线下的方式完成作品所属人群的针对性满意度调查，将设计做"活"，积累表达能力与市场调研经验，真正地让学生活学活用。

表 2-2　信息化教学实施设计

教学环节	内 容	活 动			技术手段	教学随记
		企 业	教 师	学 生		
课前自学　任务一　功能分区	1. 课前各组登录"居住空间设计"课程教学平台，下载"小户型概念设计"设计项目及户型图纸，选择授课教师预设的四种不同的客户类型。  图1　课程教学平台 2. 学生线上线下查阅资料，梳理客户需求特征，自学平台资源，绘制平面布局图，提交设计分析报告。  图2　小组绘图、写报告 3. 各组借助720°户型全景漫游分析户型、推敲结构，归纳优缺点，梳理业主不同需求进行功能空间划分。完成功能分区，上传至教学平台，学生互评方案。  图3　查看720°全景户型	1. 课前与学院共同商讨课程标准、教学目标及教学内容。 2. 校企共同开发课程教学平台、仿真软件等信息资源。 3. 将企业真实设计项目作为课程教学内容上传教学平台。 4. 在教学平台上与学生互动。	1. 为训练学生经历不同情境的任务，课前设置了"老年人群、三口之家人群、年轻夫妻人群、单身人群"四类设计对象。 2. 根据二维图纸，制作了720°全景户型图纸，上传至教学平台。 3. 查看学生上传的平面布局图与功能分区报告，为课堂教学做准备。	1. 学生登录"居住空间设计"课程教学平台，下载设计项目，明确课程任务，并选择一种客户类型。 2. 根据业主类型，梳理不同类型业主的空间需求。 3. 仔细查看720°全景视图，全方位了解户型结构。小组讨论设计项目，梳理出房型的优缺点。 4. 对原始图纸进行初步设计，完成平面布局图、功能分区报告，上传至教学平台，小组之间互评方案。	1. 网络。 2."居住空间设计课程"教学平台。 3. 720°全景模式。 4. 线上线下资源。	1. 以相同户型图纸、不同人群需求为载体可以有效地引导学生共性学习与个性提升。 2. 720°全景视图引导学生全方位感知设计项目，学生反映比之前的二维图纸、三维图纸更加明晰户型空间。 3. 通过学生自学平台各模块资源所记录的时间，教师可以统计出学生的兴趣点与薄弱点，为平台资源的即时更新提供依据。

教学环节	内 容	活 动			技术手段	教学随记
		企 业	教 师	学 生		
课堂教学 任务二 感知检验	1. 课上，教师先不点评方案，而是引导小组使用教具乐高积木，按比例搭建功能分区后的方案模型。  图4 学生搭建乐高模型 2. 同时指导小组使用手机和三脚架，拍摄模型搭建过程，输入电脑软件，自动生成逐帧动画。  图5 逐帧动画截图 3. 学生通过模型搭建、逐帧动画自行了解空间构成，并自主发现功能分中存在后的问题，学生返回方案进行修改。  图6 团队协作完成任务	1. 校企合作开发微视频等数字资源，供学生课上课下时时可学、处处可学。并将数字资源用于社会培训，实现人人可学。	1. 教师在课堂上故意不点评方案，而是引导学生使用乐高积木搭建模型，同时指导学生使用手机和三脚架拍摄搭建过程。 2. 用意是通过模型搭建，使学生自行了解空间构成、自主发现功能分区后的问题。	1. 学生按照教师引导使用乐高积木进行模型搭建。学生像玩游戏一样将功能分区后的方案图纸进行模型立体化。 2. 同时使用手机及三脚架拍摄模型搭建过程，输入电脑软件，自动生成逐帧动画。 3. 学生看到自己静态模型转换为动画作品，职业成就感油然而生，学习兴趣大为提高。	1. 乐高积木。 2. 手机。 3. 三脚架。 4. 装有AE软件的笔记本电脑。	1. 教师无须直接指出学生方案的错误之处，而是让学生通过模型搭建自行发现问题，自主解决问题。 2. 乐高积木代替传统纸板模型搭建，不仅省时省力，且学生兴趣浓厚。 3. 逐帧动画将静态模型转化为动态视频，不仅学生可以理解空间搭建过程，同时这种呈现方式是新颖的、动态的，学生的接受度更高，教学效果更好。
课堂教学 任务三 空间优化	1. 针对小户型设计时，空间使用率的问题，教师引导学生观看平台微视频"双向进出的思考实验"。 2. 学生经过观看、讨论，明白了小户型中可以舍去走廊和部分墙体，使用家具作为空间隔断。各组根据不同人群需求，将功能分区进行整合，这样一来赢得面积，同时又争取到更多的收纳空间。	1. 课前，协助校内教师拍摄、录制微视频。 2. 随时记录岗位工作流程，供校内教师积累素材。	1. 根据教学经验，及时发现学生可能出现的各种问题，准备好解决途径，指导学生通过途径自主解决设计难题。	1. 根据教师提供的微视频进行小组讨论交流，发表修改意见。 2. 团队意见一致后，着手修改完善方案，突出各人群的不同空间需求。	1. 教学平台。 2. "双向进出空间的思考实验"微视频。	针对学生在设计过程中可能遇见的问题，教师提供解决的途径，学生根据途径自主学习，自主解决问题，以此可以达到"授人以渔"。

续表

教学环节	内 容	活 动			技术手段	教学随记
		企 业	教 师	学 生		
课堂教学 任务四 完善尺度	1. 教师引导学生登录校企合作开发的室内设计虚拟仿真软件，导入空间优化后的方案，使用人偶在方案中进行走动、转身、伸手等动作。如某区域不适合人偶做正常动作时，软件提示错误，进行扣分，并给出适合的尺度范围。图7　小组操作仿真软件 2. 在软件代教下，根据人体工程学原理，学生完善各项人性化设计。 3. 虚拟仿真实现对学生作品的实时监控与科学分析，辅助完成尺度调整。图8　仿真软件检测作品  	1. 校企合作开发虚拟仿真软件。用于课堂教学、课后练习、社会培训等方面。实现人人皆学、处处能学、时时可学的开放型软件。	1. 引导学生关注户型各尺度科学化问题。 2. 指导学生登录虚拟仿真软件，导入之前的设计方案。借助软件代教，使学生自主发现问题，并寻找解决途径。	1. 在教师指导下登录虚拟仿真软件，指挥虚拟人偶在设计方案中进行正常动作。 2. 根据人偶在方案中的虚拟活动，发现空间布家具尺度等问题，并根据软件提示，寻找解决问题的途径办法，完善各项人性化设计。 3. 在软件代教下，根据人体工程学原理，完成任务。	虚拟仿真软件	通过软件代教，可随时监控设计作品的科学性与规范性，改变了以往教师逐一改图的低效率，更多的让学生自行检验自己的设计方案，感知问题、解决问题，"于无声处"强化学生"以人为本"的设计理念。

教学环节	内　容	活　动			技术手段	教学随记
		企　业	教　师	学　生		
课堂教学　任务五　个性提升	1. 教师提出问题："如何评价概念阶段设计方案的优劣？" 2. 师生共同讨论，最终认为客户的满意度是最高的评价标准。 3. 课堂环境无法直接对接客户。教师引导学生进入 VR 虚拟现实空间。  图9　学生体验 VR 技术 4. 配合 VR 眼镜和手柄，并与电脑实时传输，学生三维动态视景与实体设计行为融合的交互环境中。学生单击虚拟操作平台，进入不同界面，对虚拟空间中小户型的家具陈设、材质搭配等方面分别进行个性化设计。  图10　虚拟更换橱柜材质 5. 学生可以身临其境于自己设计的方案之中，同时设身处地模拟客户感受来优化方案。	1. 校企合作开发虚拟现实技术。 2. 课前协助授课教师进行程序录入，并进行该技术的推广及培训工作。	1. 通过提问，引发学生思考，引出下一个任务环节。 2. 指导学生 VR 虚拟现实技术的使用 3. 引导学生根据预设的业主喜好，分别从不同维度对小户型空间进行个性优化升级。 4. 指导学生完成阶段性方案设计。	1. 感知、体验虚拟现实空间。 2. 作为空间的设计师和空间的体验者。模拟业主的年龄职业、性格喜好等进行针对性优化升级。如：更换橱柜、沙发、地板的材质；空间墙体的调整；家具位置的调整等。 3. 完成概念阶段方案设计。	1. 虚拟现实眼镜。 2. 虚拟现实手柄。 3. 装有开发程序 Unity 3D 的台式电脑。 4. 移动式交互显示器。	1. 虚拟现实作为设计工具，使学生在三维动态视景与实体设计行为融合的交互环境中，体验了户型空间、优化了设计方案，加速了学习知识技能的过程，激发了内在潜力和动力，达到预期教学效果。 2. 学生提前亲身体验自己设计的方案，置身于空间中，可切身体会设计方案，能够直观发现问题，解决问题。 3. 经过 VR 交互式的优化方案后，学生自身体验到设计工作需要换位思考。

续表

教学环节	内 容	活 动 企业	活 动 教师	活 动 学生	技术手段	教学随记
课堂教学 任务六 多元感受	1. 小组之间交换眼镜，在虚拟现实空间里分享设计成果、互评方案。  图11　小组进行成果分享 2. 借助VR进行录屏式汇报，课后由教师推送企业导师进行点评。  图12　企业导师点评方案	1. 使用虚拟现实技术对学生作品进行点评。	1. 指导组间互相更换VR眼镜，感知其他小组设计方案，进行方案互评。 2. 指导学生通过虚拟现实技术进行录屏式汇报方案。 3. 课后将学生汇报推送给企业导师。	1. 小组间互换VR眼镜，分享自己的设计作品，互评其他小组设计方案。 2. 通过虚拟现实技术，学生汇报设计方案。 3. 课后查看企业导师反馈的设计建议，再次完善设计方案。	1. 虚拟现实眼镜。 2. 虚拟现实手柄。 3. 装有开发程序的台式电脑。 4. 移动式交互显示器。	针对不同人群有不同的设计角度，为了让学生更多更快地掌握要点，课前教师就设置了不同的设计对象，学生选择不同的人群进行设计，并在该环节中进行成果分享，可高效率地掌握其他情境下的设计要点。
课后拓展	1. 课后两周通过线上线下完成作品所属人群的针对性满意度调查。  图13　人群满意度调查 2. 查看课程平台上的设计案例，拓展国际视野。 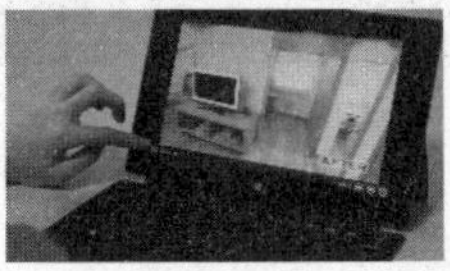 图14　学生课外自学 平台资源	1. 为校内教师提供素材文件，为下一个任务做准备。 2. 协助教师不断更新平台资源。	1. 要求各组进行作品满意度调查。 2. 要求学生观看平台资源，拓展视野。	1. 根据要求寻找作品所属人群，进行作品满意度调查。 2. 自学平台资源，吸收优秀案例，拓展国际视野。	1. 平板电脑。 2. 教学平台。	让学生将设计作品，在课后进行所属人群的满意度调查，是将课堂教学延伸至社会调研上，意图是将设计做"活"，同时调研过程中也可培养学生职场表达能力，提高职业素质。

续表

教学环节	内 容	活 动			技术手段	教学随记
		企 业	教 师	学 生		
课程评价	1. 课后，学生登录教学平台，对素质评价中的团队协作能力进行自评、互评。 2. 查看个人得分，对比小组平均分，寻找差距。 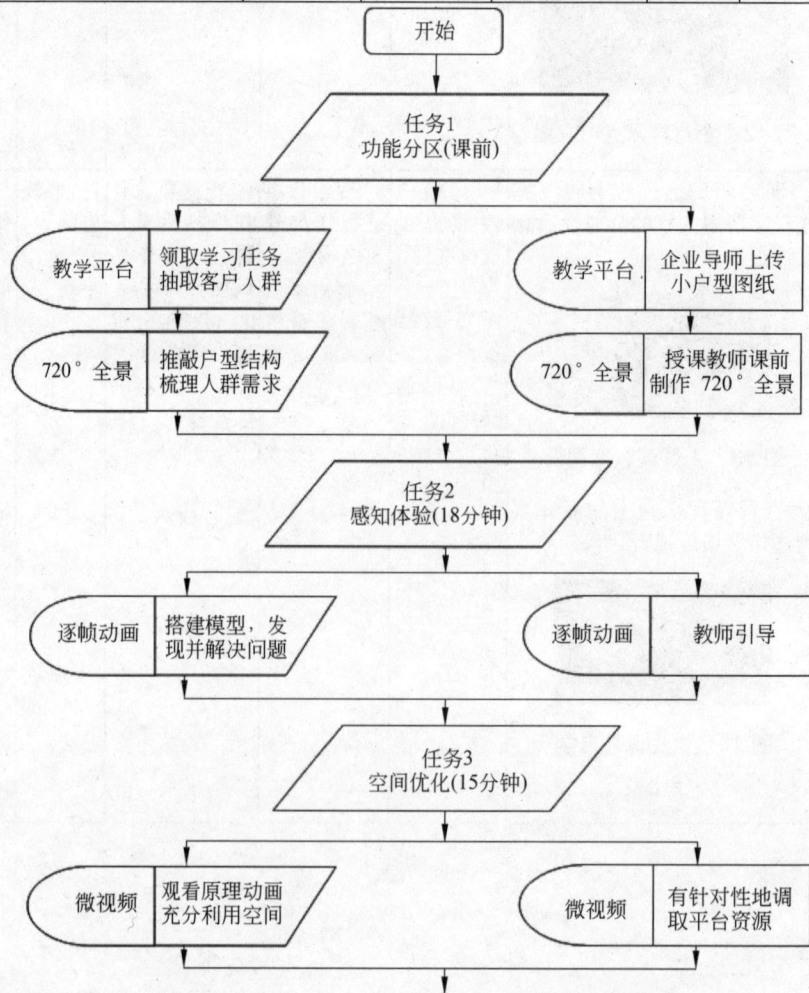 图15 学生查看得分雷达图 3. 根据个人课程积分，在平台"积分兑换"板块中下载电子资源，为下一个任务做好绘图准备。	1. 课后参与评价本次课程学生成绩。 2. 与校内教师共同评选出优秀作品。 3. 更新平台电子素材。	1. 在平台上对学生素质、技能两方面分别打分。 2. 评选优秀案例。	1. 登录教学平台，对素质评价中的团队协作能力进行自评、互评。 2. 下载电子绘图素材。	教学平台	1. 课程评价以素质、技能并重。素质评价包含团队协作能力、创新学习能力等，技能评价考察学习过程的考核。 2. 通过班级评优给予积分的方式，可激发学生学习兴趣。
教学流程						

教学流程：

开始

↓

任务1
功能分区(课前)

教学平台｜领取学习任务 抽取客户人群

720°全景｜推敲户型结构 梳理人群需求

教学平台｜企业导师上传 小户型图纸

720°全景｜授课教师课前 制作 720°全景

↓

任务2
感知体验(18分钟)

逐帧动画｜搭建模型，发现并解决问题

逐帧动画｜教师引导

↓

任务3
空间优化(15分钟)

微视频｜观看原理动画 充分利用空间

微视频｜有针对性地调取平台资源

↓

续表

教学环节	内　容	活　　动			技术手段	教学随记
		企　业	教　师	学　生		

```
                    ┌─────────────────────┐
                   ╱   任务4              ╱
                  ╱  完善尺度(12分钟)    ╱
                 └─────────────────────┘
                            │
         ┌──────┬───────────────┐        ┌──────┬───────────┐
        (虚拟仿真│ 软件代教下,    )      (教学平台│ 统计结果   )
         │      │ 学生完成各项   │        │      │ 讲解要点   │
         └──────┤ 人性化设计     ┘        └──────┤           ┘
                            │
                    ┌─────────────────────┐
                   ╱   任务5              ╱
                  ╱  突显个性(30分钟)    ╱
                 └─────────────────────┘
                            │
         ┌──────┬───────────────┐        ┌──────┬───────────────┐
        (虚拟现实│ 学生模拟业主   )      (虚拟现实│ 教师指导、点评  )
         │      │ 体验户型空间   │        │      │               │
         └──────┤ 优化设计方案   ┘        └──────┴───────────────┘
                            │
                    ┌─────────────────────┐
                   ╱   任务6              ╱
                  ╱  多元感受(15分钟)    ╱
                 └─────────────────────┘
                            │
         ┌──────┬───────────────┐        ┌──────┬───────────┐
        (虚拟现实│ 分享各自作品   )      (虚拟现实│ 教师指导   )
         │      │ 掌握不同情境   │        │      │           │
         └──────┤ 下的设计要点   ┘        └──────┴───────────┘
         ┌──────┬───────────┐            ┌──────┬───────────────┐
        (虚拟现实│ 方案汇报   )          (虚拟现实│ 企业导师在 VR  )
         │      │           │            │      │ 中进行方案点评  │
         └──────┴───────────┘            └──────┴───────────────┘
                            │
                    ┌─────────────────────┐
                   ╱  作品满意度调研      ╱
                  ╱    (课后)            ╱
                 └─────────────────────┘
                            │
         ┌──────┬───────────────┐        ┌──────┬───────────────┐
        (平板电脑│ 寻找作品所属   )      (教学平台│ 统计过程考核    )
         │      │ 人群,进行满    │        │      │ 计算学习总评    │
         └──────┤ 意度调研       ┘        └──────┤               ┘
                            │
                      ┌───────────┐
                      │  结束     │
                      └───────────┘
```

教学环节	内　容	活　　动			技术手段	教学随记
		企　业	教　师	学　生		
教学期望	教学期望的收获 1. 基于工作流程序化教学环节 课程内容按照室内设计岗位工作流程，结合设计项目，转换为学生直观、可操作的学习任务，学生通过自身的认知学习过程，形成自己的"学习线索"，结合教师讲授岗位工作中专业的"工作线索"，两者反复转换融合，达到训练目的。 2. 信息技术辅助教师情境引导与学生方案优化 "以人为本、创新思维"是设计作品的关键，更是艺术设计类专业教育教学的核心。教学以岗位任务实施为主线，教师将先进的信息技术落地于各教学环节中，以学生"置身其中"自我学习为准则，学生"边做边想"自我感知为线索，师生共同完成教学目标及任务，达到了预期的教学效果。 3. 课堂教学中使用校企合作开发的信息化教学资源，提高教学的直观 校企合作开发的教学视频和仿真软件可以同时应用于在校学生教学、企业员工、社会人员的培训。参考行业企业标准要求培养学生，学习内容实战性强。					
教学反思	艺术设计类课程因为课程性质原因，可以接触到很多最新的信息技术，如何将技术落地，可持续性地有效辅助各个教学实施环节显得尤为重要。同时在之后的教学过程中，可加强平行班之间的设计竞赛，以及院校之间的设计大赛，加强学生的竞争意识与自我超越意识。					
改进措施	在教学过程中，通过实施对接岗位的学习任务，配合适合的且落地化的信息技术，解决学生设计过程中的难题。 在后期课程中增加设计竞标环节，增强课堂活跃程度，同时加强线上线下企业设计师进行经验介绍，养成学生关注多学科合作、设计行业发展动态的学习习惯。					

三、信息化教学实施

在推动教育信息化的进程中，信息化教学也越来越受到教育决策者、教育管理者、一线教师等相关人员的重视。从教学设计和信息化教学设计的一般流程来看，教学设计的实施主要包括四个主要阶段，即前端分析（学习需求分析、学习内容分析、学习者分析等）、确定教学目标、制定教学策略和评估教学效果。在信息化教学中，信息技术是基础，信息化资源是核心，学生是学习的主体。因此，在信息化教学实施的过程中，尤其要注重学习资源的设计与开发、信息化教学模式的选择、学生支持服务的提供等。

1. 学习资源的设计与开发

在信息化教学中，教学资源又称学习资源。信息化教学资源大致可以分为信息资源、媒体工具资源、环境资源、人力资源四类。其中，信息资源是信息化教学资源的主要组成部分，其设计与开发主要包括能够为教学所用的知识、资料、消息等多媒体信息资源的获取、处理与应用等。工具资源涉及各种数字化的教学软件和工具等，在信息化教学中一般通过使用工具类的资源来设计与开发教学材料等。人力资源主要包括能够通过信息化手段联系到的教学角色，主要包括教师、学生、学习伙伴、教学辅助者等。

此外，作为学习资源一部分，环境资源主要是指构成信息化物理空间的硬件设备以及虚拟空间的软件设施等。随着信息技术的飞速发展，软硬件设施的更新频率也加大，且学习媒体的选择及环境的营造愈加丰富，因此环境资源建设也越来越被大家所重视，如人工智能、混合现实、具身环境等已逐渐成为当今教育界的前沿和热点话题。

泛雅平台提供了多种形式的信息化教学资源，并且能够支持视频等资源的编辑，如图 2-2 所示。

图 2-2　泛雅平台支持的信息化教学资源与编辑

2. 信息化教学模式的选择

信息化教学模式是制定信息化教学策略和进行信息化教学实施的关键因素。信息化教学模式以学生为中心，学习者在教师创设的学习环境中充分发挥自身的主动性和积极性，对当前所学知识进行意义建构并用所学解决实际问题[①]。教师只有了解信息化教学模式，抓住信息化教学的特点，才能真正胜任信息化教学。

信息技术支持下的教学打破了传统教学中的时空限制，由此也逐渐突显出了一系列的信息化教学的实践模式。目前，在信息化教学实施过程中，常用的教学模式有翻转课堂（flipped classroom）教学模式、混合式教学模式、MOOC 教学模式，以及基于探究、问题、案例或者项目的教学模式等。其中，由可汗学院等倡导的翻转课堂教学模式、由传统的面对面教学和信息技术支持的在线教学组成的混合式教学模式等已经成为目前国内外众多学者研究与实践的对象。

3. 学生支持服务的提供

学生是学习的主体，学生支持服务更多的是从学习者的角度考虑其"学"。教师作为学生学习的引导者、督促者、合作者等，通过创设环境、制定教学策略，使学生学习过程最优化，进而促进学生的有效学习。学生支持服务需要根据学生的学习需求、教学活动的进展等情况进行提供，具有动态性、有序性和连续性的特征。因此，在信息化教学尤其是网络或者在线教学中，教学策略的制定和执行只要是对教学活动进行有意识的监控、评价、反馈等，同时在此过程中为学生提供相应的学习支持服务，以使教学目标能够高效达成。

首先，理念引导。通过理念引导学生学会利用网络进行学习，尤其是通过在线平台辅助课堂学习、利用网络技能促进高校学习等。引导的内容主要有在线学习的观念、方法，课程学习的目标、方法与技巧等，以及网络资源的获取、处理与应用途径和技能，学习过程中问题的解决和求助方法策略等。

---

① 张一春. 信息化教学技术与方法[M]. 北京：高等教育出版社，2013：10.

其次，交互反馈。交互反馈是网络教学过程中的一个重要环节。在网络或者在线教学中，可以通过信息技术手段如课程论坛、留言板、电子邮件、即时通信工具等实现同步、异步的交互，并根据交互结果，提供即时反馈，对学习者的学习进行有针对性的指导与帮助。

最后，监控评价。对学习者的学习过程实行监控，主要是为了能够及时了解学习者的学习情况、督促学习者顺利完成学习任务，以保证网络教学的质量。同时，也可以将监控结果作为过程性材料保留下来，以实现网络教学的多元化评价，即诊断性评价、过程性评价和总结性评价相结合的评价方法。同时，实现以评导学、以评促学，通过反馈和评价结果，帮助学习者学会自我评价和调控。

◆ 活动2　规划在线课程

一、在线开放课程的规划与设计

规划与设计是在线课程建设的重要前提。本部分将从课程规划的主要原则、课程建设的主要阶段与流程、在线开放课程教学设计的环节等方面来阐述精品在线开放课程的规划与设计。

1. 在线开放课程设计的主要原则

在线课程是在教学理论、学习理论等的指导下，教师与学习者通过网络实施教与学的一种全新的课程教学形式。根据课程目标以及教师在网络学习环境中提供的教学内容和教学活动，学习者以异步的自主学习为主进行的学习。精品在线开放课程是在原有在线课程的基础上更加注重"精品性"和"开放性"的一种在线课程形式。它是对原有网络课程、精品课程和精品开放课程的继承与发展，也是教育教学信息化不断推进的必然结果。

在线课程作为在线教育的核心资源，在设计与开发时，除了要遵循教学设计的原则、一般课程规划的要素外，还应遵守自身的特性原则。课程规划发生在课程设计之前，是对课程的整体规划[1]。在线开放课程规划是在理解课程建设需求的基础上，对学习者特征、课程教学内容及资源与约束条件分析，确定课程目标和教学策略、教学评价以及课程开发进度等，从而形成关于课程设计与开发整体蓝图的过程。

有学者提出，在线课程在设计与优化时需要遵循五项原则，即遵循课程内容具有可实践性、课程资源具有可生成性、简化课程内容、媒体与内容的有效结合、强调社会建构[2]。此外，在线课程还应遵守个性化、交互性、动态性、开放性、共享性、可评价性等系列原则。个性化是指在线课程强调以学生为中心，体现学生学习的个性化，以及学习

---

① 陈庚，张进宝，李松，马江舰. 网络课程资源建设之课程规划研究[J]. 现代远程教育研究，2010（2）：63-74.
② 王卫军，杨薇薇，邓茜，李艺华. 在线课程设计的原则与理念思考[J]. 现代远距离教育，2016（5）：54-60.

服务提供的个性化；交互性是指注重人机交互、人际交互（师生交互、生生交互）和认知交互（学生与学习材料的交互），提高在线课程的交互性；动态性是指课程内容及时更新，不断吸收学科最新成果及前沿信息，保持学习内容的鲜活性以及课程使用与维护的动态性；开放性是指课程内容、课程资源等对学习者开放，让学习者按需参与，真正体现课程的开放性特征；共享性是指网络最大的优势在于资源共享，共享性也是在线课程规划时要体现的重要特征；可评价性是指课程建设也要重视评价反馈的规划设计，根据真实、有效的评价及其反馈情况，及时了解学生的学习情况，并动态调整课程内容与教学策略。

2．在线开放课程建设的主要阶段

对于课程建设而言，课程规划只是一个开始。随着课程规划越来越成熟、规范，课程建设也愈加完善、高效。在线开放课程建设包含课程设计、课程研发、资源建设、测试评估、运行管理五个阶段。

课程设计阶段是根据前期课程规划的内容和对课程进行需求分析的结果，由课程教师与技术人员共同制定课程教学设计方案，确定在线课程的功能，总体策划并形成课程开发方案。课程研发阶段主要是对在线课程系统平台进行研发，目前可以采用自制系统或利用商业通用平台建设两种方式。研发内容包括界面设计、代码编写、框架搭建和网站体系中各项功能的完善，该部分需要课程教师协助技术人员完成。资源建设阶段主要是对文、图、声、像、动画等多媒体教学资源的采集与整理，并在研发的课程平台上完成教学资源的添加和教学活动的实现等，该阶段需要技术人员协助课程教师完成。测试评估阶段主要是由课程教师与技术人员共同对研发的课程平台系统进行技术和内容等方面的检测，通过课程试运行，评估各项功能是否达到开发方案要求，并对方案进行修改完善。运行管理阶段是将已完成并通过检测的在线开放课程正式公布投入使用，并由技术人员开展常规管理工作。

3．在线开放课程建设的主要流程

在线课程建设是一项复杂的系统工程。要想优质、高效地完成在线课程的建设项目，必须保障一定的建设周期。建设的基本工作流程如图 2-3 所示。

4．在线开放课程教学设计的环节

在教学设计、信息化教学设计和信息化教学实施等理论与实践的指导下，结合在线开放课程的特征，在线开放课程的教学设计主要包括学习者分析、课程教学目标确定、教学资源组织与结构设计、教学过程设计、课程考核评价体系设计、课程实施方案设计、教学设计过程的评价与修改等环节。

学习者分析。在线课程的学习者即教学对象，一般范围较广，且不受地域、年龄等限制。在对学习者进行分析时，需要根据其课程学习需求、在线学习等方面因素考虑其一般特征。

课程教学目标确定。该环节是对课程教学目标的详细阐明与分析，以使学习者能够通过对课程教学的把握，从而对课程有一个直观、清晰的了解。

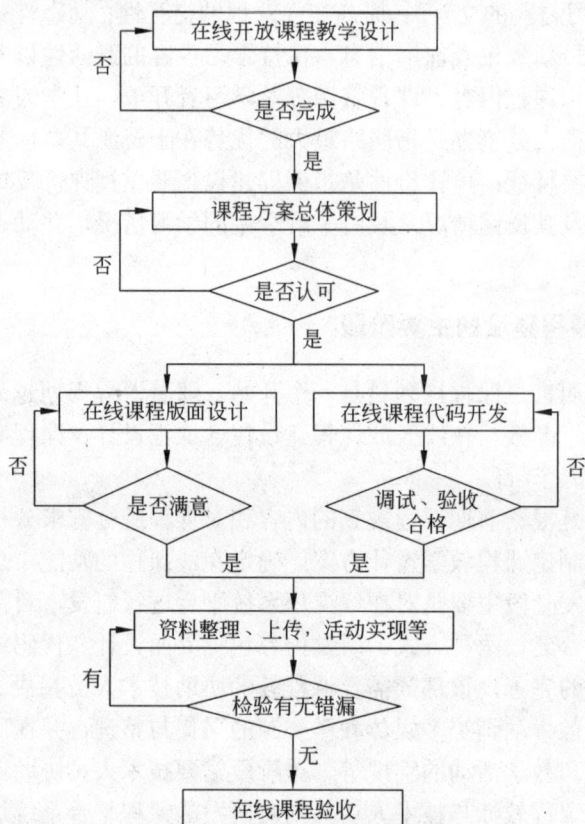

```
              ┌──────────────────────┐
         否   │   在线开放课程教学设计   │◄──┐
         │    └──────────────────────┘   │
         │              │                │
         │         ◇ 是否完成 ◇──────否────┘
         │              │是
         │    ┌──────────────────────┐
         否   │    课程方案总体策划      │◄──┐
         │    └──────────────────────┘   │
         │              │                │
         │         ◇ 是否认可 ◇──────否────┘
         │              │是
    ┌─────────┐              ┌─────────┐
    │在线课程版面设计│          │在线课程代码开发│
    └─────────┘              └─────────┘
   否  │                          │  否
    ◇ 是否满意 ◇              ◇ 调试、验收合格 ◇
         │是                      │是
    ┌──────────────────────────────┐
 有 │  资料整理、上传，活动实现等        │
    └──────────────────────────────┘
         │
    ◇ 检验有无错漏 ◇────有
         │无
    ┌──────────────────────┐
    │     在线课程验收          │
    └──────────────────────┘
```

图 2-3　在线开放课程建设流程

教学资源组织与结构设计。在线课程的教学资源不仅来源于教材、书本，还包括课程教师团队教学实践的积累。该部分内容是针对课程教学和在线学习的双重需要，对课程多种形式的资源进行组织与安排，并对在线课程的呈现结构进行设计。

教学过程设计。该环节是在线开放课程设计的核心，主要结合在线课程的设计原则，考虑在线开放课程的教学过程尤其是教学活动、教学交互的设计，以及教学媒体的选择与应用。此外，除了课程使用的在线平台外，根据教学需求利用平台对应的移动终端，促进课程教学的实施和效果的提升。

课程考核评价体系设计。在线课程的考核评价，一般采用课程考试、在线作业、小组讨论、课程考勤、线上学习互动等多元化的评价方式，以多方面、多角度地了解学生的课程学习状况、考察其真实学习效果。

课程实施方案设计。根据教学资源、教学过程、教学评价等一系列方面因素的考虑，设计与开发课程实施方案，包括课程内容与框架设计、课程风格与界面设计等，是对在线开放课程的设计与开发的总体考虑。

评价与修改。该环节即对课程教学结果及整个教学设计过程进行评价与修改。教学设计是一个循环往复的过程，通过不断的评价与修改，逐渐使在线开放课程的教学设计方案更加合理有效。

5. 在线开放课程主要的功能模块

设计开发在线开放课程，需要对课程内容进行精心的设计与准备。完善的在线开放课程的基本功能框架主要由课程导学模块、课程内容模块、课程教学模块、教学活动模块、学习支持模块、移动社交模块等部分构成，具体如图 2-4 所示。

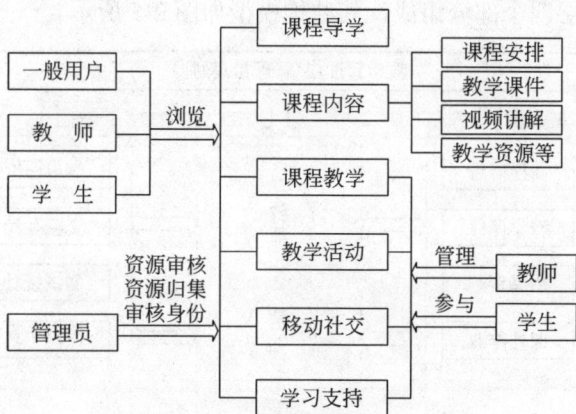

图 2-4　在线课程模块规划结构图

课程导学模块。该模块包括课程主页面中的课程信息、课程风格、封面信息和宣传图片等内容，呈现需要清晰、有效。

课程内容模块。该模块包括课程目录导航和单元、课时等章节内具体内容的编写，以及课程安排、教学课件、视频讲解、教学重难点、其他教学资源等内容。

课程教学模块。该模块包括课程进程管理，以及作业、考试、资料、讨论答疑与通知、课程管理等内容。

教学活动模块。该模块包括签到、投票、问卷、抢答、评分等与课程教学相关的活动内容。

学习支持模块。该模块包括学习工具下载、学习方法指导，常见问题解答，以及课程辅助资源学习等内容。

移动社交模块。该模块是在线开放课程的移动平台，包括移动阅读、移动社交、移动教务等内容。通过此平台，可充分发挥移动客户端的优势，实现移动教学生态。

精品在线开放课程需要利用网络平台来展示其一流的课程内容、教学活动、教学方法等特色及优质教学系统。当然，教师可以根据课程的特点，对课程内容和教学活动进行个性化设计。此外，在在线课程建设过程中，为了使课程平台访问快捷、使用更加人性化，教师在设置课程内容、教学活动等的时候，应尽量简化操作。而且不同课程也需结合学科特点，对模块和内容结构进行增减，以充分体现学科和课程特色。

二、在线开放课程的设计方法

优秀的在线开放课程平台是以混合式教学与泛在学习为核心思想，集 MOOC 及精品课程建设、教学互动、资源管理、教学成果展示、教学管理评估于一体的，它以学习空间为平台支撑，整合海量教学资源，提供全方位的网络教学服务，其特色在于具有专业教学资源库、可以移动学习等。

1. 在线开放课程的四层结构

根据在线课程的设计原则，在线课程的结构体系由教学管理层、学习资源层、课程用户层、学习支持层四个部分组成，其结构模型如图 2-5 所示。

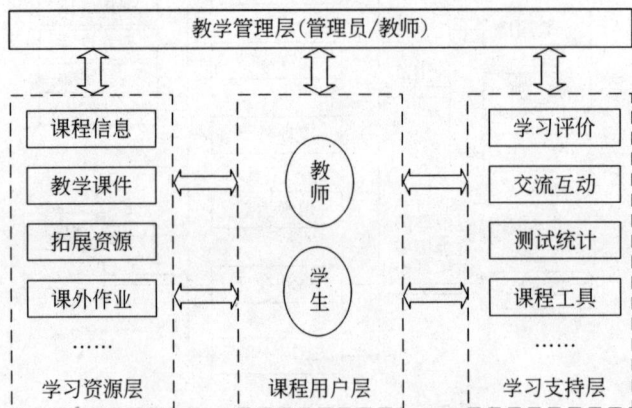

图 2-5　在线课程结构模型

教师管理层主要是教师对课程进行设计、开发与管理，包括课程信息设计、上传课程内容、组织教学活动、管理学生用户等。此外，课程管理员也可以对整个课程系统平台进行管理，如修改用户权限、课程维护等。

学习资源层主要是向学习者展示在线课程的相关内容与资源，同时也可以使用超星提供的海量资源作为课程学习的支撑，是课程内容的展示部分。

学习支持层主要是利用平台上的一些课程工具支持在线的教学和学习，如通过作业、考试等来辅助与评测教学，通过签到、投票、抢答等一系列的活动来辅助支撑在线教学。

课程用户层主要包括教师、学生两大类用户。教师用户可以创建课程、管理课程等，学生用户可以通过浏览课程内容参与在线学习与考试等。

2. 在线开放课程的内容体系

在线开放课程的设计是一个系统的工程，其结果直接决定了在线课程的开发质量和教学效果。在线课程的设计主要体现在课程导学、教学内容、课程结构、交互活动、学习评价等几个方面。

课程导学是课程教学和学习的入口，创建一个清晰、合理的导学，能够使学习者高效地利用在线课程进行自主学习。课程导学设计需要符合学习者的认知心理，尽可能地清晰、明确、简单。通常在课程导学设计中直接列出简明的课程介绍、合理的团队教师、清晰的课程目标和评价、优质的教学资源等，可以采用提供信息网络结构图、思维导图等展示形式，允许检索跳转及记录学习路径、提供回溯等方法，以给学习者提供个性化、人性化的课程学习服务。

　　教学内容是在线课程设计的主体，其设计应按照网络环境的需要和教学目标的设定进行合理的分解与重组，根据知识点的特征与需要，选择不同的媒体表征形式，使课程教学内容能够以适宜的网络化形式和手段所呈现。

　　在线课程的结构是在教学设计的指导下，对在线课程的总体建构。在线课程应具有内容呈现、交流互动、讨论答疑、测试评价及课程管理等板块。

　　交互活动设计是在线课程的关键。其中，交互不仅要考虑教师和学习者、学习者与学习者之间的交流，还要考虑教学支撑平台本身的交互性能。泛雅所提供的交流工具如表 2-3 所示。

表 2-3　泛雅所提供的交流工具

交互工具	功能描述	特点
签到/打卡	提供手势、普通、签到码和二维码四种签到模式，也可以通过打卡方式，实现在线课堂的考勤签到功能	实时、非实时
投票/问卷	支持单选题、多选题和简答题，通过投票或者问卷，教师可以实时掌握学情	实时、非实时
测验	发布测验题让学生实时回答，教师实时看到学生回答统计	实时
抢答	让学生通过学习通抢答课堂提问，可用于活跃课堂，对积极的学生进行积分奖励，可以设置不同名次的分数、任务时长	实时
选人	随机选出一名学生完成指定任务，支持标题图片	实时
评分	让学生为教师、学生的课堂表现评分，可以实名或匿名，也可以查看评分统计	实时、非实时
直播	教师远程直播，学生通过多终端在线观看，也可以设置为允许回看	实时、非实时
讨论	就相应的话题进行讨论，交谈可以组织成课程论坛，每个话题讨论都包括一个主题和所有相关的回复	实时、非实时
通知	及时地给学生发送相关信息，以及张贴课程的相关信息	非实时
消息	为课程或用户提供一个专用而可靠的通信系统，通过此工具，可以查看通讯录，也可以接收与发送消息	非实时
小组活动	将学生随机分组以协作完成课堂任务	实时、非实时
小组社交	通过加入和创建小组，通过话题实现小组互动，和小组成员共享与交流	实时、非实时
学习通	通过学习通移动 APP，可以实现课程创建、班级创建、小组社交、移动资源浏览，以及签到、投票等互动教学的实现，从而打造移动教学生态	实时、非实时

　　学习评价是在线课程设计的重要环节，尤其是以学生自主学习为主的网络化学习活动。在设计学习评价时，不仅要注重评价学生的能力，而且还要关注学生的学习过程和行为，培养学生的创新能力和问题解决能力。学习评价可以采取学习者自我评价或相互评价、教师评价等多元化的方式，以能够真实、有效地评定学习者的学习效果。

3. 在线开放课程的建设策略

　　在线开放课程的建设是教育教学改革的一个重要手段和媒介，并不是书本搬家，也不是换个形式，而是从理念、方法、技术等方面都要转变。在建设过程中，要顺应"互联网+"时代的发展趋势，要本着深化高等教育教学改革、推动信息技术与教育教学深度融合、促进优质教育资源的应用与共享、提升高校人才培养质量的宗旨，要着力推动虚拟现实技术、数字仿真实验、在线知识支持、在线测试考核、在线教学监测等技术在课程中的应用，要根据教学实际建立在线开放课程教学与学习的管理、激励和评价机制，并积极探索在课堂教学中如何有效利用在线教学资源和技术手段开展实际教学，并鼓励学生使用在线开放课程开展自主学习。

在线开放课程建设过程中，要做好关键的"五步"。

第一，要解决"为什么"？此在线开放课程要让学生学习什么？达到什么目标？这是教学的核心，要让学生在学习之前了解并一直努力达成。一般我们可以用思维导图、概念图来呈现整个目标和教学内容体系。

第二，要解决"看什么"？学生学习在线开放课程时，虽然不需要到教室里去，但是通过网络还是希望看到教师的教学过程，聆听教师的讲解，并不只是看文字。因此在线开放课程要通过短小的微课或教师讲课视频，让学生学习。

第三，要解决"学什么"？教学内容是在线开放课程的主体，教学内容并不只是简单地从书本搬家，而是要进行重新选择、组织、整理、呈现，要根据学生的学习情况，添加最新的前沿与相关知识，并注意呈现方式与过程。一般采用文本或 PDF 形式提供。

第四，要解决"想什么"？学生学习之后，需要引导他们进行思考。有效的思考，是激发学习欲望和获得学习成果的重要途径。因此在线开放课程要在各个学习环节设计有效的问题，引发学生认真思考。并且可以通过论坛和讨论，来帮助学生解决问题。

第五，要解决"做什么"？学生学习之后，需要加强学生的训练，一般是通过练习测试以及相关链接资源，让学生利用所学知识进行应用与实践。

另外，在整个在线开放课程建设中，要遵循"以任务为线索，以活动为纽带，以为学为思想，以应用为共享"的原则。"以任务为线索"，即教学内容的安排可以不要以书本章节为序，而是以问题导向、任务引领的方式组织，提高学习的效率和效果；"以活动为纽带"是指在教学过程的设计与教学活动的组织中，尽量以活动串联，激发学生的参与意识；"以为学为思想"是指教学过程是要围绕学生的需求，以生为本来设计和组织资源和教学活动；"以应用为共享"是指在线开放课程具有开放性、共享性，要鼓励学生通过网络获取资源、交流讨论、共享经验、共同成长。

◆ 活动 3 设计在线课程

本部分内容在教学设计与课程总体规划的指导下，主要以"精品在线开放课程设计与开发"课程为例，进行在线开放课程的设计，主要包括在线开放课程内容与框架设计、风格与界面设计等，同时也与在线课程的基本框架和课程的设计内容相对应。

一、在线开放课程内容与框架设计

1. 在线开放课程内容设计

课程内容是在线课程的核心，在线开放课程设计的关键也在于内容的精心选择与设计。根据在线开放课程的主要原则、建设阶段、主要流程、基本框架，以及在线开放课程的教学设计可知，在线开放课程的内容设计主要是对课程教学资源的组织与安排、教学活动和教学交互的设计、课程考核评价的设计等。

（1）课程教学资源的组织与安排

"精品在线开放课程设计与开发"这门课程针对的对象主要是一线教师或者从事教育技术工作、教务管理等人员，以及对在线开放课程建设感兴趣的人员，他们大多数具有一定的授课经验或者教学经验，但对在线开放课程的设计与开发并不熟悉，需要将自己或他人的某门课程设计成在线开放课程，因而需要学习该门课程。

课程教学资源一般来自教材、参考书，或者课程教师团队多年教学实践的积累。在线开放课程不是将教材、参考书等直接照搬到网上，而是需要将课程内容结合需求重新规划和呈现。对课程教学资源的再组织是在线开放课程内容设计的一个重要内容。该课程的教学资源主要来自课程教师团队的理论与实践的积累，资源组织相对较为复杂，除了现有理论支撑以及案例、图片等资源外，还需要课程教学团队人员自己收集、设计与开发所需课件、视频、试题等大量资源，由此共同组成该课程的教学资源。

对课程教学资源的再组织，可以从不同层面上设计。其中，从在线学习层面上，将课件、视频、测验、讨论、活动有机组合构成单元学习体系；从能力培养层面上，课程前期设置课前检测、课程导学，课程后期建设、拓展学习资源，诸如优质特色教学工具、精品在线开放课程建设标准等。

（2）教学活动和教学交互的设计

该在线课程是以活动的形式来呈现的，也就是在活动中完成课程教学任务和知识的学习。其中，课程导学活动的设计主要体现在三个方面：一是课程界面中的课程信息介绍，二是课程知识和内容介绍前的前测，三是开始学习每个章节内容前的活动导图和思考等导学环节。而课程教学活动可以课堂签到、课程讨论、分组教学、趣味抢答、展示学生作品、课堂评分等多种活动形式展开，以激发学习者的兴趣和积极性，促进在线学习的开展及学习效果的提升。

此外，在如趣味答题、课程讨论、课堂评分等教学活动的开展与实施中，也积极促进交互的发生，使学习者积极、主动地参与到在线教学中。使用泛雅平台和学习通，便于学习者根据自身情况随时开展学习，尤其是学习通的使用，拓展了在线开放课程的移动社交应用，提高了教学效果。

（3）课程考核评价的设计

在线课程一般采用多元化的评价方式，将诊断性评价、过程性评价与总结性评价结合，从多角度、多方面衡量教学质量和教学效果。该课程的评价设计主要包括学生的学习评价和课程教学效果的评价两个部分。首先，从学生学习效果评价上，可以通过讨论、随堂检测、考试测验等衡量学生的学习效果。例如，在学习完某单元或章节内容后，可以发布随堂检测，一方面可以一定程度上调动学习者的学习积极性，并及时了解自己的学习情况；另一方面也可以与课程结束后的考试相结合，共同评价学生的学习效果。其次，从课程教学效果评价上，可以通过统计、管理后台课程数据，并结合大数据分析技术，衡量课程的教学效果。例如，通过统计章节访问量，查看每位学习者章节访问次数和访问时间，进而实时、深入地了解学习者的学习情况。

2. 在线开放课程框架设计

单元或章节框架是一门课程的主旨，清晰的框架能使学生快速形成和梳理对课程整体知识的认识，从而更加明确学习目标，在线课程也不例外。在线开放课程的框架设计，是在教学设计的指导下，结合课程教学目标，运用系统的方法，按照一定的顺序，将课程内容通过章节或者单元框架的形式分成不同部分进行呈现。由于在线开放课程实施时多以学生的自主学习为主，因而课程的章节框架更是一门在线课程核心内容的重要体现，也是对课程总目标的分解、课程单元目标的实现。

在对在线开放课程的章节框架进行设计时，要根据对课程内容的设计的结果，尤其是课程教学资源的组织与安排、教学活动和教学交互的设计、课程考核评价的设计等内容，考虑课程教学内容的顺序、知识点的难易程度，根据对应的模块内容，提炼出章节标题内容，形成课程章节框架。此外，章节框架题目的设计，还需结合教学活动增强课程的趣味性、提高学生学习的积极性。同时，对应课程章节目录建立相应的下一级的小节标题和内容，并根据导航链接，使学习者能够在平台上自由前进后退、切换学习内容。此外，在目录结构设计时，要能够突显活动数目及当前学习进度等相关信息，使学习者能够清晰了解自己的学习情况。

以"精品在线开放课程设计与开发"为例，对该在线课程的章节框架进行考虑时，在课程开始之前提供"前测"内容，以进一步了解课程学习者的初始知识和能力水平等。在前测的基础上，应从相对较为简单、容易的知识点如在线学习等入手开始学习，因而可以设置"初始在线学习"。之后，根据课程目标，对课程教学知识进行逐步分解，根据教学内容的顺序、知识的难易程度等进行框架安排，依次分别为课程规划设计、课程开发准备、课程内容建设、课程活动设计、练习作业测评、课程数据分析、移动社交应用等。通过课程核心内容的学习之后，可以通过"教学资源拓展"，给不同程度的学习者提供可持续深入学习、可拓展的知识内容。具体框架设计如图 2-6 所示。

二、在线开放课程风格与界面设计

在线课程的总体风格和界面框架比较固定，可以通过定制个性化用户界面，使得课程结构简洁明了，其风格和界面设计没有自主开发的在线课程的界面设计那么复杂。在设计时，应注意课程的版面布局和色彩运用，以及要主次分明、重点突出，功能齐全、交互性强，简洁通俗、易于理解，色彩自然、画面和谐等。

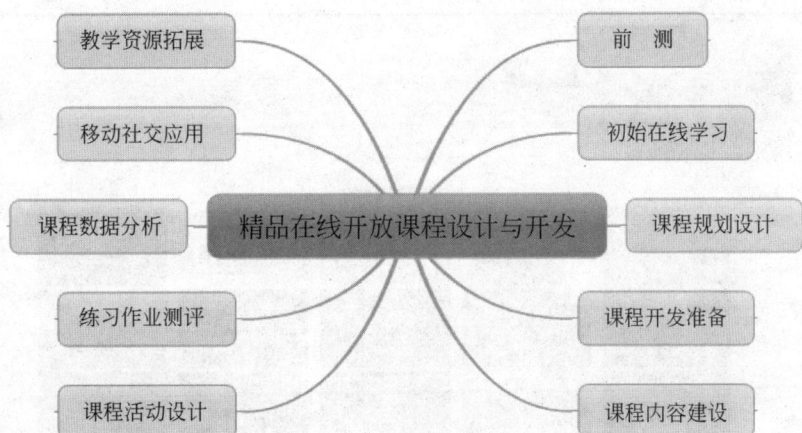

图 2-6　"精品在线开放课程设计与开发"课程框架

在线课程在系统平台上以网页的形式呈现，版面布局是设计与开发在线课程的首要环节。通过浏览器能够看到的完整的一个课程页面上所有元素的布局排版。一个网页上的基本构成要素，通过考虑要素间的相互关系，运用比例、对称、均衡等常见的组合手法与技巧，尤其要考虑视觉中心、大小搭配、前后呼应、图文互补等，以突出、美化设计主题，呈现最佳的课程页面效果。此外，在色彩设计学里，不同的色彩代表不同的含义，也表达了不同的情感。例如，绿色是大自然草本的颜色，意味着纯自然、生长等；红色是火的颜色，代表着热情、奔放、喜庆，积极乐观，象征生命。在课程的色彩设计中需要突出课程所蕴含的主体色彩，体现在课程标志、标题、主菜单以及课程的主色块中。另外，还需配以合理搭配的辅助色，在点缀课程的同时，也可避免课程色彩使用的过于单调，但也应避免色彩数量使用过多而使课程显得花哨。

在线开放课程风格与界面的设计，还应注意课程页面内容的编辑。文字内容是课程内容呈现的主要载体，也是在线课程页面的基本组成部分，因此在设计课程页面时，可以通过改变文字的字体、字号、字形、颜色等风格，以突显重要的文字信息。字体的设计要遵循一致性和清晰性的原则，使课程整体风格保持统一。由于多媒体信息的呈现越来越多样化，在线课程的资源形式也丰富多样，图片、视音频、讨论、测试等的图标或者界面等也是课程内容编辑时呈现的重要内容，在设计时也应使其简洁、大方和美观。

一般在线课程的风格和界面设计包括创建课程界面、编辑课程门户信息、设置章节建设、设置课程门户等内容。

课程封面是课程的海报和形象，是课程的宣传图，教师可以上传自己的图片，也可以从模板库中选择系统提供的图片。图片支持 jpg、jpeg、gif、png 格式，宽 1000×高 600 以上像素，文件小于 4MB，如图 2-7 所示。

平台为在线开放课程提供了一些常见的课程结构模板，如纸质印刷风格、Coursera 风格、可汗风格等，可以根据需要选择相应的模板，或进行购买定制新的模板。如图 2-8 所示。

图 2-7　课程封面

图 2-8　选择模板

　　章节是课程内容的框架。学生可以通过章节的设置，对在线课程的整个内容有个初步的了解；教师可以通过章节建设，对每个章节的具体内容进行填充。章节内容的设置应全面，确保实用性。同时，也应风格统一、通俗易懂、恰当精简。章节可以"按照周、课时自动生成课程单元"，也可以选择"不自动生成课程单元"，这个在编辑制作课程时可以修改，如图 2-9、图 2-10 所示。

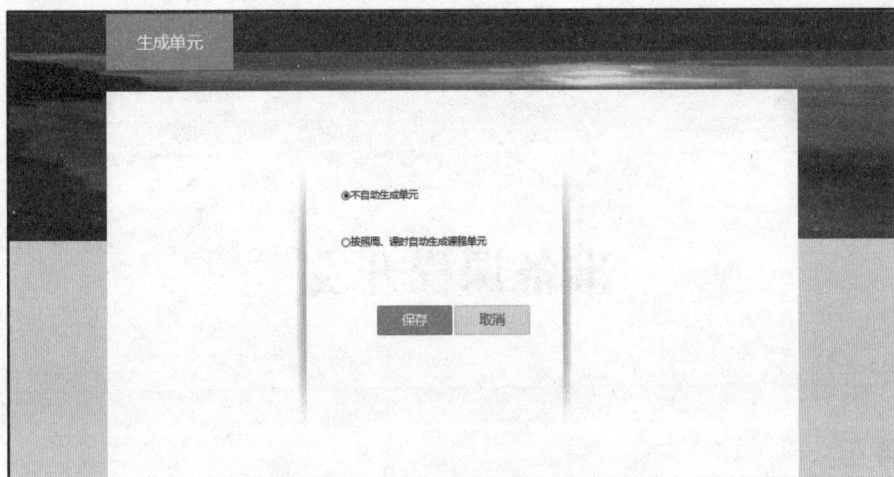

图 2-9 生成单元设置界面

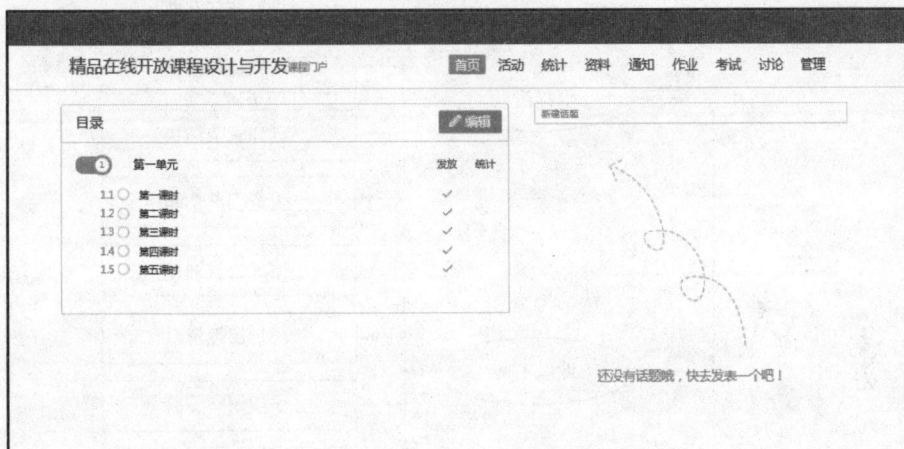

图 2-10 初始课程界面

活动实践

1. 请根据某门课程，设计一堂课的教学设计教案。
2. 请根据某门课程，规划设计在线开放课程的建设思路与方案。
3. 请浏览国内外优秀的课程网站，学习和了解在线课程设计的特点。

单元 三

准备课程开发

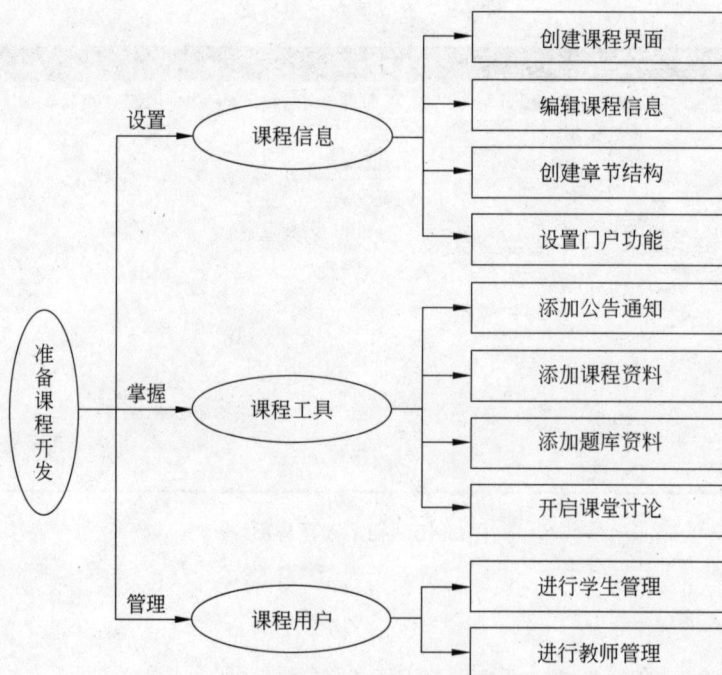

1. 在线开放课程开发需要做哪些准备？
2. 课程首页应该包含哪些内容？
3. 常用的课程工具有哪些？
4. 在线开放课程建设需要哪些人员构成？
5. 如何高效地管理课程用户？

◆ 活动 1　设置课程信息

一、预备知识

课程开发的准备包括课程信息的设置、课程工具的掌握以及教师和学生团队的组建和管理等，是在课程具体内容和活动建设之前首先需要考虑的问题。只有充分做好课程开发的准备工作，才能更好地进行在线开放课程的创建及教学。

课程信息包含本课程的重要属性，其信息描述的完整性将有助于课程的规范化，可为学习者了解和选修本课程提供重要参考。因此，课程信息的设置要完整，要能够包含所开发课程的所有基本信息。

课程信息一般包括课程名称、任课教师、课时安排、学分设置、参考教材等方面的介绍。

课程名称是课程的题目，是学习者选择课程的重要依据，因此课程名称要能描述所授课程的基本内容，要简明扼要。课时安排主要包括本课程的开课时间、结课时间、内容章节所需课时等，是课程信息的基础部分，是学习者选择课程和安排学习时间的一个重要参考。学分体现了此门课程的难易程度、内容多少、课时长短等信息，可以供学习者计算选修课程情况。参考教材能够给学习者提供更多的学习资源，不仅可以辅助学习者学习所选课程，还能够使学习者学习和掌握到更加全面的知识。

基于超星泛雅平台的在线开放课程的课程信息除了以上信息外，还包括资源设置、课程评价等方面的内容，所有这些内容在平台上包含于"设置课程封面"和"编辑课程内容"两个功能中。设置课程封面和编辑课程内容的具体方法如表 3-1 所示。教师可根

表 3-1　基于超星泛雅平台的课程基本信息

课程基本信息		功 能 描 述
设置课程封面	首页模板	设置课程首页的风格
	课程封面信息	课程名称、任课教师以及课程的简单描述
	课程片花	课程开始前播放的内容，位于课程首页并支持多种视频格式
	课程封面图	进入课程之前看到的课程封面图，作为课程的宣传图
	课程相关信息	分为两种类型：高校模板和基础模板。其中高校模板包括学校、编号、课时、学分等信息，基础模板包含主题和内容两部分
	课程介绍	对课程进行简要介绍，提供给学习者更加详细的课程内容信息
	教师团队	可对教师基本信息进行设置
	课程目标	设置课程的教学目标
	学习对象	描述课程学习对象的范围及要求
	参考教材	在线开放课程的教材及参考资源
编辑课程内容	标题设置	设置章节目录的标题
	内容设置	对每一个章节的内容包括资源、章节目标及重难点等进行设置
	章节测验	检测学习者对内容的掌握情况

据实际课程开发需要自行添加、删除或修改课程信息板块，选择是否公开，所有信息设置完成之后都可进行再次地编辑修改和删除。

二、实践操作

1. 创建课程界面

课程界面是在线课程的入口，是打开网络课程时的第一页，同时也是学生学习此课程时必看到的第一个页面。因此，教师可以将突显课程的一些重要信息放在此界面上。此外，课程封面的设计，也是呈现课程风格的一种体现方式。教师应遵循在线课程设计的原则与策略，将课程优势与信息技术呈现相结合，创建具有特色风格的在线课程界面。

进行"我的课程"界面设计时，关键操作如下所示。

（1）创建课程

教师用个人账号登录后就进入教学空间页面，单击上方"创建课程"按钮，如图 3-1 所示，即可进入创建课程界面。

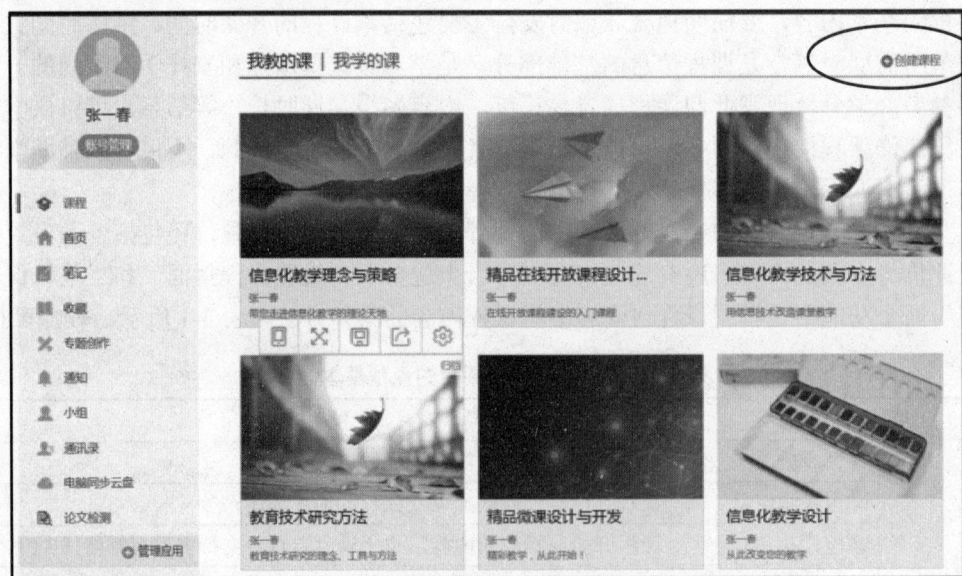

图 3-1　泛雅教学空间界面

进入创建课程界面后，教师可以设置课程名称、开课教师名以及课程说明，如图 3-2 所示。其中，"课程名称"与"教师"内容为必填项。填写完成后可单击"下一步"进入后续操作。

（2）课程封面

填好课程基本信息后，进入选择课程封面。可以选择已有图片或自行上传图片用作课程封面，如图 3-3 所示。设置好后，可选择"保存"，之后就可进入下一步的设置界面。

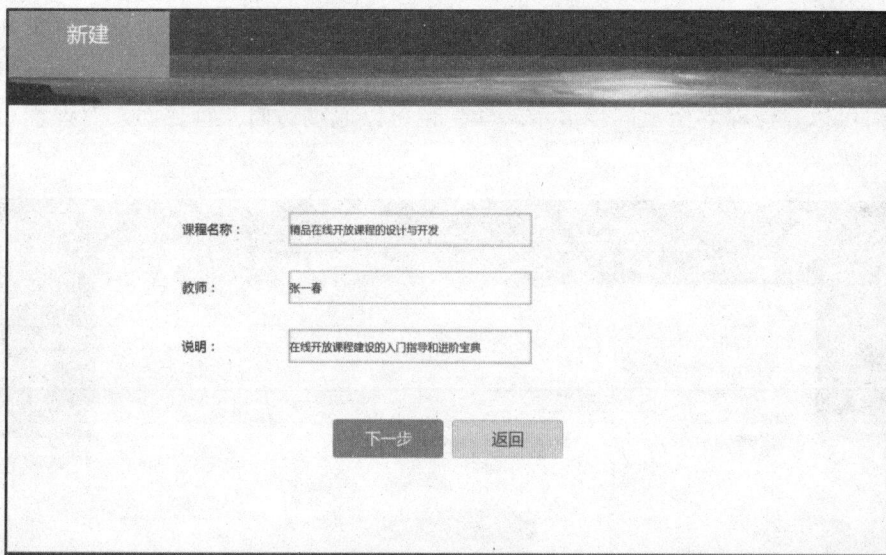

图 3-2　课程新建设置界面

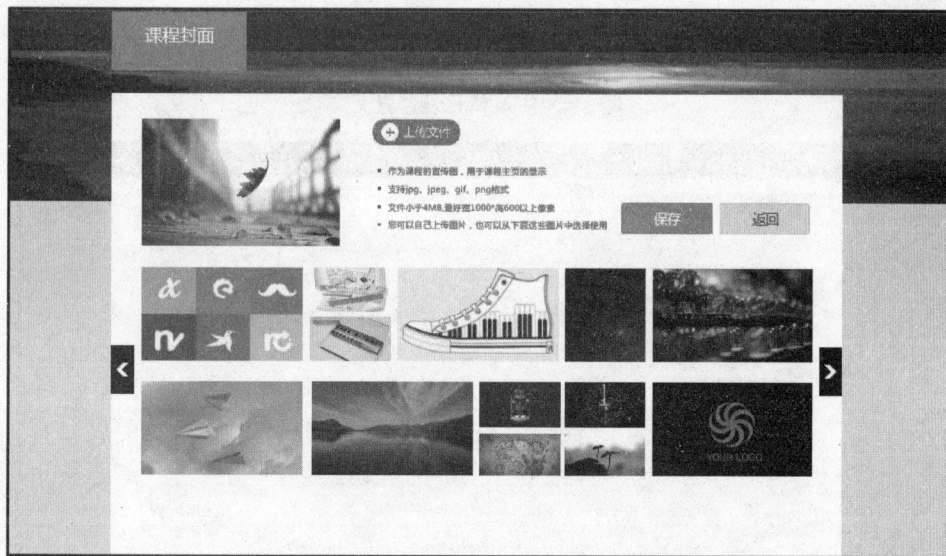

图 3-3　课程封面设置界面

（3）生成课程单元

选择好课程封面后，选择"按照周、课时自动生成课程单元"，也可以选择"不自动生成课程单元"，在稍后进入课程编辑后再自行设置，具体如图 3-4 所示。这样，最基本、最简单的课程界面就设置完成了。初始的课程界面，如图 3-5 所示。

2. 编辑课程信息

课程信息的编辑是课程内容与特点的一个主要呈现窗口。泛雅平台提供了相应的模板，可供用户选择使用。教师也可以课程特点，制作具有特色的模板、图片与视频片花，作为宣传。此外，教师可以根据课程特征，进行课程章节、课程介绍、教师团队、教学方法、教学条件、教学效果和参考教材等与课程相关信息的编辑。编辑的这些内容，可以在课程界面上同步显示。学生也可以通过访问课程界面，对课程相关信息进行了解。

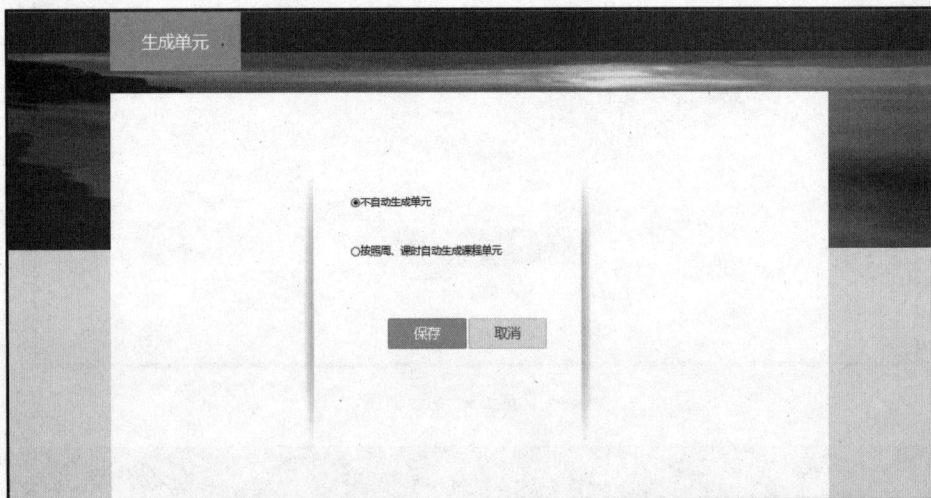

图 3-4　生成单元设置界面

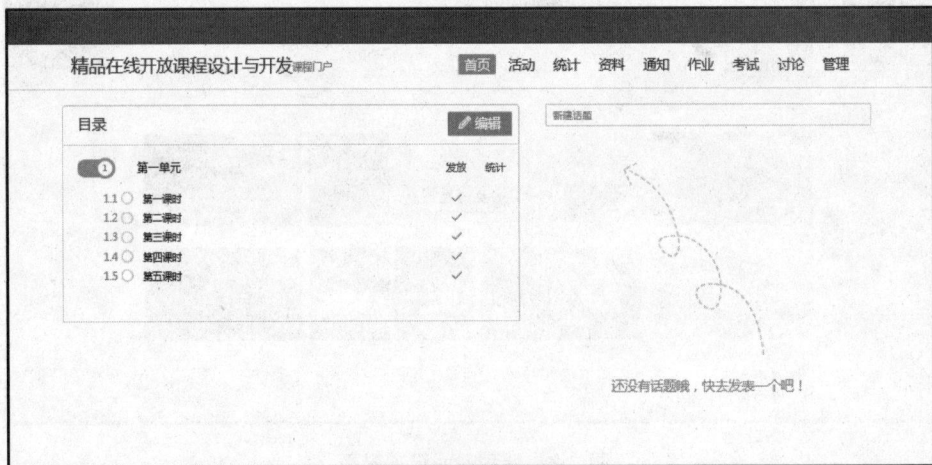

图 3-5　初始课程界面

初始课程界面形成后，为了课程信息的完整性以及用户界面的美观性等，还需对课程界面进行深入的设计。关键操作如下所示。

（1）课程门户界面

单击图 3-5 的初始课程界面上的"课程门户"，即可进入课程门户界面，如图 3-6 所示。然后单击页面上的"编辑本页"后，就进入编辑课程信息界面，在下方就显示出一系列需要编辑的内容，如图 3-7 所示。

图 3-6　课程门户界面

图 3-7　编辑课程信息界面

（2）编辑课程信息

第一步，选择模板。根据平台提供的课程模板，选择所需风格的模板。如这里选择"可汗风格"，如图 3-8 所示。

第二步，设置课程封面信息。如果在前面操作中没有设置课程封面信息的话，在该步骤中可以进行设置。若是前面已经设置过，这里会直接显示已设置的相关信息，如图 3-9 所示。填写完成后，单击"保存"按钮。

第三步，上传片花。片花是位于课程首页的一个类似于课程宣传片样的视频，大小限制在 2G 以内，且只可上传一个片花，如图 3-10 所示。支持 rmvb、MP4、flv、mov、mpg、3gp、mpeg、wmv、mkv、vob、f4v 格式的视频文件，编码格式为 H.264。上传完成后，单击"保存"按钮。

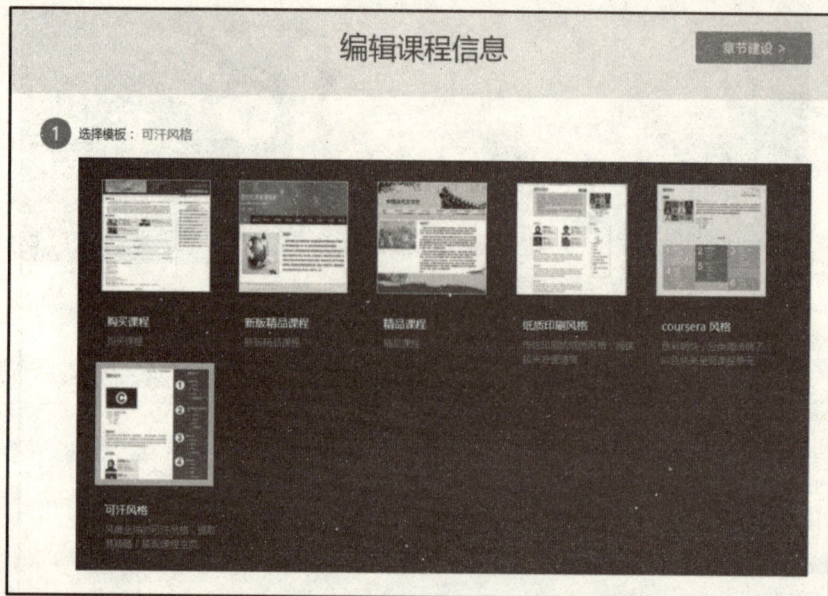

图 3-8　选择模板

图 3-9　课程封面信息

图 3-10　上传片花

　　第四步，课程封面。课程封面可以上传一个张图片，作为课程的宣传图，用于课程主页的显示，支持 jpg、jpeg、gif、png 格式，宽 1000×高 600 以上像素，文件小于 4MB，如图 3-11 所示。教师可以上传自己的图片，也可以从模板库中选择系统提供的图片。上传完成后，单击"保存"按钮。

图 3-11 课程封面

第五步，课程相关信息。平台提供了高校模板、基础模板两种类型，用户可以根据自己需求选择，如图 3-12 所示。填写完成后，单击"保存"按钮。

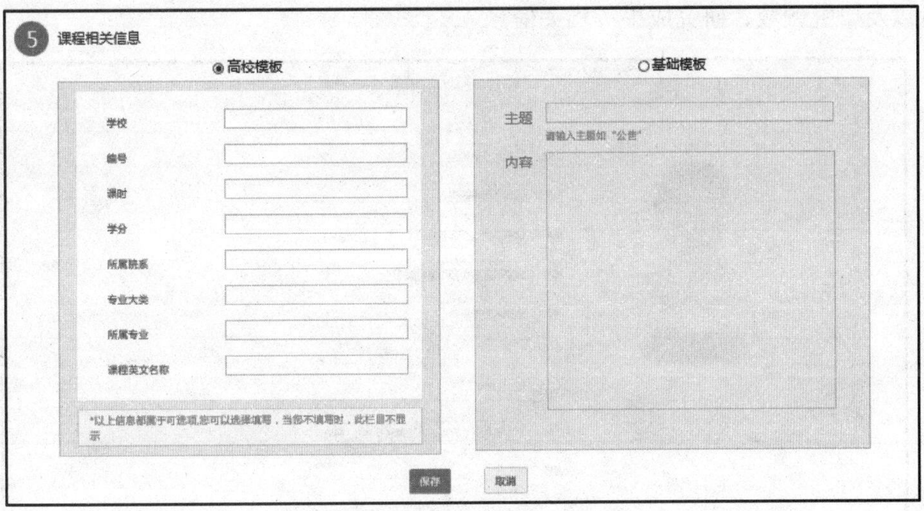

图 3-12 课程相关信息

第六步，课程章节。章节目录的名称，可以进行修改。通过单击右侧的"修改名称"进行修改，如图 3-13 所示。修改后单击保存，即为修改完成；单击放弃，即为放弃现有修改，维持修改前内容。修改操作，以下有"修改名称"的与此操作类似。

第七步，设置章节目录序号。可以勾选是否"公开"，如图 3-13 所示。

第八步，设置课程介绍。可以勾选是否"公开"。用户可以在下方的输入框中输入相关信息，输入完成后，单击"保存"按钮，如图 3-13 所示。

图 3-13　课程章节、目录、介绍、教师团队

第九步，教师团队。可以单击右侧的"修改名称"修改"教师团队"的名称。单击下方的"+添加教师"进行教师的添加，如图 3-13 所示。进行添加教师团队成员时，呈现页面如图 3-14 和图 3-15 所示。可以根据提示填写教师的姓名、职称、单位、部门、职务以及研究领域、研究成果等相关信息。

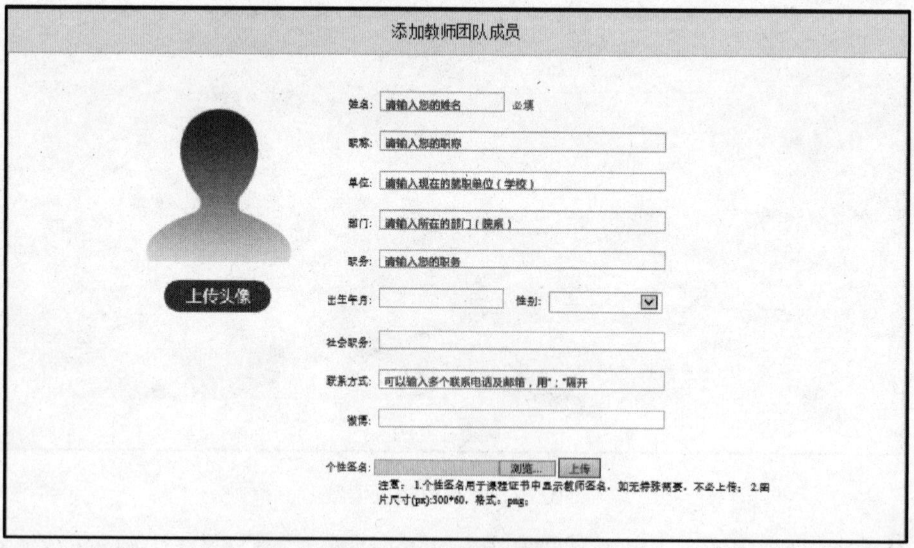

图 3-14　教师团队成员基本信息页面

第十步，教学方法。可以单击右侧的"教学方法"进行修改"教学方法"的名称。在下方的编辑器中可以填写教学方法的相应内容，并可进行简单的排版操作，如图 3-16 所示。

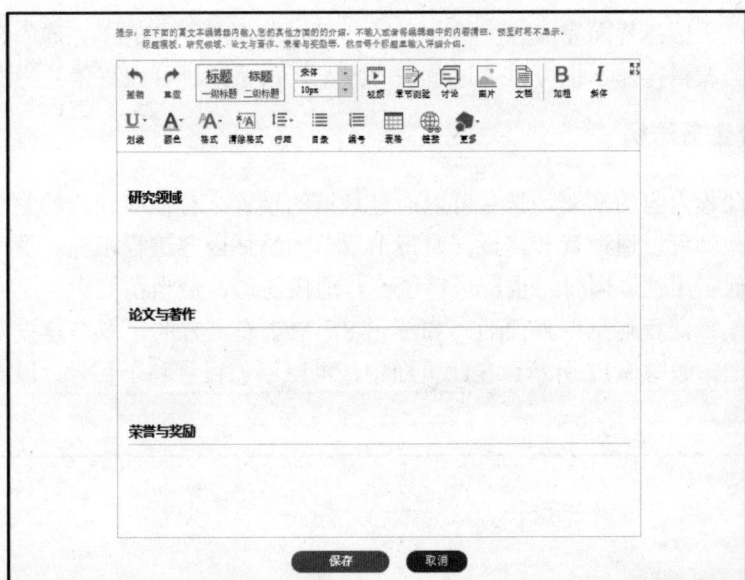

图 3-15　教师团队成员成果信息页面

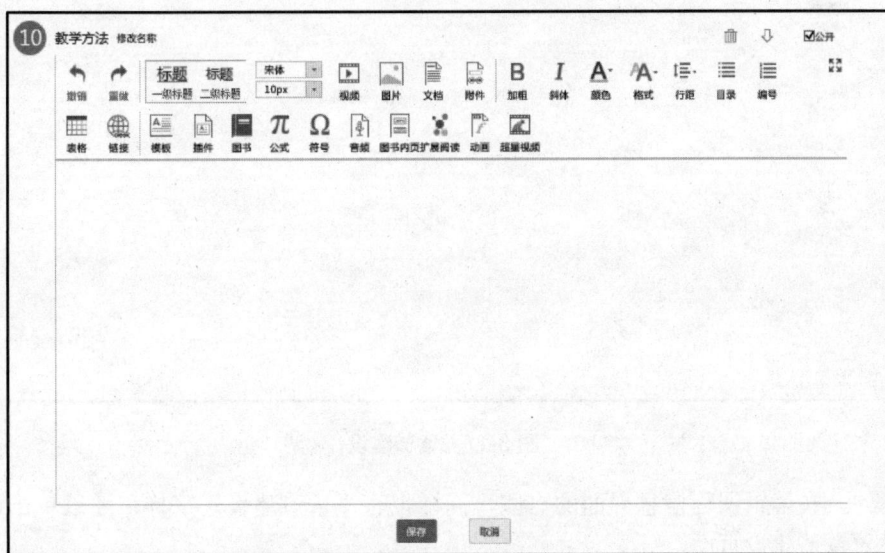

图 3-16　教学方法

第十一步，添加教学条件。与第十步操作类似。

第十二步，添加教学效果。与第十步操作类似。

第十三步，添加参考教材。与第十步操作类似。

此外，在编辑课程信息页面的下方"+添加栏目"，通过单击此处可进行新内容的添加。在进行内容添加时，和第十步操作类似。如果想撤销添加操作，可通过删除图标将新添加的栏目删除。

教学方法、教学条件、教学效果、参考教材这几项可以根据需要进行修改主题或删除。

在编辑课程信息界面完成以上操作之后，可以单击最下方的"完成"按钮，完成课程信息界面的编辑操作。也可以通过单击"预览"按钮，进行课程信息界面的预览。

3. 创建章节结构

章节是课程内容的框架。学生可以通过章节的设置，对在线课程的整个内容有个初步的了解；教师可以通过章节建设，对每个章节的具体内容进行填充。章节内容的设置应全面，确保实用性。同时，也应风格统一，通俗易懂，恰当精简。

进入"编辑课程信息"界面后，如图 3-8，单击右上方的"章节建设"按钮，进入章节建设页面，如图 3-17 所示。在此页面中，可以添加目录和子目录，以及每个章节中具体内容的编辑。

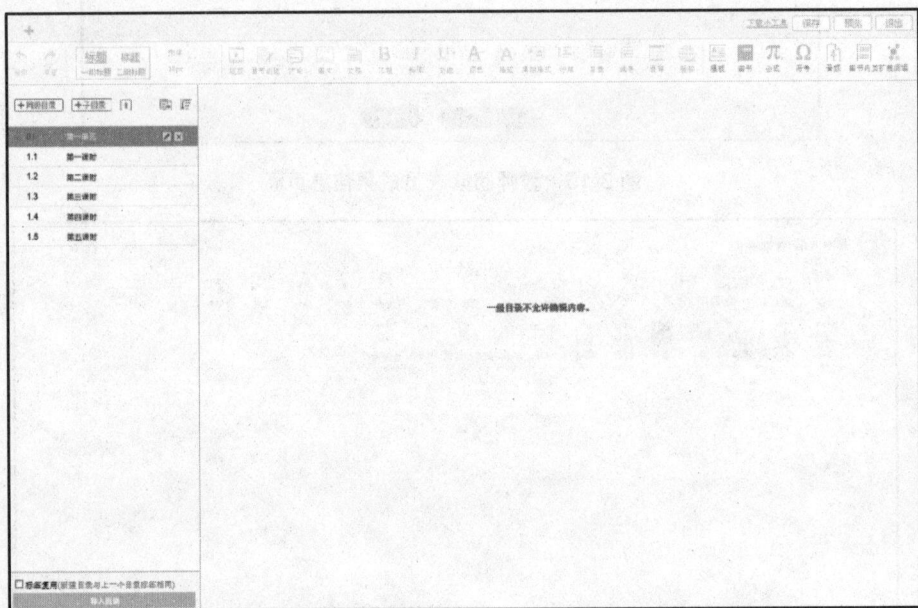

图 3-17　章节建设

此外，在编辑课程信息界面的右侧，同样也有"章节建设"字样，通过单击此处也可以进入章节建设页面。

4. 设置门户功能

课程门户是课程呈现的控制入口，在设置课程门户时，可以进行课程章节标题位置设置、课程门户章节资源列表显示设置、课程评价设置。

在进入图 3-6 的课程门户界面后，单击页面上的"设置"按钮，就进入到了设置课程信息界面，如图 3-18 所示。该界面的右侧也有"章节建设"字样，可通过单击此处进入章节建设页面，具体内容、方法与上面的章节设置一样。

在"设置课程信息"页面中，可以进行课程章节标题位置设置、课程门户章节资源列表显示设置、课程评价设置。设置完成后，单击页面最下方的"完成"按钮，即可。

到此，完成新创建的课程基本设置。课程风格和界面设计最终效果如图 3-19 所示。

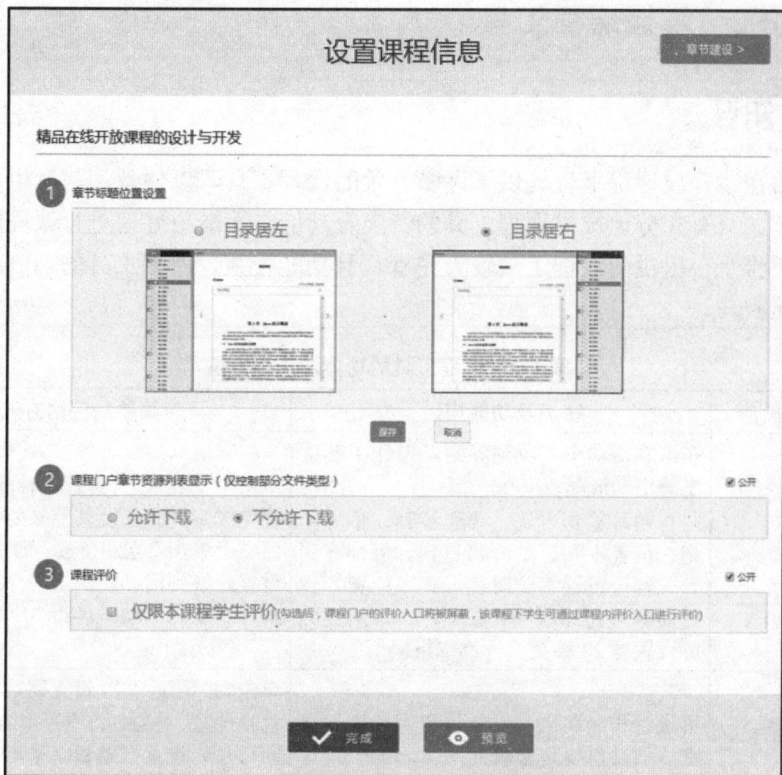

图 3-18 设置课程信息

图 3-19 "精品在线开放课程设计与开发"课程界面

◆ 活动 2 掌握课程工具

一、预备知识

一般的在线开放课程平台提供了许多有效的课程工具，以便教师与学生更好地开展在线教与学。只有充分地掌握课程工具的特点及功能，才能更好地进行课程的开发及实施。超星泛雅平台提供的课程工具较为完善，且功能较强，课程工具的功能及应用方法如表 3-2 所示。

表 3-2 课程工具的功能及应用方法

工　具		特点及功能描述	简要的应用方法
活动	签到	在课堂活动中可创建签到，以便了解学生的出勤情况； 共有四种签到方式：普通签到、手势签到、位置签到、二维码签到。每种签到方式都可设置签到时长，其中位置签到需要参与人开启位置服务，二维码签到可设置每 20 秒更换一次二维码	单击"签到"，选择任一种签到方式，设置完成签到时长及其他必要信息之后，在课堂上单击"立即发放"即可；也可事先设置好签到活动，单击"保存"，然后需要开启签到活动时单击"开始活动"即可
	投票/问卷	可进行积分奖励、时长等设置，用于课堂活动投票和问卷调查	单击"投票/问卷"，设置题目的基本信息：包括题型、标题、选项等单击"立即发放"即可事先设置好题目，单击"保存"，稍后单击"开始活动"即可
	抢答	可进行积分奖励、抢答时长等设置，用于课堂问题抢答等活动	单击"抢答"，设置抢答的题目、积分奖励、时长，单击"立即发放"或提前设置抢答题目，单击"保存"，然后在需要时单击"开始活动"即可创建抢答活动
	选人	可设置选人时长，用于课堂随机提问等活动	单击"选人"，设置标题和时长信息，同样是两种方法，可以单击"立即发放"，也可单击"保存"，然后单击"开始活动"即可完成课堂上随机选人的活动
	评分	可设置时长和分项评分、去掉最高分和最低分等，用于课堂活动评分	单击"评分"，设置必要信息完成后单击"立即发放"或是单击"保存"，然后单击"开始活动"完成评分活动的创建
统计	学生访问统计	统计学生访问课程的次数，可具体到每一个时间段	单击"统计"，即可自动查看每个月学生访问课程的次数、课程任务点类型分布及课程学习进度
	课程任务点类型分布	统计课程任务（如视频、章节测验）的类型以及学生综合成绩的分布情况	
	课程学习进度	统计学生的课程学习进度，具体到平均的、最慢的、最快的等数据	
资料		用于添加课程所需的学习资源，包括题库、作业库、试卷库等	单击"添加资料"选择任一种添加方式，单击"添加""完成"即可完成课程资料的添加

续表

工　具	特点及功能描述	简要的应用方法
通知	用于发布通知公告,其中包括作业截止时间提醒、课程学习任务发布等内容	单击"新建"设置完成后单击"发布"
作业	可以通过新建作业,也可从作业库中导入的方式创建作业,用于学生巩固课程内容	单击"新建"设置完成后单击"保存该题"
考试	可以通过新建试卷,也可从试卷库中导入的方式创建考试,用于测试学生课程内容的掌握情况	单击"新建"选择任意一种创建方式,按照提示设置完成单击保存发放即可
讨论	用于学生互相交流讨论问题,可发布话题也可对话题进行回复	单击"新建话题",输入话题内容单击"确定"
管理	包括班级管理、课程管理、教师团队管理	单击"添加学生""添加教师"等可以学生和教师队伍的创建

　　不同的课程工具有不同的功能,也适用于不用的课程开发环境。因此在应用这些课程工具时要充分了解熟悉其特点、条件和使用方法,根据课程的实际需要进行选择与应用。一般使用时要注意以下几点。

　　(1)选择最合适的工具

　　许多工具有其独特的功能作用,也有一定的相似性和功能的重复性,不同的工具有时也可实现同一个功能。因此,在选择工具时要根据工具的特点选择最适合的课程工具。"活动"工具中包含有很多小的工具,每一个工具都极具特色,都能够让教学形式多样、丰富多彩。例如,活动中的签到功能可以统计学生的出勤情况,在课堂活动中的投票或者是问卷工具也同样可实现此功能。如果在课堂活动设计中要安排投票活动,则可省略课前的签到活动,一样可实现学生出勤情况的统计,从而简化了课堂活动的流程,提高教学活动的效率。

　　(2)发挥工具最大效用

　　选择课程工具不仅要考虑课程工具的特点,也要考虑到实际课程开发以及教学活动的需求。课程工具的选择也不是越多越好,而是要充分合理地利用每一种工具的功能,让其发挥最大的作用,更好地为课程服务。例如,要了解学生对某一问题的看法,可以采用抢答。但如果使用抢答,就要尽量充分发挥其作用,有充分的题目和内容,而且有一定的时间保证,否则可以采用直接提问或其他形式就可以解决。为了用工具而用的话,会适得其反,影响学生的学习效果。

　　(3)注重组合工具使用。

　　在一门在线开放课程中,并不仅仅用某一种课程工具,往往需要多种工具组合使用。在一门在线开放课程中同时使用多种课程工具时,要注意它们之间的相互配合,要尽量互补、不要重复,而且要充分利用每种工具的特点,共同为教学服务。如过程性评价中,我们可以利用签到了解学生的出勤情况,用测验了解学生的认知水平情况,用访问统计了解学生学习的进度和关注的内容,用讨论看学生的参与度,等等。只有选择和课程内容和需要最具有适切性的课程工具,才能在最大限度地发挥课程功能的同时,实现良好的教学效果。

二、实践操作

1. 添加公告通知

（1）进入公告编辑页面

在课程页面的右上角，有一组课程工具，包括"活动""统计""资料""通知""作业""考试""讨论""管理"，如图 3-20 所示。单击"通知"即可进入添加公告通知页面，如图 3-21 所示。

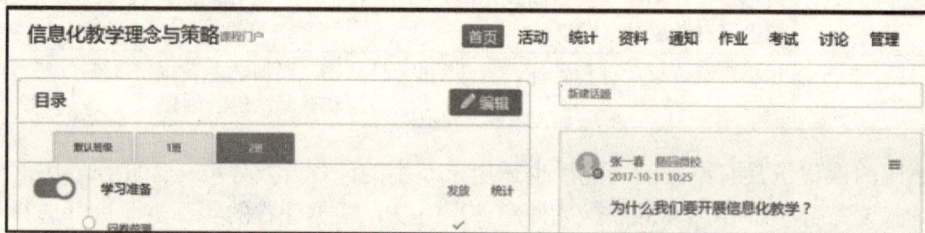

图 3-20 添加公告通知入口

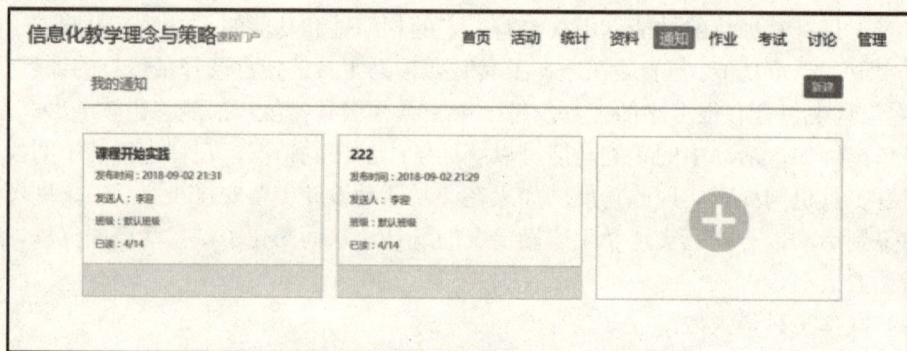

图 3-21 添加公告通知方法

（2）添加公告信息

公告通知的添加有两种方式：在图 3-21 中，一是直接单击页面中心的符号"+"添加公告通知，二是单击右上角的"新建"，即可进入公告通知编辑页面，如图 3-22 所示。在添加公告通知时，首先选择发送对象，全部班级或是部分班级，然后输入公告通知的标题及内容。公告通知文本内容不能超过 1000 字，也可以附件的形式上传通知。

（3）发布公告通知

所有内容添加完毕之后单击"发布"即可。已经创建的公告通知也可以重新编辑或者是删除。

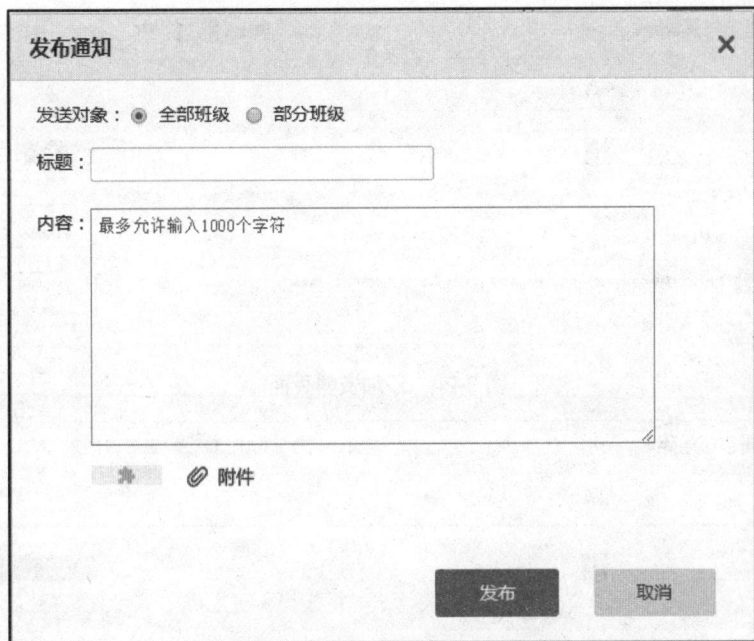

图 3-22　添加公告通知设置页面

2. 添加课程资料

（1）进入添加课程资料页面

在课程页面的右上角的课程工具中，如图 3-23 所示，单击"资料"即可进入添加课程资料页面。

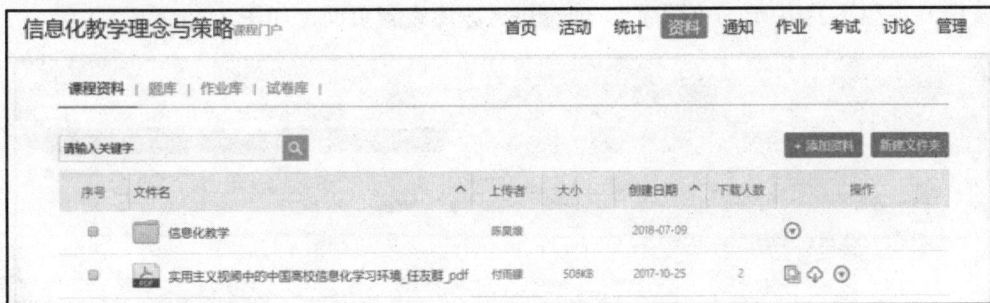

图 3-23　添加课程资料入口

（2）添加课程资料

进入添加课程资料的页面之后，就可以添加教学资料了。单击右上角"新建文件夹"即可新建一个资料文件夹；也可直接添加资料。直接添加资料的方法有"本地上传""云盘资源""添加网址""在线图书""在线视频""书房专题"六种方式，如图 3-25 所示。如果单击左下角"批量下载"和"批量删除"可进行批量资源的下载和删除操作。在操作时先选中文件，才可执行删除和下载的操作，如图 3-25 所示。

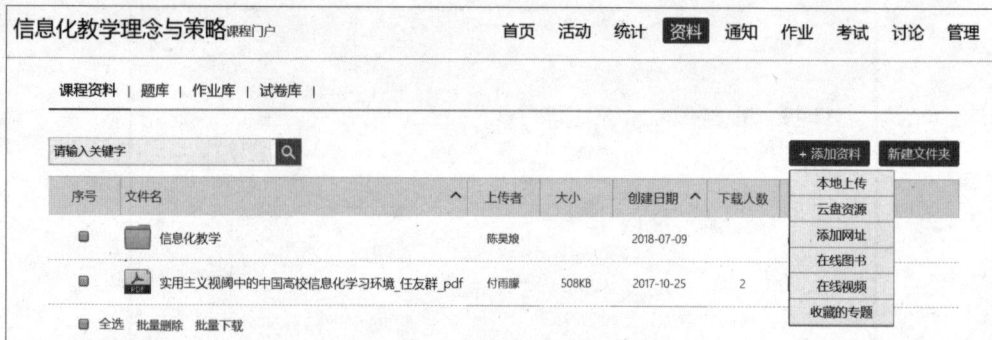

图 3-24　添加资料页面

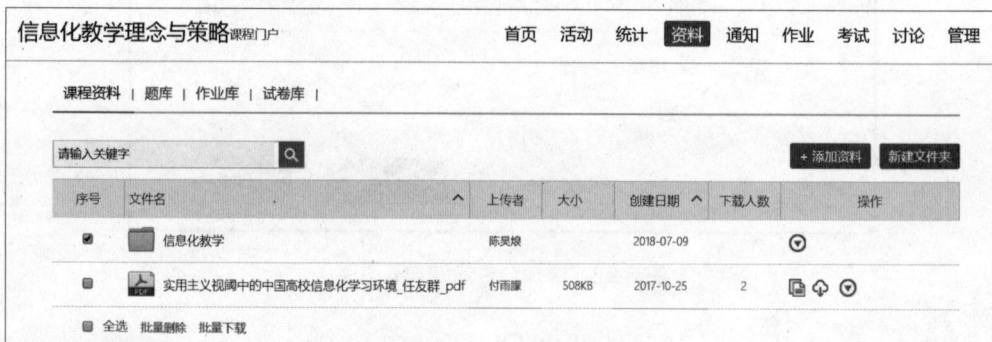

图 3-25　批量操作设置

3. 添加题库资料

平台上除了可以添加一般的课程资料外，还可以添加题库、作业库、试卷库。

（1）进入题库添加页面

（2）在图 3-23 中单击"题库"，即可进入题库设置页面，如图 3-26 所示。

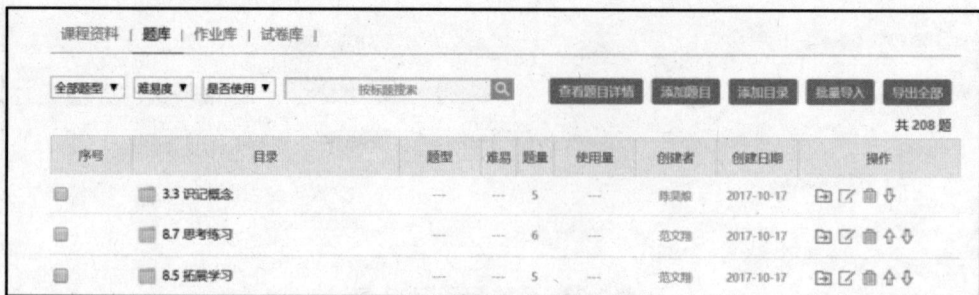

图 3-26　题库题型设置页面

（3）设置题库要求

进入题库页面后，单击"全部题型"下拉列表，可以设置题目类型，包括单选、多选、连线题等十几种题型。单击"难易度"下拉列表，可以设置题型的难度，分为难、一般、易三种级别，如图 3-27 所示。单击右上角"添加题目"，可设置题目的题型、题干、答案、答案解析、难易程度以及知识点，如图 3-28 所示。单击右上角"添加目录"，可实现对题库首页的文件夹的添加操作，如图 3-29 所示。单击"批量导入"，可快速导入或模板导入题目。单击"导出全部"可将设置的题目以表格格式导出到本地。已经创建的题目可以在题库中心进行编辑或者是删除。

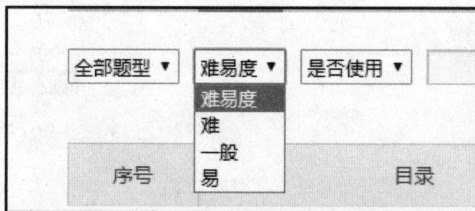

图 3-27　"题库"中题目难易程度设置页面

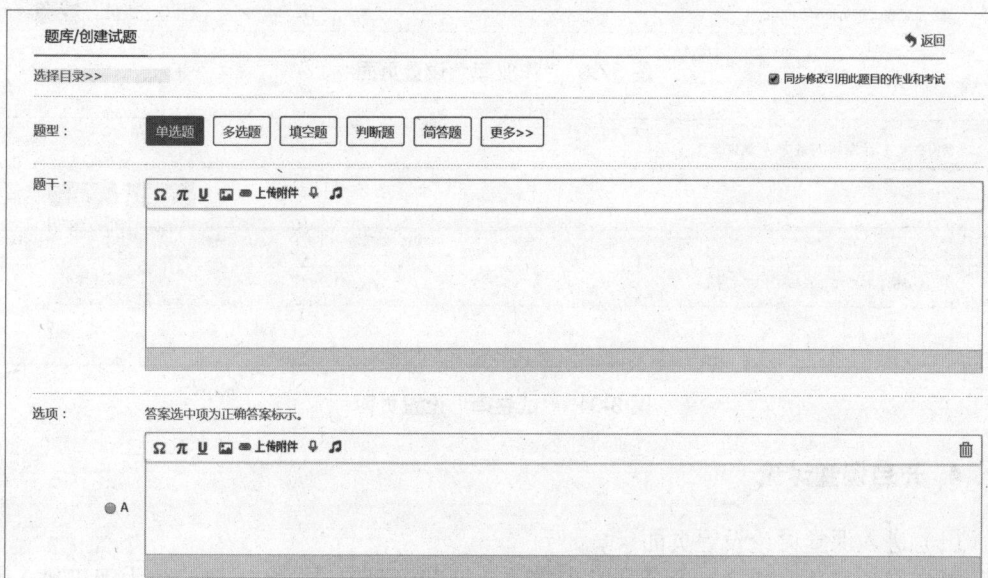

图 3-28　"题库"中添加题目设置页面

图 3-29　"题库"中添加目录设置页面

（4）添加作业库和试卷库

进入作业库页面可进行新建作业或导入、导出作业等设置，如图 3-30 所示。进入试卷页面之后可进行创建试卷、导入试卷的设置，如图 3-31 所示。

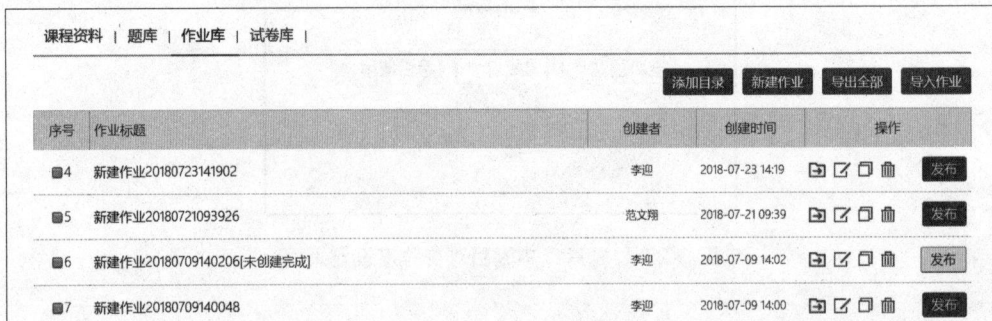

图 3-30　"作业库"设置页面

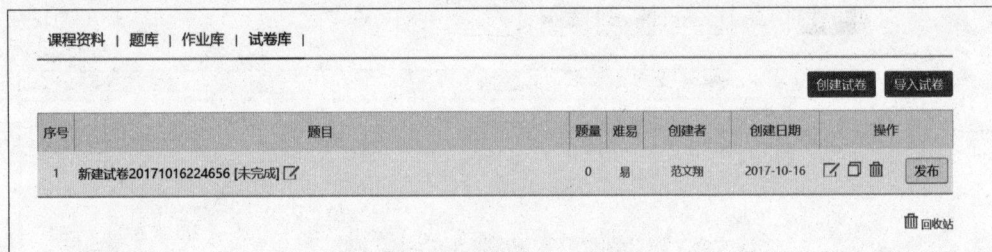

图 3-31　"试卷库"设置页面

4. 开启课堂讨论

（1）进入课堂讨论设置页面

教师开设讨论空间进行讨论，首先需要找到创建课程讨论的入口。单击课程进入课程首页，如图 3-32 所示，单击"讨论"即可进入讨论页面。

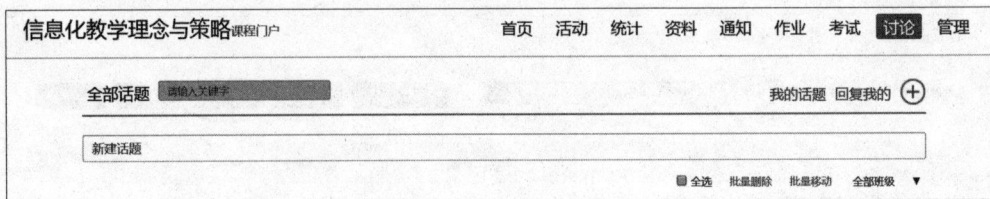

图 3-32　讨论页面入口

（2）发表讨论

教师可自主发起话题，也可对别人发表的话题进行回复，以实现师生间、生生间的交流互动。对发表的话题可进行置顶、加精、删除、举报和移动的操作，话题也可设置权限，可设置全体学生参与讨论或是在班级、小组内部进行讨论，如图 3-33 所示。

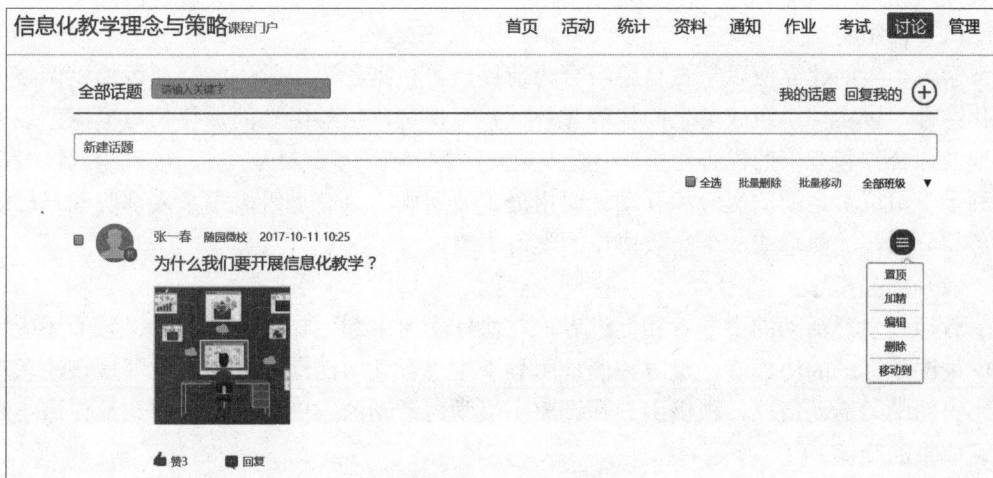

图 3-33 讨论话题设置

活动 3 管理课程用户

一、预备知识

在线开放课程的课程用户主要包括教师和学生，教师用户又分为教师团队和助教团队两类。

课程的创建者可对教师团队中的其他成员进行权限分配和设置，教师之间也可以相互进行设置。设置的内容包括"统计"模块、"资料"模块、"通知"模块、"作业"模块、"考试"模块、"讨论"模块和"管理"模块。当分配给教师相应模块的权限，教师就可对相应模块下的内容进行操作。例如分配给教师"资料"模块的权限，教师就可以进行资料的添加、试题的创建等操作。

助教团队一般用于辅助教师进行课程的创建、开发等工作，教师可根据实际需要分配相应的权限给助教老师。

学生团队由教师进行创建和添加，以班级和小组的形式进行管理，学生可以查看课程信息、参与教学活动和讨论、查看教学资料、完成测试和作业，但不具有修改和删除课程信息、添加资料、发布公告通知、创建活动、测试、作业等的权限。

教师用户的管理是指包括助教在内的所有教师的管理。根据课程建设和实际教学维护的需要，课程创建者可对教师用户进行权限设置，主要包括课程的设计、开发，并通过相应的课程工具对课程信息、课程内容、作业、测试等设置进行修改、删除等工作。教师用户可以添加多个，但是需要课程创建者合理分配每一个教师及助教的权限和工作，以便顺利开展课程建设和教学实施。

学生用户的管理主要是通过组建班级及小组的方式实现。但是在组建学习小组时应注意以下几个方面。

（1）分组科学

学习小组的建立应以学生自愿组合为前提，再根据各小组学生的特征等加以调整、优化综合，以实现小组成员之间优势互补、相互促进，组与组之间保持相对平衡，最大化地发挥合作和竞争的优势作用。小组人数一般控制在 3～6 人为宜，人数过少或过多都不利于小组成员之间的交流和互动。组内分工要明确，只有小组内每个人都明确自己的任务和分工，才能形成一个高效协作的学习小组。

（2）加强指导

教师是学习活动的引导者和促进者，在协作学习中起主导作用。同时，教师还应该是学生课堂活动的协作者，及时正确地引导学生进行学习活动的开展。教师应该注意观察小组的学习活动情况，积极引导和调整小组学习活动的方向和进度，有意地促进小组学习成果的交流。

（3）奖惩分明

科学合理的评价和奖励机制是小组协作学习的重要因素之一，也能够对学生进行及时的强化和有效的激励，以促进学生积极地参与学习活动。因此，组建小组进行协作式教学活动时需要注意小组结构的科学性、教师的及时指导、合理的安排奖赏和惩罚等方面，对学生进行小组管理，以提升学生的学习效果。

二、实践操作

1. 进行学生管理

（1）新建班级

进入课程首页之后，单击右上角“管理”即可进入班级管理页面，单击左边栏目中的“新建班级”，在弹出的“班级名称”对话框中输入班级名称，单击“完成”按钮即可实现班级的创建，如图 3-34 所示。

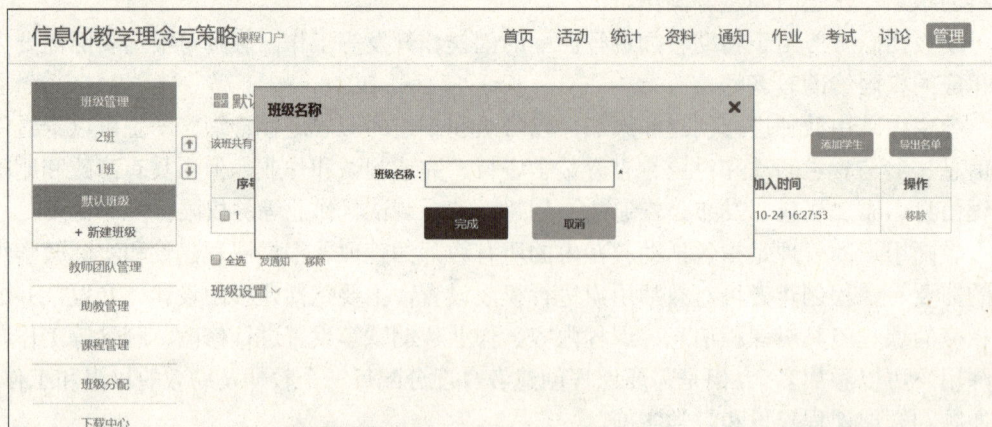

图 3-34　新建班级入口

（2）设置班级属性

班级建好后，可对班级上限人数、是否为公共班级、是否允许学生退课、是否开通本课程邮件通知、是否对学生隐藏该班级、是否开启复习模式、是否显示第三方答疑等内容进行设置，如图 3-35 所示。

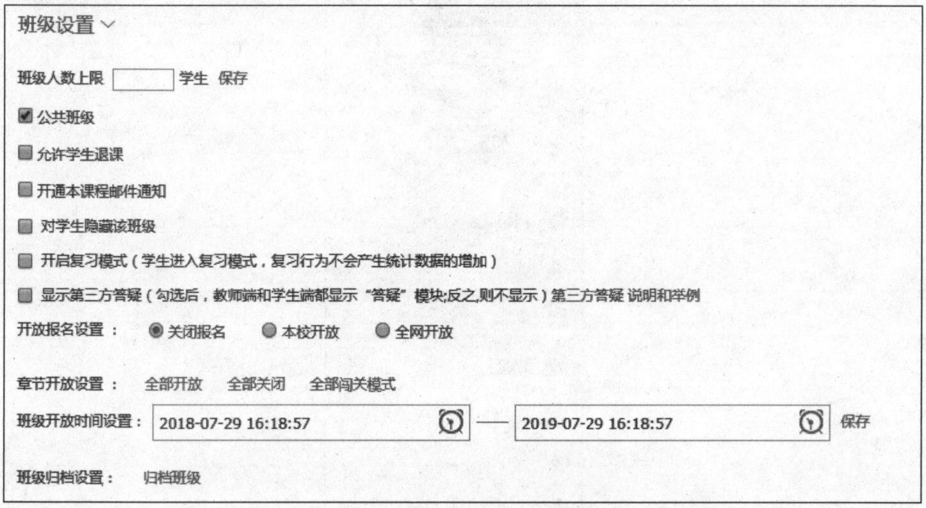

图 3-35 班级属性设置页面

（3）添加学生。

单击班级名称前的二维码标志，出现二维码之后，让学生扫描二维码进入班级，或者将二维码分享给学生，让学生扫描进入，如图 3-36 所示。

图 3-36 添加学生页面

（4）新建小组

找到登录账号之后显示在页面最左侧中"小组"，如图 3-37 所示，单击"小组"，单击右上角的符号"+"，即新建小组，则弹出"新建小组"对话框。可以输入小组名称、小组简介、小组头像内容，单击保存即可，如图 3-38 所示。也可单击"加入小组"加入一些平台上公开的兴趣小组。

图 3-37 "我的小组"页面入口

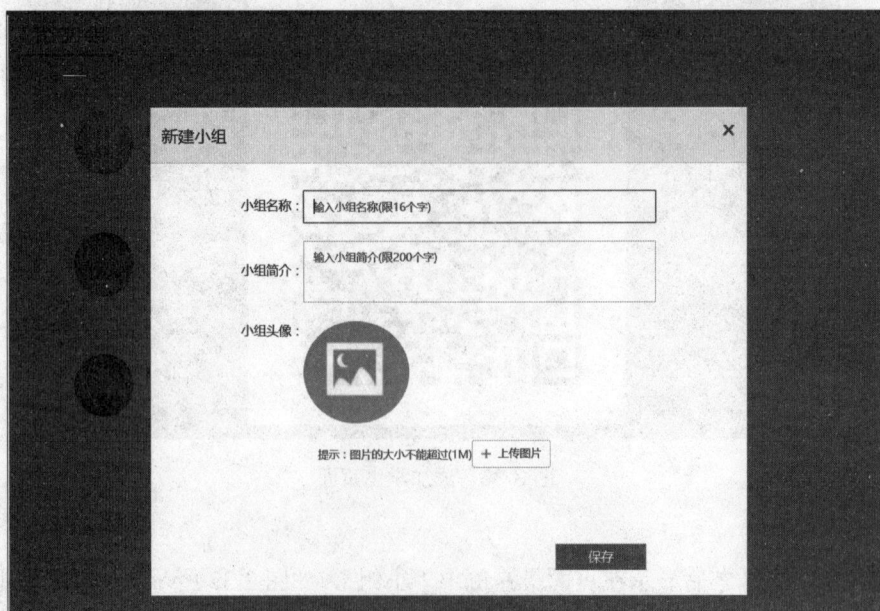

图 3-38 新建小组设置

2. 进行教师管理

（1）添加教师、助教

进入课程首页之后，单击右上角"管理"即可进入班级管理页面，单击教师团队管理进入页面，单击右上角"添加教师"，可手动添加（输入教师的姓名和账号）、从教师库添加、批量导入三种方式组建教师团队，如图 3-39 所示。单击助教管理，进入助教管理页面，单击右上角 "添加助教"，可通过手动添加（输入教师的姓名和账号）、从教师库添加两种方式添加助教老师，如图 3-40 所示。

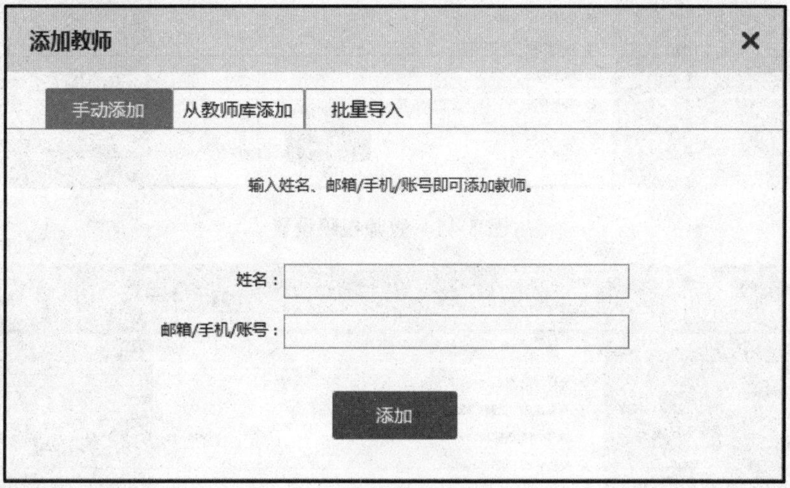

图 3-39 添加教师设置

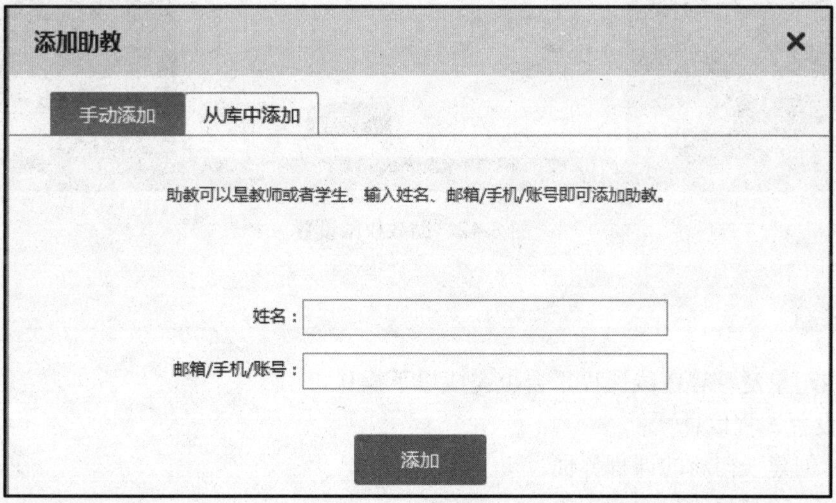

图 3-40 添加助教设置

（2）设置教师权限

在教师团队管理页面单击教师后面的"查看"，可对"统计"模块、"资料"模块等的权限进行设置，如图 3-41 所示。助教的权限设置在管理页面，选择助教老师，单击"权限设置"，根据需要进行设置即可，如图 3-42 所示。

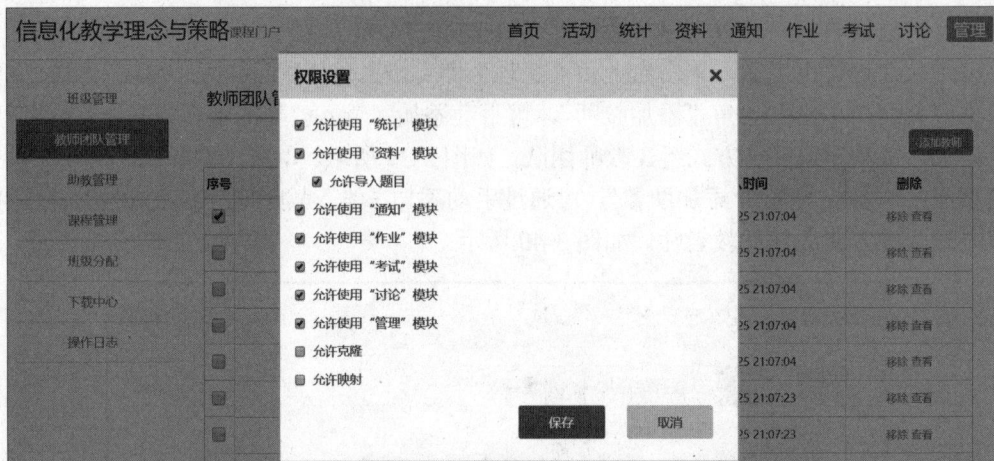

图 3-41　教师权限设置

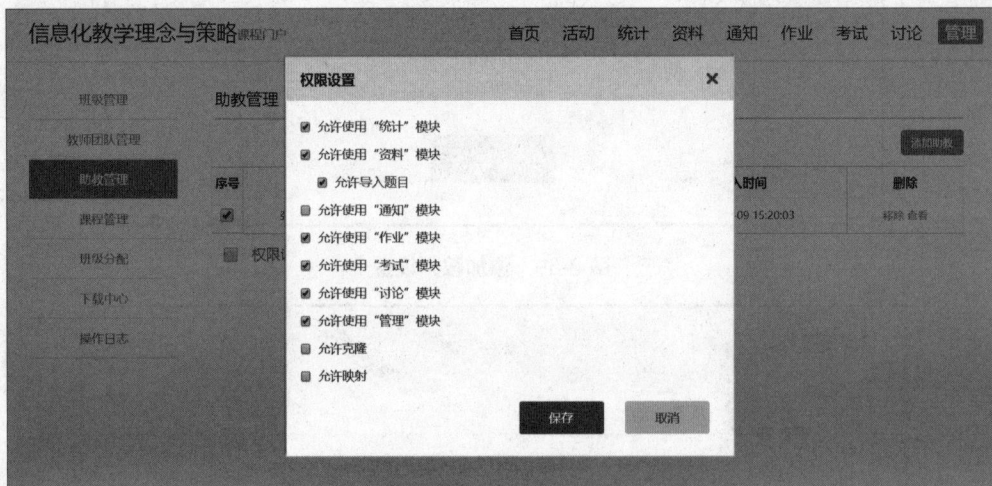

图 3-42　助教权限设置

活动实践

请在超星泛雅等在线课程平台上完成以下操作。

1. 设置课程信息

（1）创建一门新的课程界面；

（2）设置课程的封面和模板；

（3）填写详细的课程信息描述；

（4）创建章节结构和设置门户功能。

2. 使用课程工具

（1）发布一条课程公告（如及时完成课程作业）；

（2）添加一项视频资源；

（3）发起一个面对所有班级全体学生话题讨论。

3. 管理课程用户

（1）新建一个班级，并尝试进行添加和删除学生等操作；

（2）在教师团队中添加新的教师，并只允许其进行资料工具的使用；

（3）建立学习小组，并将课程用户加入小组。

单元 四

建设课程内容

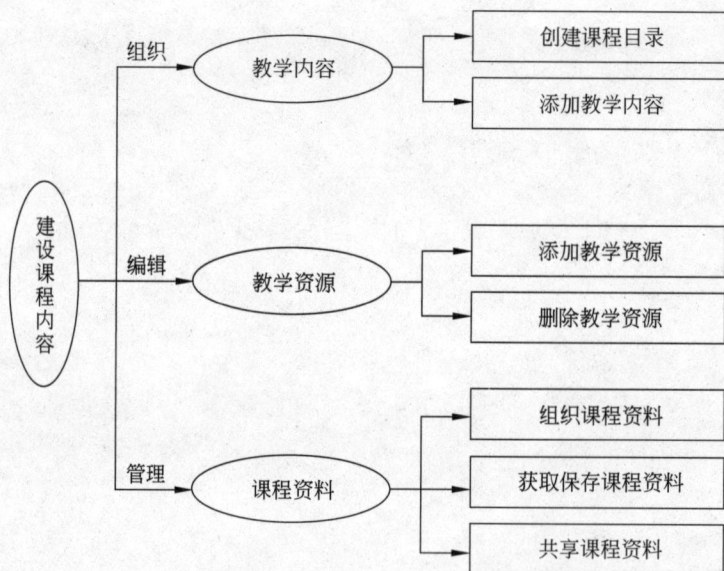

1. 如何设计和创建课程的目录结构体系？
2. 如何设计与组织在线课程的教学内容？
3. 如何选择和利用有效的教学资源？
4. 如何在教学内容中插入编辑教学资源？
5. 如何有效地建立和管理某一门课程的资料？

◇ 活动 1 组织教学内容

一、预备知识

在线开放课程的教学内容既要科学规范，又要完整有序，还要符合学生的认知学习规律，方便学生学习和掌握。在组织教学内容时，应注意以下几个关键环节。

1. 确定内容来源和类型

在线开放课程的教学内容来源非常广泛，除了教材外，它可以用其他相关资源，或者由教师自行设计制作。超星平台本身就是一个巨大的资源数据库，为教师和学习者提供了非常丰富的教学资源，也为教师创建教学内容提供了很大的方便。基于超星平台的教学资源数据库主要有以下几种类型。

（1）教材和配套练习册

教材和练习册是教学内容的主要来源，是教学内容的有机组成部分。运用教材进行教学内容的创建，应充分考虑教材知识的整体性、系统性和内在的逻辑性，而不应该对教材内容进行简单堆砌。在内容的展现过程中，应充分发挥在线开放课程的优势，尽可能做到生动化、直观化地展现知识，以促进学生对知识的理解与掌握。如果对教材内容的学习是学生对知识顺应和同化的过程，那么教材配套的练习册则是用于检验学生是否对知识真正理解以及是否能够进行有效的迁移。教材和练习相互配合、密不可分。

（2）图书期刊

图书期刊类资源是非常重要的教学内容来源。图书资源是学者们以自身的经验和思考为基石，按照一定的系统性、完整性对知识进行的描述和介绍。而期刊资源则是对广大学者的研究过程与成果进行的系统展现，具有很好的前沿性和借鉴性。超星平台不仅提供了 200 万电子图书、海量期刊资源，还提供了 300 种报纸以及丰富的网络阅读资源，教师可与资源库中轻易搜寻到自身需要的资源，在对需要的资源进行收藏之后即可直接在课程中进行调用。

（3）讲座、公开课

讲座是指由教师针对某一方面的见解或学术内容进行的专题教学，可以扩大学生知识面和专业水平。公开课是指教师教学过程的展现，不仅可以让众多的学习者听课学习，而且可以展示教师自身的教学水平。超星提供了 1.2 万集学术视频，供老师在教学和备课中使用，老师可以非常方便地在课程中引用这些资源，或实时推送给学生，以供自主学习。

2. 组织教学内容

教学内容确定后，需要根据学习对象、学习要求、学习规律等组织教学内容，使之能够符合学生需要和认知规律，以最好的呈现方式供学生学习。组织教学内容一般需遵循以下原则。

① 循序渐进原则。这是指教学内容的组织要符合学生的认知规律，按照教材的系统性由易到难地进行组织。

② 开放性原则。这是指教学内容的组织既要为学生提供学习信息，又要能够引发学生的思考，即教学内容并非完全"预设"，还要让学生在学习过程中生成有效的知识。

③ 整体性原则。这是指教学内容是由一定范畴的概念、原理和规则，按照特定的结构、方法或逻辑构成的，具有严密的整体性。①

④ 具体性原则。这是与整体性原则相对应的，指教学内容的组织往往不能仅由宽泛的概念、原理和规则组成，而需要向更具体的内容和观点延伸。

⑤ 理论联系实际原则。这是指教学内容的组织不能仅限于理论层面的知识，而应该向学生的生活和应用实践拓展。

⑥ 直观性原则。这是指教学内容的呈现需要具有一定的直观性，能够以多种形式的、丰富的教学内容调动学生的多种感官和已有经验对教学内容进行理解。

3. 应用表现策略

在线开放课程教学内容的应用表现策略主要包括以下几个方面。

（1）预设与开放相结合

在教学内容应用表现过程中，既要为学习者提供学习信息，帮助学习者进行心理表征，又要能够激发学生的思考，让学习者通过意义建构，生成新的知识。例如，在教学内容的呈现上可有一定程度的"留白"，即不直接告诉学生"问题"的答案，而是给学生提供途径（学习资料链接等），让学生自己去寻找问题的答案。"预设与开放相结合"的原则，能够帮助学生主动的探寻学习的方法、锻炼学生自主学习和问题解决的能力，同时也锻炼了学生的批判性思维。

（2）整体与具体相结合

整体与具体相结合是指教学内容的应用表现既要具备一定的整体性、系统性，又需要为学习者提供一些认知结构的固着点，使学习者能够更好地对新的知识进行同化和顺应，即知识的呈现不仅仅需要呈现一定的知识体系，还需要结合一些生活情景，将新知识与学生已有的旧知识产生联结，以促进学生对知识的理解和掌握。

（3）概念与实例相结合

概念与实例相结合是指新知识的习得需要学习者原有的知识经验做铺垫，而对于初学者而言，最缺乏的就是经验。因此，在对新知识的应用表现过程中，需要结合应用实例对概念进行说明和表征。例如，在学习"圆形"这个概念，除了介绍"圆形"的定义，最好的方式是让学生看见符合特征的"圆形"到底长什么样，以及很像圆形的"椭圆"并不是"圆形"。

（4）综合运用多种媒体信息。

依据双通道原则，学习内容仅包含"视觉表征"或是只包含"听觉表征"的学习效

---

① 陈雅. 基于认知弹性理论的网络课程教学内容的组织[J]. 中国成人教育，2014（13）：141-143.

果往往不及"听觉表征+视觉表征"带来的效果。因此，双通道同时使用可有效地降低学生学习的认知负荷，促进学习者将多元的信息表征建立联结。[①]因此，教师在对教学内容进行组织过程中应充分运用已有的资源内容，尽可能更加直观化地呈现学习信息，帮助学生进行知识建构。

二、实践操作

1. 创建课程目录

（1）选择创建方式

创建课程过程中可选择是否按照课程的周、课时自动生成课程单元，如图 4-1 所示。若选择按照周、课时数自动生成课程单元，则最终形成课程单元数与课程周数相同，每单元的课时数与选择的周课时数相同。例如，选择 12 周，每周 3 课时，则自动生成的目录则为 3 单元，每单元 3 课时，如图 4-2 所示。

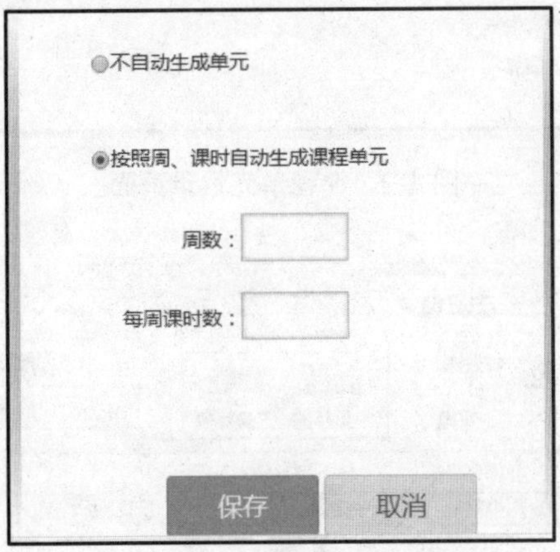

图 4-1　生成课程单元页面

（2）创建课程目录

在图 4-2 中，单击目录右上角的编辑按钮，即弹出课程目录及内容的编辑窗口，如图 4-3 所示，即可对目录进行手动编辑。单击页面左上角的"+同级目录"则可对选中目录标题的同级目录进行添加，如光标在第一单元的第一课时，单击页面左上角的"+同级目录"，即可添加产生"1.4 第四课时"的目录标题。单击该按钮边上的"+子目录"按钮，即可对选中目录标题的下级目录进行添加，即可产生"1.1.1 新建课程目录"的目录标题。单击课程目录右侧的"笔形"按钮即可对选中目录的名称进行编辑，单击课程目录右侧的"×"按钮，即可删除选中目录项。

---

① 张维忠，唐慧荣. 可视化教学内容设计的五大原则[J]. 电化教育研究，2010（10）：99-102.

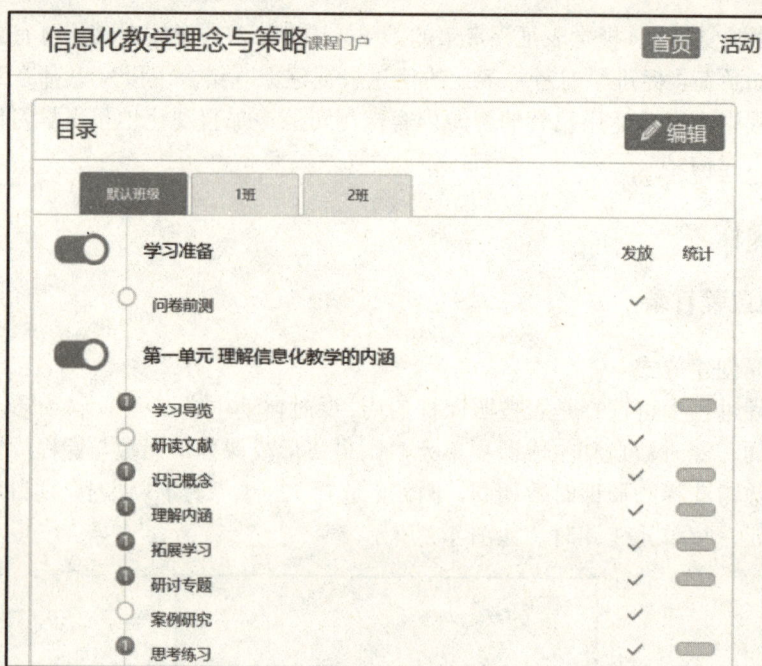

图 4-2　课程单元目录页面

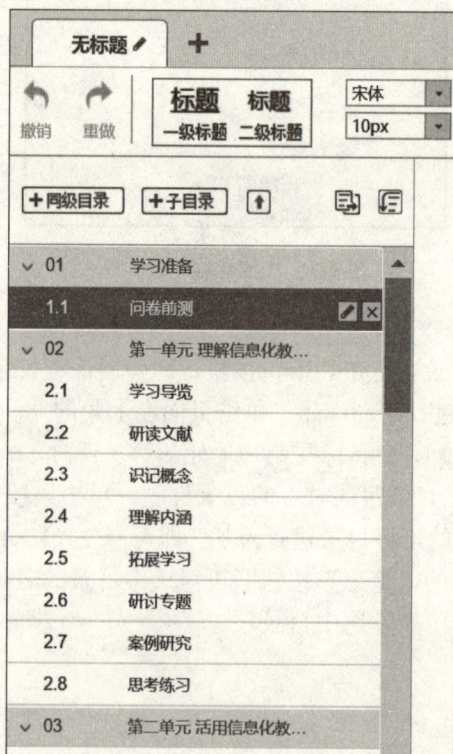

图 4-3　课程目录编辑界面

2. 添加教学内容

（1）添加教学内容

在图 4-2 中，单击目录右上角的编辑按钮，即弹出课程目录及内容的编辑界面，在界面右侧可对课程内容进行编辑，如图 4-4 所示。基本的操作和编辑与常用的 Word 软件无异。其中对资源的插入与编辑操作详见活动 2 中的"教学资源的添加"和"教学资源的删除"部分。

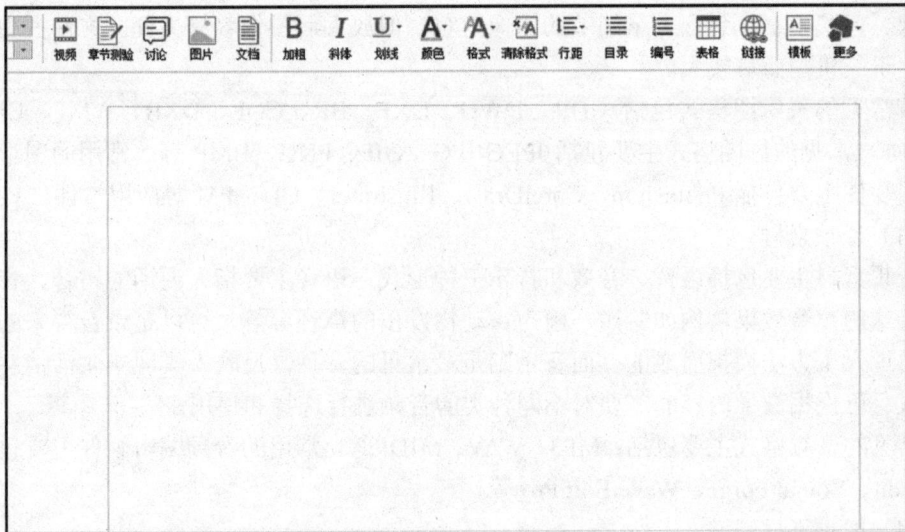

图 4-4　课程内容编辑界面

（2）编辑教学内容

教学内容编辑与 Word 中文本编辑方法一样。

活动 2　编辑教学资源

一、预备知识

1. 多媒体素材

在线开放课程中，多媒体资源是组成教学内容的要素。教学内容通过生动丰富的文本、图形（图像）、视频、音频、动画等形式呈现，不仅有助于教师更好地呈现教学内容，也有助于学生加深对学习内容的消化与吸收，激发学习兴趣与动力。教学中的多媒体素材主要有以下几种。

（1）文本素材

文本素材是一种最常见的多媒体素材，主要包括字母、数字、符号等，与其他媒体相比，文本素材是最易处理、占用存储空间最少、最方便输入和存储的一类多媒体资源，是有效传递教学内容信息的重要媒体元素。

文本素材的格式主要包括 DOC、TXT、PDF、HTML 等，常用的编辑文本格式的软件主要包括 WPS 文字、Word、记事本等。

（2）图形（图像）素材

图形素材主要指矢量图素材，矢量图的生成是根据图形的几何特性，通过一组指令集来描述自身的形状、颜色、位置、维数、大小等信息，最终以专门的软件对这些指令进行读取。矢量图的特点包括：可无限放大，不变色，不模糊，文件占用的空间较小。

图像素材主要指位图素材，是由成千上万个带有颜色的像素点组合而成的，适合表现层次、色彩丰富，包含大量细节的图像内容，但放大后图像容易失真。文件占用的空间相比于矢量图而言较大。

较常见的矢量图格式包括 CDR、DWG、DXF、BR、COL、DXB、WMF、EMF、MAC 等。常见的位图格式主要包括 JPEG/JPG、GIF、PNG、BMP 等。常用的图形、图像编辑软件主要包括 Photoshop、CorelDraw、Illustrator、CD、PM 等应用软件。

（3）音频素材

音频素材主要包括语音、音效和音乐三种形式。语音主要指人说话的声音，音效主要指特殊的声音效果，例如铃声、雨声、动物发出的声音等等，可以是录音得来的，也可是通过人工方法模拟而成的；而音乐则是最常见的一种，反映人类现实生活情感的艺术形式。可根据教学内容的需要对不同种类的音频进行选择和使用。

常见的音频格式主要包括：MP3、WAV、MIDI 等。常用的音频编辑软件主要包括：Cool Edit、Sound Forge、Wave Edit Pro 等。

（4）视频素材

当图像以每秒 24 帧以上的速度播放时，人眼看到的就是连续的视频画面，因此，视频文件是由一组连续播放的数字图像和一段随连续播放图像同时播放的数字伴音共同组成的多媒体文件。在对教学内容的呈现上具有较强的直观性。

常见的视频格式主要包括：MPEG、AVI、WMV、MOV、REAL 等。常用的视频编辑软件主要包括：会声会影、爱剪辑、Adobe Premiere、Edius、Ulead MediaStudio Pro 等。

（5）动画素材

动画和视频的区别在于，视频可通过录像的方式拍摄记录，而动画画面主要通过计算机软件产生和记录。动画主要由一系列仅具有细微差异的单个画面组成，每幅画面称作动画的一帧。只要将这些"帧"以一定的速度放映，就可得到动画。

常见的动画格式主要包括：FLA、SWF、GIF、AVI 等。常用的动画编辑软件主要包括：Flash、AutoDesk Animator Studio、Cool 3D、3DS MAX 等。

在创建教学内容过程中，教学目标的内容、教学对象的特点以及教学内容本身的需求等因素都会影响到对教学资源类型的选择。教学内容的选择应符合教学目标的要求，教学对象的年龄特点、认知特点，以及贴合教学的内容，以最直观和易于理解的方式表达教学内容。

在创建教学内容过程中，可直接添加多媒体文件至教学内容中以满足教师多样化的教学需要和学生个性化的学习需求。

2. 教学资源设计的原则

丰富的教学资源是在线开放课程不可或缺的内容基础，合理运用教学资源能够对教学内容进行直观、生动的呈现，满足教师的教学需求以及学生多样化的学习需求。在线开放课程的教学资源设计应遵循以下基本原则。

① 多样性。在教学资源类型上应具备一定的多样性，满足学生对资源的各种需求，不仅可以提供最基础的文字类的资源，还应充分发挥在线开放课程的优势，提供丰富的图形（图像）资源、音视频资源以及动画资源。

② 简洁性。教学资源的内容选择上应避免过多的冗余信息，应与课程的教学目标紧密相关，突出教学重难点，避免与教学内容无关的信息出现，尽可能降低学生的认知负荷，避免分散学生的注意力。

③ 明确性。教学资源与教学资源之间应具备一定的相对独立性，资源与资源之间自成体系，单独浏览某一资源也能够提升对知识的理解和认识，不至于一头雾水，以提高资源浏览的效率。

④ 直观性。在只能选择有限资源类型的情况下，应尽可能直观地呈现教学内容信息，如尽可能结合图片、视频和动画等直观性较强的资源来描述教学内容信息。

⑤ 知识性。教学资源的选择应具备一定的知识涵盖面，对课程的知识点进行较好的覆盖。

⑥ 直接性。以良好的结构组织教学资源，以便学生快速锁定自己所需的教学资源。例如标题内容能够很好地概括教学内容，以及标题与标题之间存在一定的逻辑联系，教学内容存在良好的导入、展开和内容总结等。

在创建课程内容过程中，教师可将教学资源直接插入教学内容，资源可来自本地、电脑同步云盘、资源库（须由教师自己添加）或是直接从数据库中搜索调用。

二、实践操作

1. 添加教学资源

① 添加教学资源。在教学内容编辑页面中，教师可根据自身需要添加教学资源内容，不仅可直接插入视频、图片、文档、音频、动画等多媒体，也可添加资源链接，调用图书、期刊或是资源库中的资源。在图 4-5 中，单击相应图标即可直接插入视频、图片、文档、音频、动画等多媒体资源。以添加视频资源为例，单击"视频"图标即可选择视频资源的来源，如图 4-6 所示，可选择本地视频、云盘视频、资源库中的视频或是直接从视频数据库中对视频进行检索和添加。

② 插入资源链接。在图 4-5 的教学内容编辑页面中，单击"链接"按钮，添加链接标题、地址以及提示文字即完成对资源链接的添加，也可直接添加资源库中的内容链接，如图 4-7 所示。

图 4-5　教学内容编辑页面

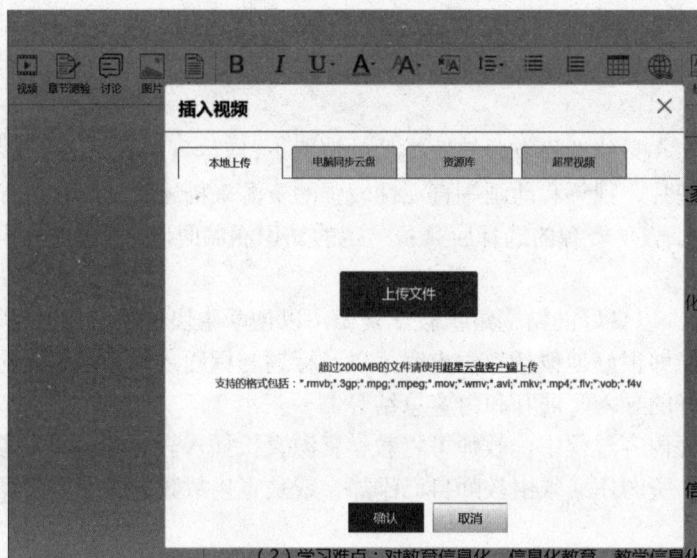

图 4-6　视频资源插入页面

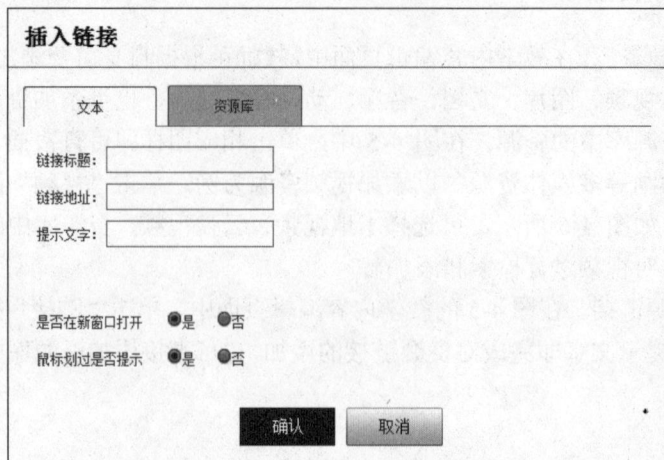

图 4-7　添加资源链接界面

　　③ 添加图书资源。在图 4-5 教学内容编辑页面中，单击"图书"图标即可对图书资源进行添加使用，输入书名、作者即可完成对图书资源的检索，如图 4-8 所示。

图 4-8　添加图书资源界面

　　④ 添加图书内页资源。在图 4-5 教学内容编辑页面中，单击"图书内页"图标，即可以知识点为单位检索所有图书中与该知识点有关的内容，如图 4-9 所示。

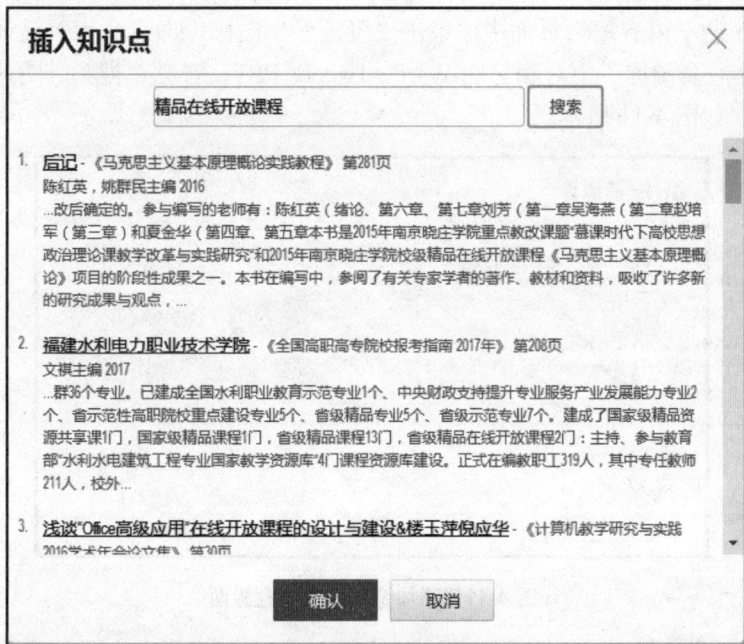

图 4-9　知识点检索界面

　　⑤ 添加扩展阅读资源。在图 4-5 教学内容编辑页面中，单击"扩展阅读"图标，即可以关键词检索到所有相关的图书、期刊以及报纸，如图 4-10 所示。

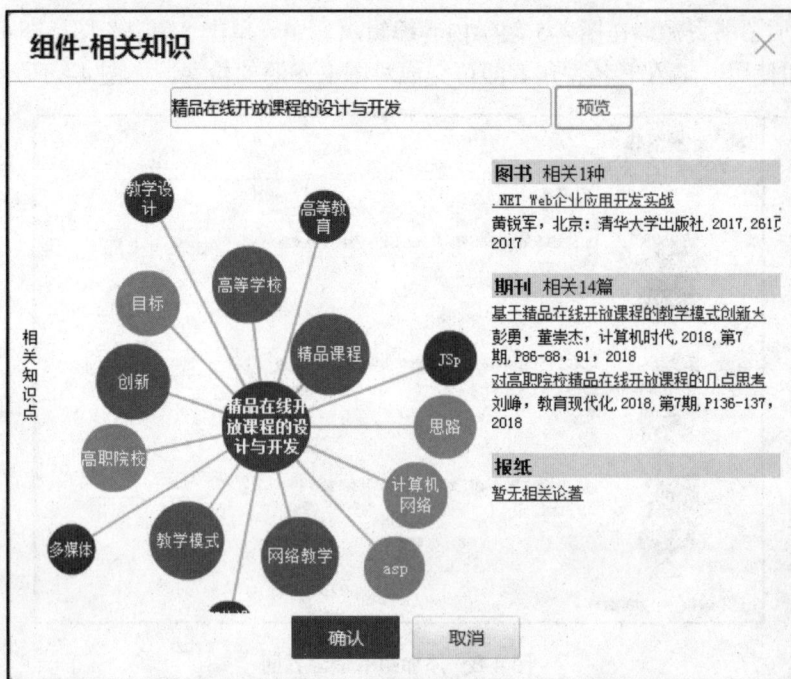

图 4-10　添加扩展阅读界面

⑥ 添加资源库资源

在图 4-5 教学内容编辑页面中，单击"资源库"图标，即可利用关键词于"专业资源库"或"本校资源库"中对相关的 Word、Excel、PPT、音频、视频、图片等资源进行检索和添加，如图 4-11 所示。

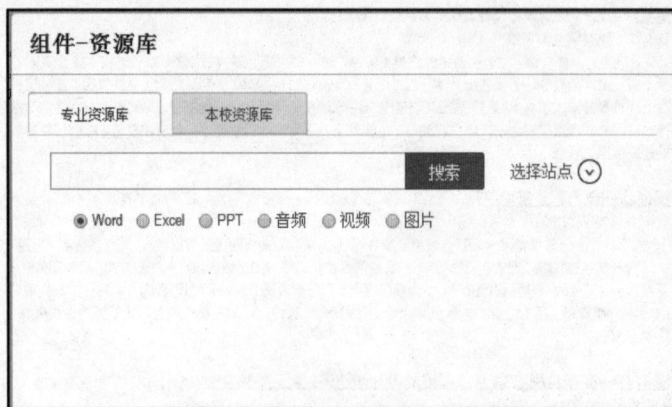

图 4-11　添加资源库中资源界面

2. 删除教学资源

如果添加的资源不合适，需要删除资源。所有资源的删除方式都是类似的，单击资源右上角的"×"即可删除资源，如图 4-12 所示。

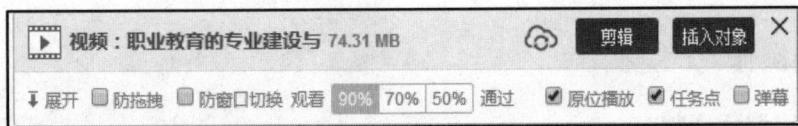

图 4-12　删除教学资源

◈ 活动 3　管理课程资料

一、预备知识

平台中的"课程资料"是以课程为单位独立出来的一部分学习资料，方便教师对资源的调用以及学生于课前、课中、课后对某一门课程资源的下载和学习。课程资料的管理工具主要包括以下几个方面。

1. 课程资料的组织

课程资料的组织是通过对课程资料的选择和归类使之具备一定的系统性和逻辑性，以方便教师和学习者对资料的查看和选择。课程资料的组织包括课程资料的添加、课程资料文件夹的创建、课程资料的移动以及课程资料的重命名几个方面。其中，课程资料的添加可通过上传本地资源、云盘资源、网址资源、在线图书、在线视频、书房专题等方式完成，即课程的资料可来自本地、云盘、网络中的某个地址，或是数据库中。教师可通过创建不同内容文件夹的方式，对课程资料进行组织和归类以方便执教者对课程资料的调用以及学生对课程资料的选择。教师可将已经添加的课程资料移动到任意一个已经创建好的文件夹中或是根据需要修改课程资料的名称。

2. 课程资料的获取与保存

课程资料的获取与保存是指通过对课程资料的查看、下载等行为将课程资料保存到教师或学生的本地、云盘等存储空间，以更好地为教师和学习者所用。课程资料的获取与保存相关的行为包括管理课程资料的下载权限设置、课程资料内容的下载、将课程资料复制到云盘等。教师可对课程资料的下载权限进行管理，即学生是否能够对该资料进行下载（是或否）。若权限开放，则学生可直接将资源下载至本地，另外学生也可将课程资料直接复制到云盘以方便对资料的浏览和学习。

3. 课程资料的共享

课程资料的共享是通过将课程资料的地址或内容分享给其他学习者以促进学习者之间的交流和共同进步的一类行为。课程资料的共享行为主要包括复制课程资料链接、将课程资料复制到云盘等。教师或学习者无须下载课程资料，可直接通过共享课程资料链接的方式共享资源。另外百度云、360 云盘等云存储设备亦具备非常强大的资源共享功能。

二、实践操作

1. 组织课程资料

① 进入课程资源页面。单击课程右上角导航栏中的"资料"按钮即可进入该课程的课程资料界面，如图 4-13 所示。

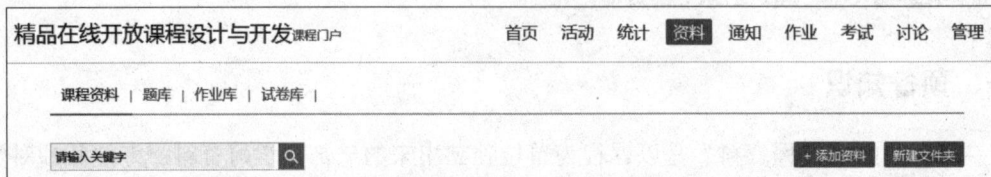

图 4-13　课程资料页面

② 创建课程资料文件夹。单击"新建文件夹"按钮，弹出新建文件夹，输入文件夹名称，单击"√"按钮，即可实现课程资料文件夹的创建，如图 4-14 所示。

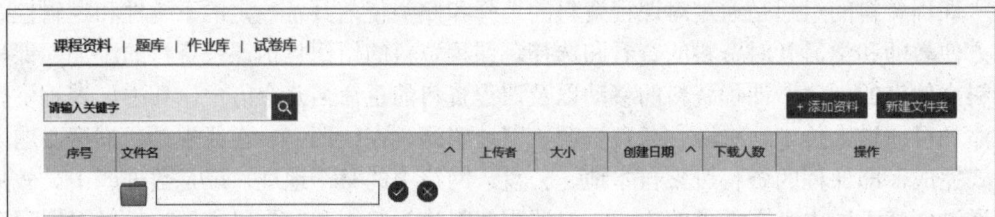

图 4-14　新建文件夹操作界面

③ 添加课程资料。单击"添加资料"按钮，即可选择从本地、云盘、网址、在线图书、在线视频、书房专题等处添加资料至课程资料库，如图 4-15 所示。

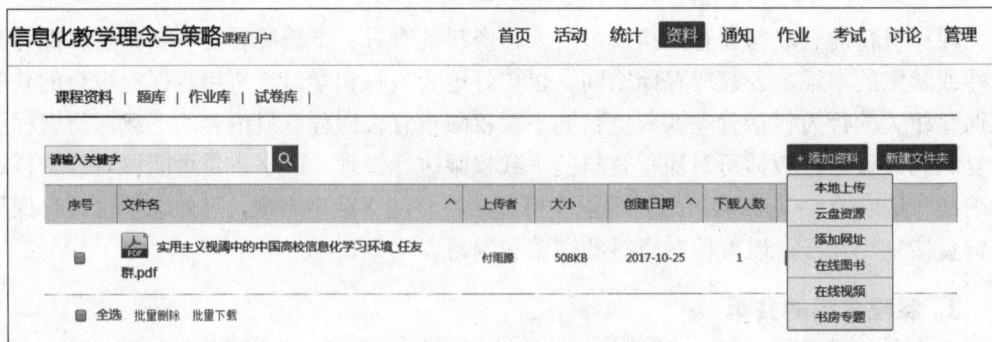

图 4-15　添加资料操作界面

④ 移动课程资料。单击需要移动的文件右侧的向下箭头，选择"移动到"按钮，即可将资料移至任意一个已经创建好的文件夹中，如图 4-16 所示。

⑤ 课程资料重命名。单击需要重命名的文件右侧的向下箭头，选择"重命名"按钮，即可实现课程资料重命名，如图 4-17 所示。

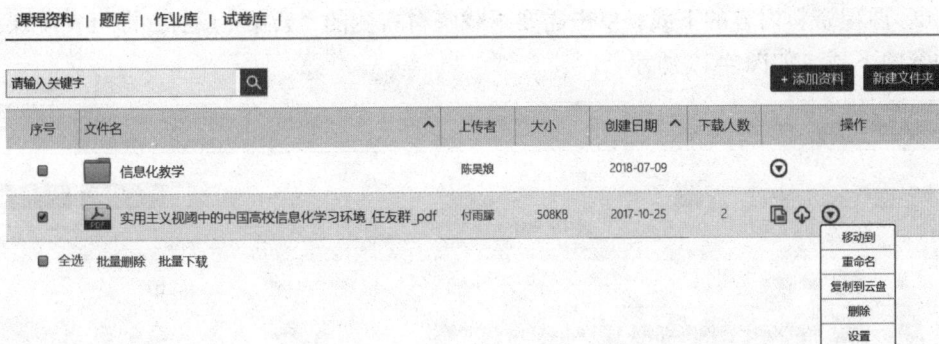

图 4-16　课程资料移动操作界面

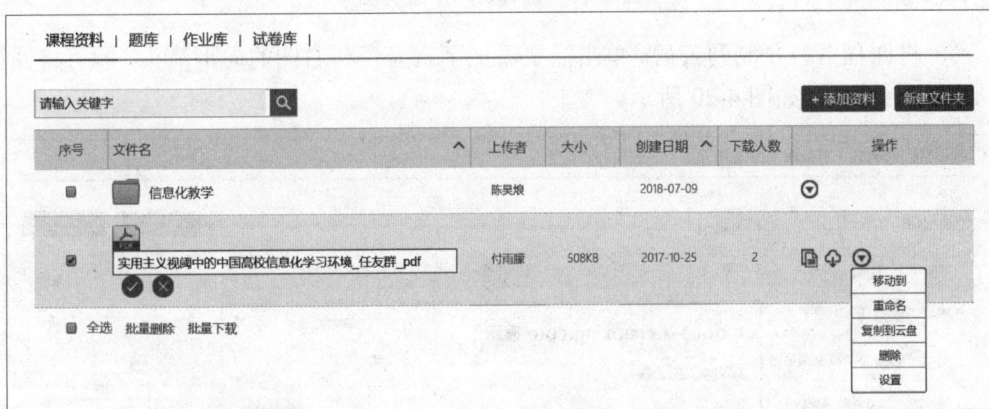

图 4-17　课程资料重命名界面

2. 获取保存课程资料

① 管理课程资料的下载权限。单击需要管理下载权限的资料右侧的向下箭头,选择"设置"按钮,选择是否"允许下载"该资料,即可实现课程资料的下载权限管理,如图 4-18 所示。

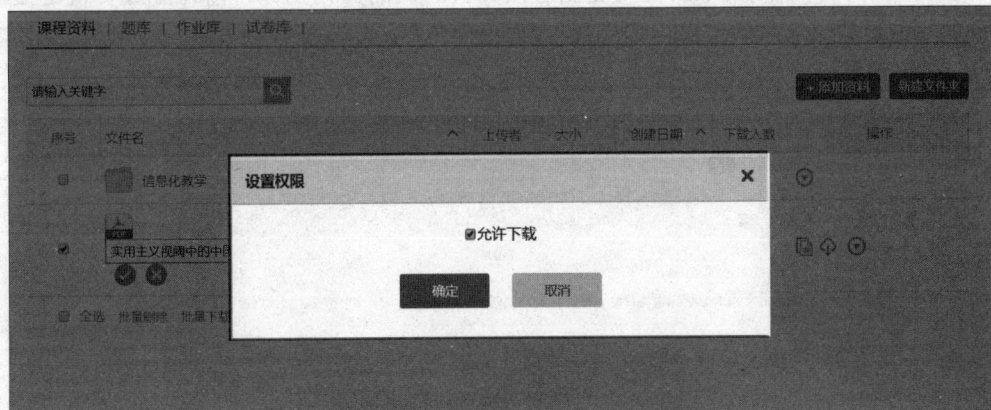

图 4-18　课程资料下载权限设置界面

② 课程资料内容的下载。单击需要下载资料右侧的"云朵"图标，即可实现课程资料内容的下载，如图 4-19 所示。

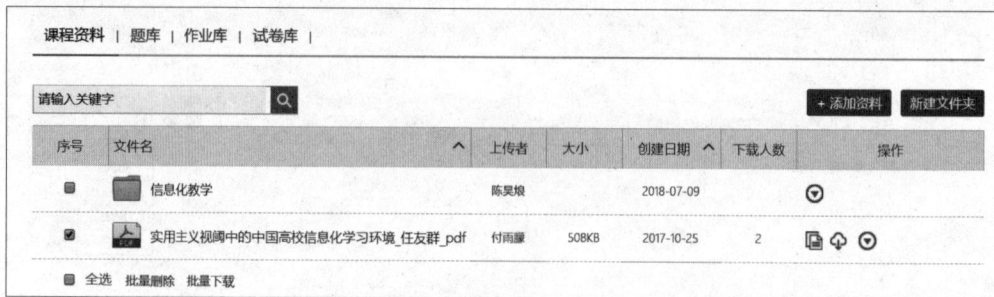

图 4-19　课程资料下载界面

③ 将课程资料复制到云盘。单击需要添加至云盘资料右侧的向下箭头，即可将课程资料添加至云盘，如图 4-20 所示。

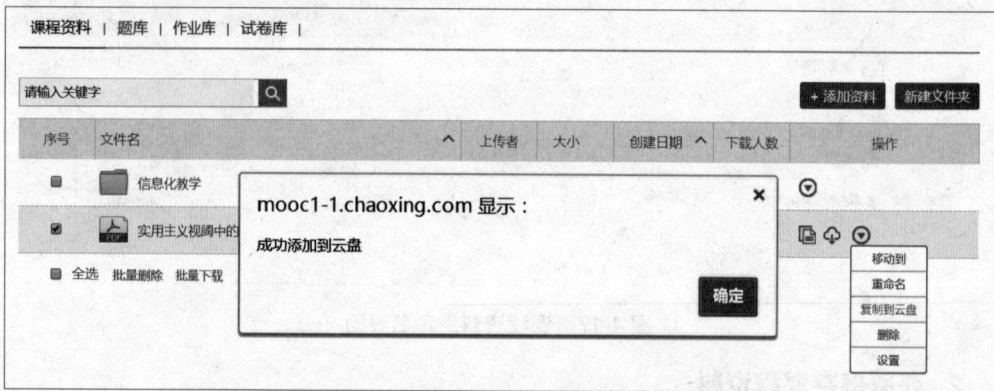

图 4-20　添加课程资料至云盘界面

3. 共享课程资料

复制课程资料链接。单击需要复制链接资料右侧的文档图标，即可生成资料链接，以便共享，如图 4-21 所示。

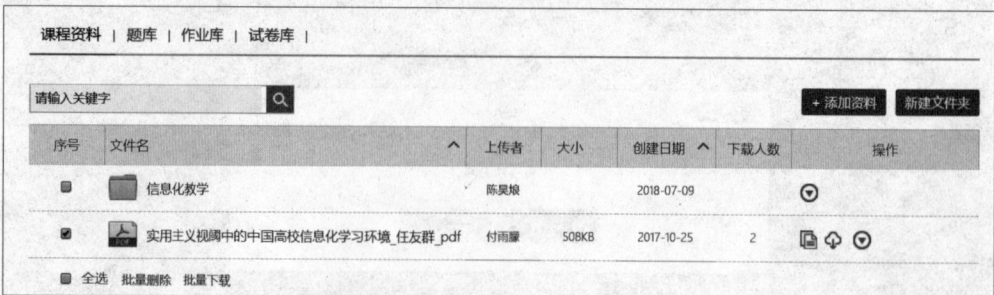

图 4-21　复制课程资料链接界面

活动实践

1. 根据所选的课程主题和内容，在平台中创建课程目录，并组织和编辑对应的教学内容。

2. 在课程的各章节中添加所需的教学资源和课程资料，并发布给学生。

3. 建立自己的资源文件夹，检索与课程相关的资料保存下来。

单元 五

设计学习活动

活动导图

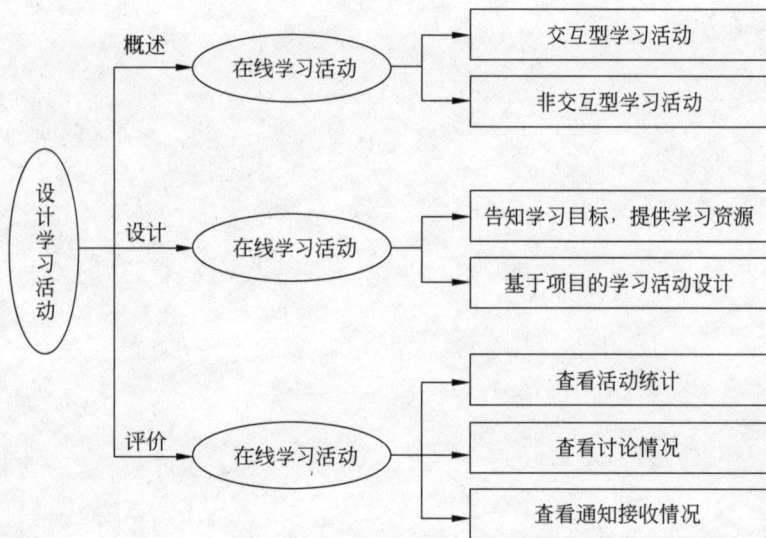

活动思考

1. 在线学习活动的类型有哪些?
2. 学习活动的主要理论基础是什么?
3. 在线学习活动和实际课堂学习活动的区别是什么?
4. 如何根据教学需要设计在线开放课程的学习活动?
5. 如何评价在线开放课程学习活动的开展情况?

◆ 活动1　在线学习活动概述

一、预备知识

1. 在线学习活动的含义

在线课程作为一种新兴教学模式，需要对其学习活动进行精心的设计和有效的组织，以更好地促进学习者的在线深度学习。

从在线学习本身来看，学者们已经从重视学习资源设计转向学习活动设计，即解决资源的组装问题。[1]在线学习活动是基于信息技术环境开展的教学活动，是学习者以及相关学习群体为了完成特定的学习任务，而利用网络与外部学习环境进行交互的总和[2]。

在线学习活动由以下几个要素构成：学习目标、学习任务、学习成果、学习资源和工具、活动规则（监管、评价、角色与分工等）、交互过程（学习的方式方法、交互行为等）、学习支持服务。[3]其中，活动是对人与环境交互、目标导向的社会情境的抽象概括，学习活动要以客体（任务对象）设计而不是交互方式（活动形式）为先导。交互式活动存在的方式，包括人与人互动、实际操作以及促进内隐知识、情感变化的活动行为，交互过程是学习活动设计的一个要素。作用于客体的主体活动包括活动、行动和操作三个层次。将活动任务（行动）与预期学习目标区分开，避免了还原主义将学习目标细化或将真实生活任务直接移植到教学中，为设计者发挥创造性预留了空间。[4]

与传统网络课程中的学习活动相比，在线课程中的学习活动有以下几点区别：第一，在线课程中不仅包括课程资源，还囊括测试、论坛、讨论版以及模拟实验等创新工具以及能够支持的新兴教学活动；第二，在线课程使用主动式学习或者探究式学习等方式作为依据来开展学习活动。

从在线课程的学习活动设计流程来看，教学目标设计是首要工作，学生以及教师的行为将围绕具体的教学目标展开。同时，学习群体所面对的学习环境分析是必须考虑的外部问题。而中心环节是学习者与其所在环境中其他群体之间的交流以及学习者与学习任务之间的交互，也就是教学活动安排下的具体师生行为。[5]

---

① 冷静，吴小芳，顾小清. 面向深度学习的在线课程活动设计研究——基于英国开放大学的案例剖析[J]. 远程教育杂志，2017（2）.

② 纪二娟. 在线学习中的引领活动设计[D]. 河北大学，2010.

③ 李玉顺，杨莹，吴美琴，等. 中学生网络学习活动设计流程及分析框架的研究——基于"视像中国"的初中生网络课程实践[J]. 中国电化教育，2017（5）：80-87.

④ 杜若，张晓英，陈桃. 学习活动设计问题分析与交互式数字教材建设[J]. 中国远程教育，2018（8）：54-62.

⑤ 刘清堂，叶阳梅，朱珂. 活动理论视角下MOOC学习活动设计研究[J]. 远程教育杂志，2014（4）：99-105.

2. 在线学习活动的类型

在线学习活动的理论依据是活动理论，即一个研究不同形式人类活动的哲学和跨学科理论框架"[1]，是把活动系统作为分析单位的一个社会文化分析的模式和中介行动的理论。[2]

对于学习活动的类型，有三种不同的观点。如表 5-1 所示，在线学习活动具体的类型并未明确提出，但是可以在此基础上进行反复尝试和创新。同时，对于在线学习活动来说，表格中显示出的这些活动类型，有的似乎不太适用于线上开展，如实地考察、田野工作等，有的不能保证好的线上开展效果，如辩论、头脑风暴、角色扮演等。本单元拟从在线学习平台中现有的几种活动对其进行分析与介绍。

表 5-1　学习活动类型

类　型	描　述	提出者
吸收型活动	阅读、示范、实地考察等	霍顿（2009）
做的活动	练习、发现、游戏等	
联结型活动	深入思考、研究、学习者讲故事等	
按任务分	吸收类：阅读、观看、收听 信息处理类：收集、排序、分类等 适应类：建模、模拟 交流类：讨论、演讲、辩论 生产类：创造、生产、写作、绘制等 经验类：实践、应用、仿制等	科诺尔（2005）
按技术分	头脑风暴、田野工作、角色扮演等	
按交互类型分	生生、师生、小组、集体等	
意义建构类	目的是获取目标知识点的意义，类型包括联系先前知识、鉴别关键要素或特征、概念分类、比较异同、示范、归纳	杨开成（2010）
能力建构类	目的是训练学生的知识运用能力，通过使学生接触与知识点运用相关的实例任务来完成，类型包括分析实例、创建、改编或补充、问题解决	

二、实践操作

我们将活动分为交互型学习活动和非交互型学习活动两大类。前者包含生生、师生、小组、集体交互等几种类型的活动；后者涉及阅读、观看、收听、练习等需要个体单独完成的活动。

---

① Kuutti, K. Activity theory as a potential framework for human-computer interaction research. In B. A. Nardi（Ed.），Context and consciousness: Activity theory and human-computer interaction. Cambridge, MA: MIT Press. 1996.

② Nardi, B. A. Studying context: A comparison of activity theory, situated action models, and distributed cognitions. In B. A. Nardi （Ed.），Context and consciousness: Activity theory and human-computer interaction. Cambridge, MA: MIT Press, 1996: 35-52.

1. 交互型学习活动

（1）签到

签到属于在线学习活动要素中的活动规则，旨在帮助教师通过签到实施对学生的线上监管，以确保学生切实地参与到后续在线学习活动当中。在超星泛雅平台中的在线开放课程门户页面中，单击"活动"，如图 5-1 所示，可进入到签到页面，如图 5-2 所示。教师可以单击"签到"，然后对此次签到活动的目的（签到名称）、是否统计、签到方式、签到时间进行设置，如图 5-3 所示。

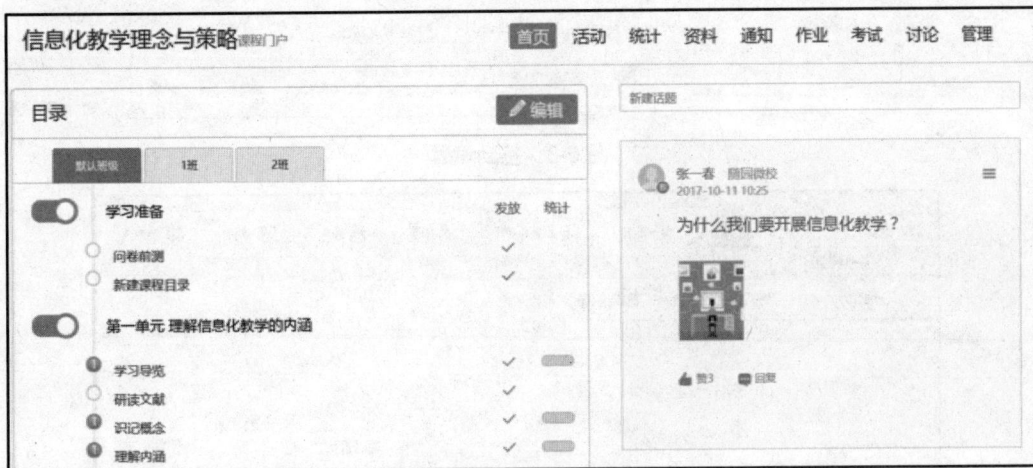

图 5-1 签到路径—活动

图 5-2 签到路径-签到

（2）投票/问卷

投票/问卷属于在线学习活动要素中的重要活动形式，旨在帮助教师通过统计学生的投票数据或问卷填写数据，对此次活动进行效果评价，以帮助教师改正或完善活动设计。该功能在平台的位置与签到一样，都在活动里面，在图 5-2 中，单击"投票/问卷"，如图 5-4 所示，即可进入该界面进行问卷题目、积分、时长等信息的设置，如图 5-5 所示。

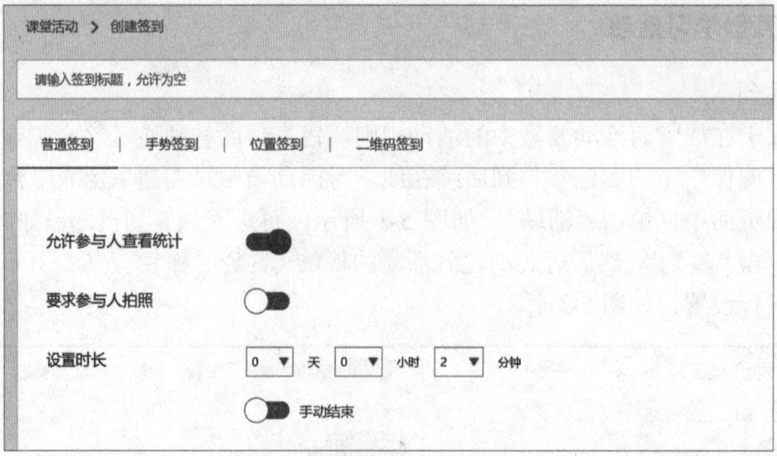

图 5-3　签到设置

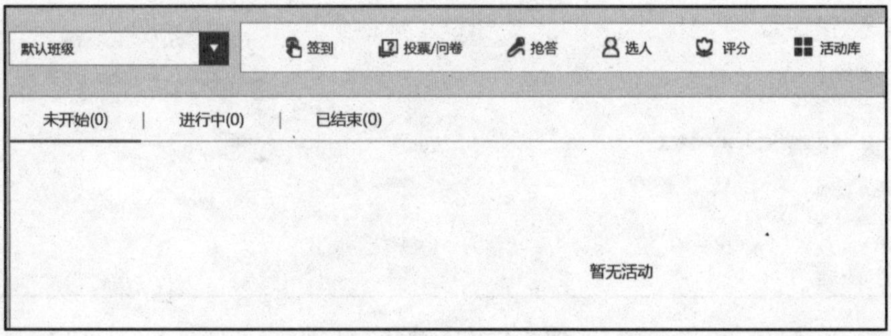

图 5-4　投票/问卷位置

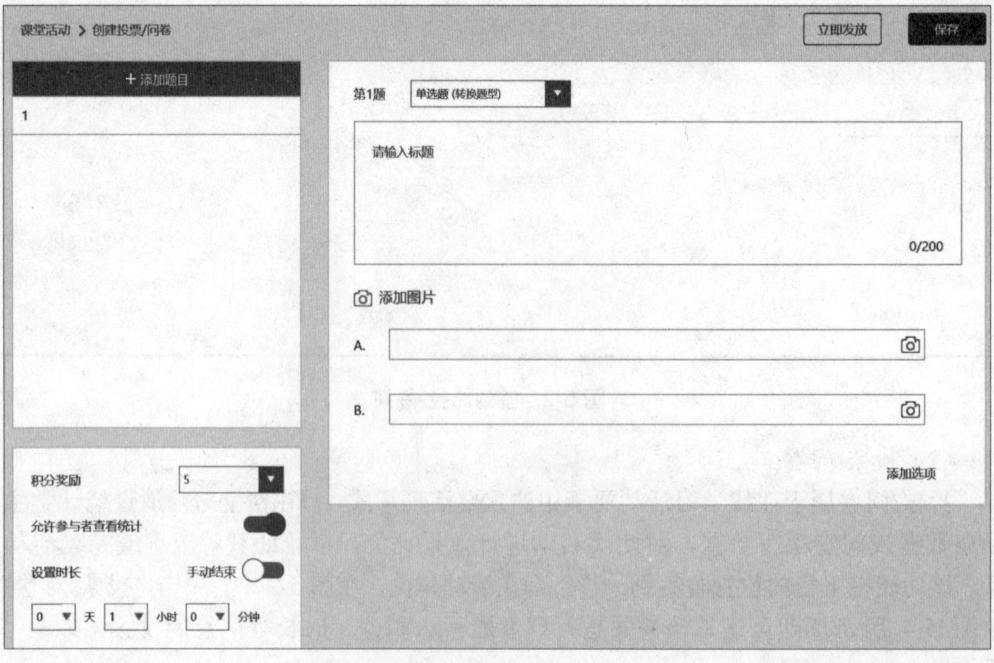

图 5-5　投票/问卷位置

（3）抢答

抢答属于在线学习活动要素中的交互过程，旨在帮助教师通过抢答这一交互方式，当即得到学生对某一问题或任务的反应结果。这是一种交互性特别强的活动，涉及集体、师生、生生、小组等混合式交互。在图 5-2 中，单击"抢答"，即可进入抢答问题、奖励、时间等信息的编辑和设置，如图 5-6 所示。

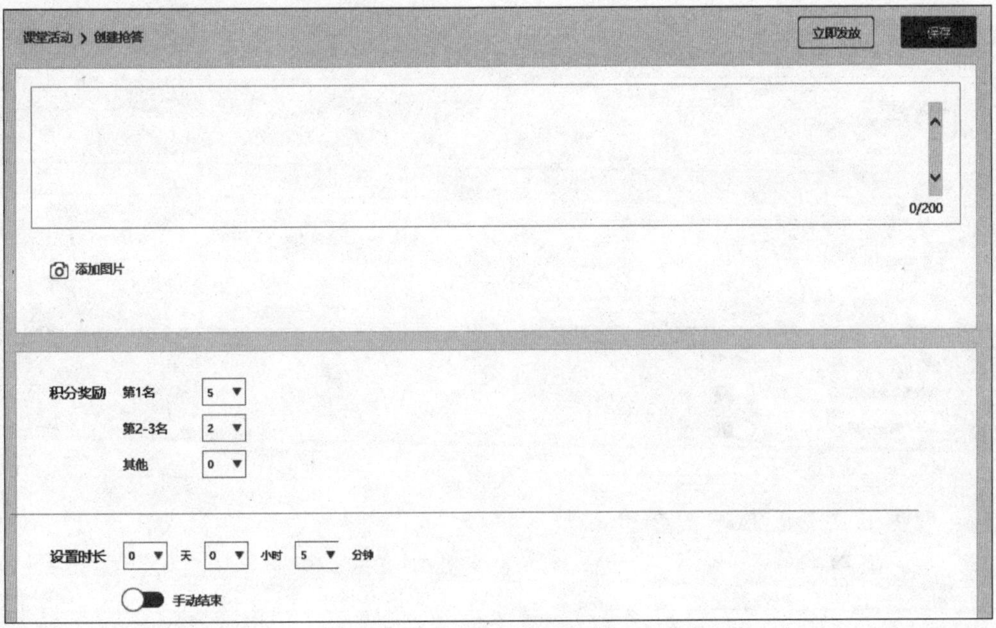

图 5-6　抢答内容设置

（4）选人

选人属于在线学习活动要素中的交互过程，是师生交互的一种形式，旨在帮助教师快速选择回答问题的学生，避免学生在学习时开小差等现象。单击图 5-2 中的"选人"之后，可以对学习活动中设计的问题进行内容编辑、时长设置，如图 5-7 所示。

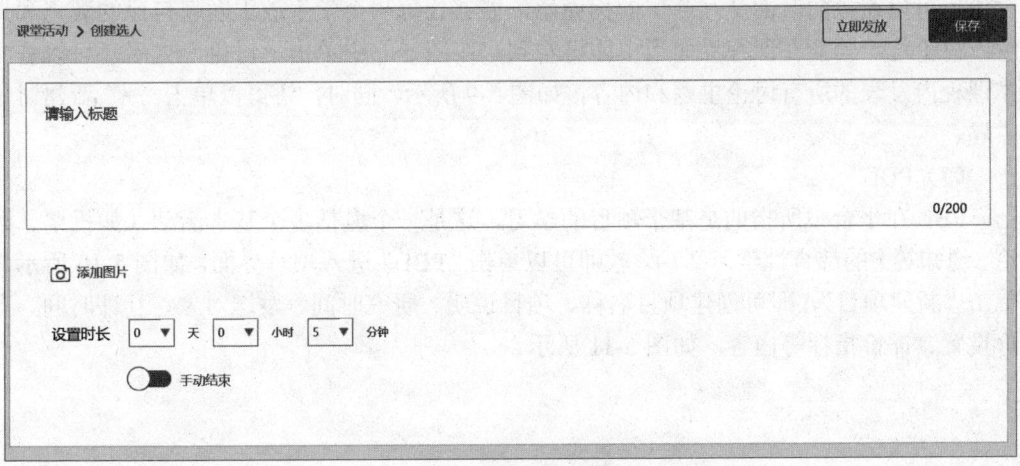

图 5-7　选人内容设置

（5）评分

评分既属于在线学习活动要素中的活动规则，也属于交互过程，是一种集体交互的方式，旨在鼓励学生参与同伴互评的活动当中，同时也帮助教师获取学生对教师教学的意见，以促进师生的共同进步。在图 5-2 中，单击"评分"，即可对将要评价的内容、评分级别、评价时间段、统计方式进行设置，如图 5-8 所示。

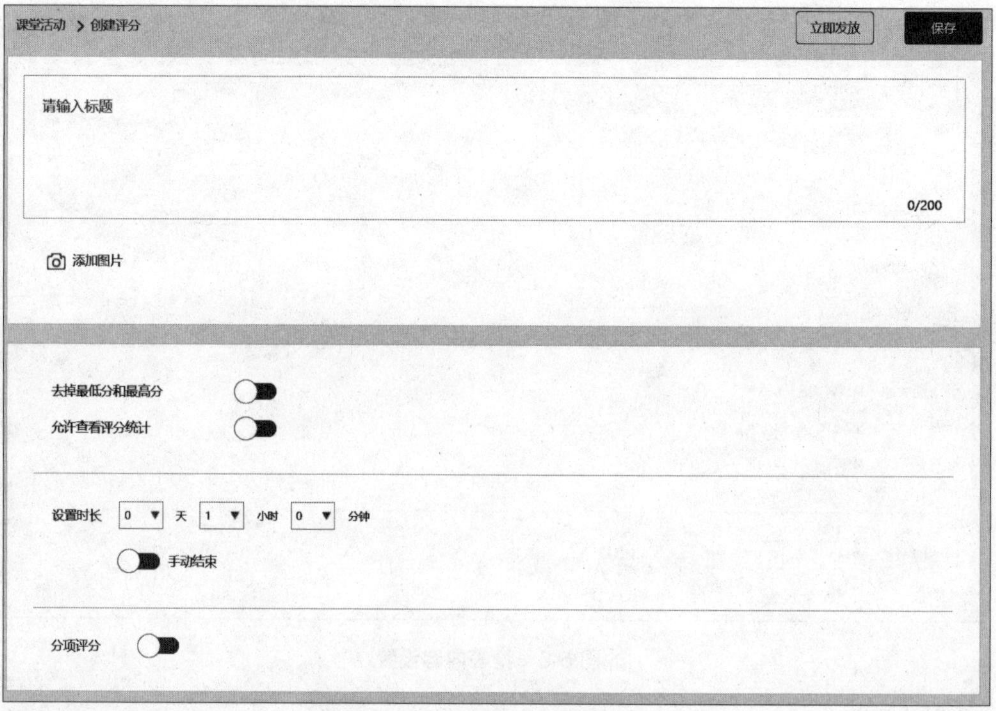

图 5-8　评分内容设置

（6）讨论

讨论是在线学习活动当中典型的交互型活动，属于交互过程要素。学生在线上参与讨论，可以避免面对面交互产生的拘谨感，能够让每一个学生敢于发表自己的观点和见解。讨论这一功能在课程界面当中即可看到，在图 5-1 中单击"讨论"之后，可以看到本课程内发表的所有讨论主题和内容，如图 5-9 所示。同时，还可以单击"+"新建讨论主题。

（7）PBL

PBL 在平台中所指的是基于项目的学习。这是一个囊括多个基本活动（如投票、讨论、通知等）的综合性学习活动。教师可以单击"PBL"进入项目界面，如图 5-10 所示。单击"新建项目"，即可创建项目名称、项目说明、研究时间、发送对象、互评时间、评价设置、评价指标等内容，如图 5-11 所示。

图 5-9 讨论活动界面

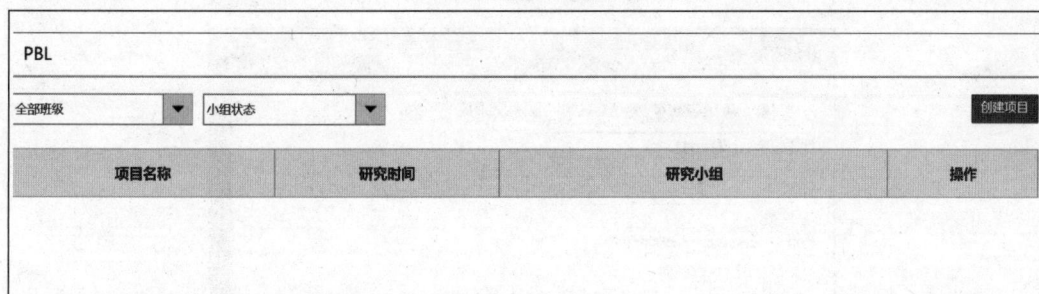

图 5-10 PBL 界面

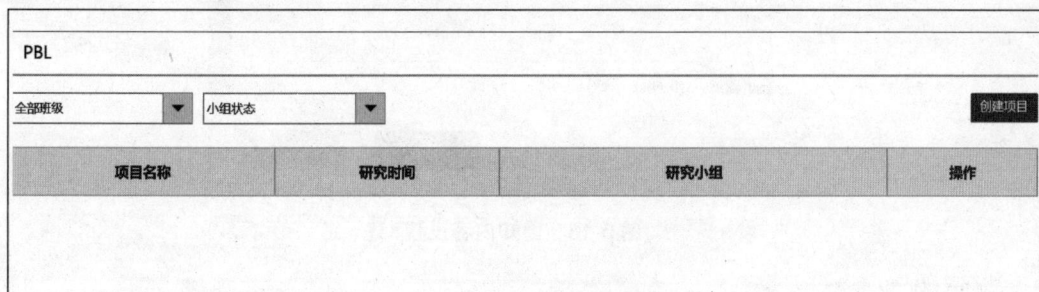

图 5-11 PBL 创建界面

2. 非交互型学习活动

非交互型学习活动是指教师发起活动之后，由学习者独立完成的活动任务。在在线学习活动当中，非交互型学习活动主要涉及学生对课程的观看、阅读，以及对通知的接收和作业的独立完成等。

（1）通知

通知是在线学习活动中的学习任务要素的一部分，它是学生单向接收任务，然后通过开展其他类型的学习活动来完成教师布置的任务。因此，通知这一活动必须配合其他的学习活动共同进行。在平台中，通知直接显示在课程界面的菜单栏中，如图 5-12 所示，教师可以在通知这一栏单击"新建"按钮，以创建和编辑新的通知内容、发送对象、抄送对象、以及通知的标题，如图 5-13 所示。

图 5-12　通知活动界面

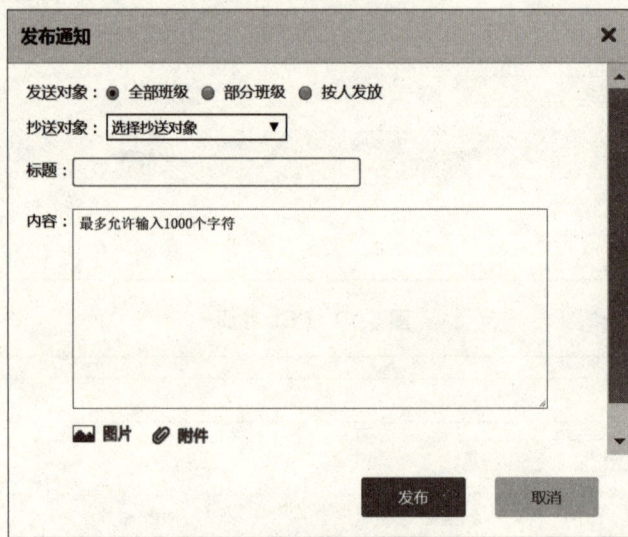

图 5-13　通知内容设置

（2）作业

作业是在线学习活动中的学习任务要素的一部分，它是学生接受知识学习之后自我检验的一种方式，是教师检测学生学习成果的一种手段。学生自主完成作业的过程，是一种非交互的自我活动。在平台中，作业这一功能同样在进入课程首页就可以看到，如图 5-14 所示。教师单击"新建"按钮之后，设置本次作业的标题，然后根据本节内容的需求，设计单选题、多选题、填空题、判断题、简答题等作业形式，如图 5-15 所示。教师也可以直接从"作业库"中选择与本节课程相关的作业，并进行发布，如图 5-16 所示。

信息化教学理念与策略课程门户　　　　首页　活动　统计　资料　通知　**作业**　考试　讨论　管理

新建　作业库

2班 ▾

新建作业2018091620 ... 新
开始时间：2019-02-16 20:12

提交数：0/0

0 份待批　　重设发放　查看

＋

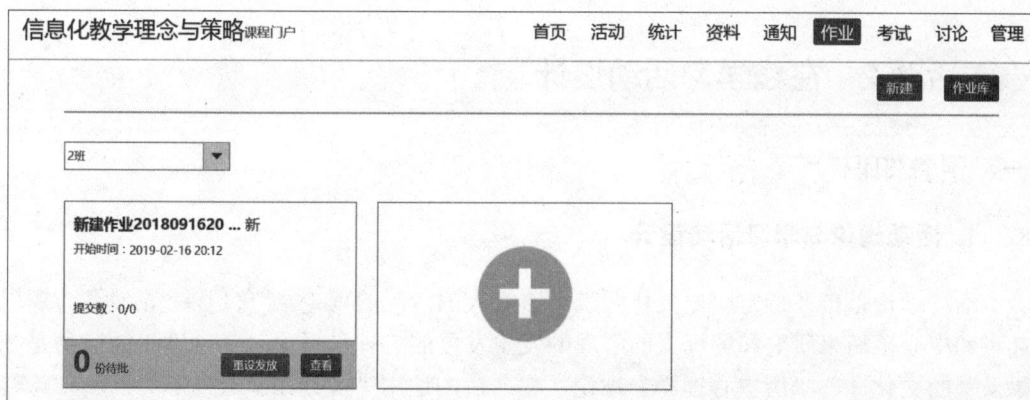

图 5-14　作业界面

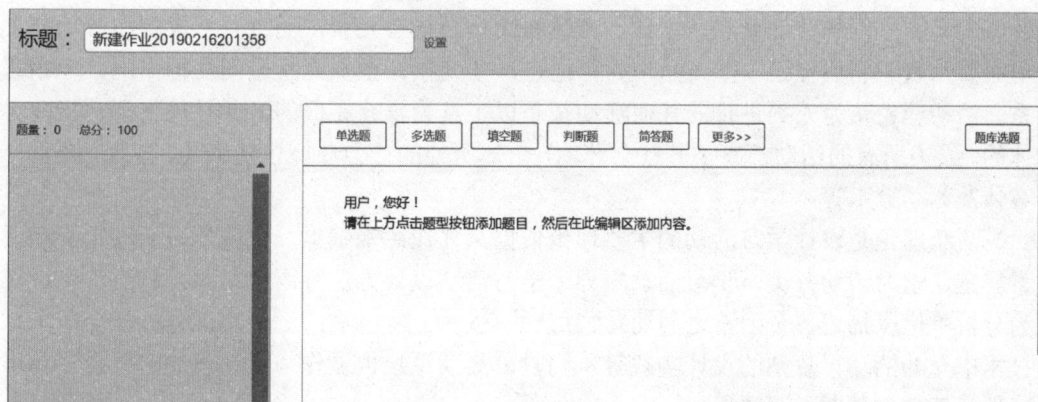

标题：　新建作业20190216201358　　　　设置

题量：0　总分：100

单选题　多选题　填空题　判断题　简答题　更多>>　　　　题库选题

用户，您好！
请在上方点击题型按钮添加题目，然后在此编辑区添加内容。

图 5-15　新建作业界面

信息化教学理念与策略课程门户　　　　首页　活动　统计　**资料**　通知　作业　考试　讨论　管理

课程资料 ｜ 题库 ｜ 作业库 ｜ 试卷库 ｜

添加目录　新建作业　导出全部　导入作业

序号	作业标题	创建者	创建时间	操作	
📓1	新建作业20190216201358[未创建完成]	张一春	2019-02-16 20:13	⊡ ☑ ▢ ⾎	发布
📓2	新建作业20180916201114	张一春	2019-02-16 20:11	⊡ ☑ ▢ ⾎	发布
📓3	新建作业20180723141902	李迎	2018-07-23 14:19	⊡ ☑ ▢ ⾎	发布
📓4	新建作业20180721093926	范文翔	2018-07-21 09:39	⊡ ☑ ▢ ⾎	发布
📓5	新建作业20180709140206[未创建完成]	李迎	2018-07-09 14:02	⊡ ☑ ▢ ⾎	发布
📓6	新建作业20180709140048	李迎	2018-07-09 14:00	⊡ ☑ ▢ ⾎	发布
📓7	简答题	葛楠	2017-10-23 22:02	⊡ ☑ ▢ ⾎	发布

图 5-16　作业库界面

活动 2　在线学习活动设计

一、预备知识

1. 活动理论与学习活动设计

活动理论是指在特定历史文化背景下研究人的活动的理论。[①]它是以"活动"为逻辑起点和中心范畴来研究和解释人的心理的发生发展的心理学理论。[②]活动理论的前身是维果茨基的文化——"历史心理学"理论，在之后的运用中被列昂节夫发展为活动理论，并在心理学领域迅速发展壮大。

人类的活动是活动理论的基本单位，活动系统包含六个基本元素：主体、客体、团体、工具、规则和劳动分工，主体、客体和团体是核心元素，而工具、规则和劳动分工是次要元素。它们位于一个三角形内，通过次要元素，主要元素之间互相作用、互相联系。活动理论认为人类进行的任何活动都是以工具为媒介完成的，并且最终都是指向客体的。人类所有的活动都离不开社会环境，个体所处的社会环境包括工具、规则、团体、客体及劳动分工等。[③]

活动理论是设计学习活动的主要理论依据，并在此基础上，关注学习活动定义和要素界定、学习活动分类、学习活动序列、学习活动设计方法等研究主题。将活动系统作为分析单位以描述各个因素之间动态、复杂的互动关系，已被广泛应用于分析社会需求、技术中介的活动、复杂的设计实践等。同时，活动系统也被作为活动设计的概念工具以确保活动产生预期学习结果。

乔纳森将活动系统作为任务分析工具，将商业系统映射到学习系统，形成建构主义学习环境。[④]移动学习者任务模型明确提出包括主体、客体、工具、控制、情境和通信六个因素的结构化的移动学习项目学习活动设计模型，辩证地从技术和符号两个维度解释移动学习，解决技术空间和教育空间的矛盾。[⑤]丽萨等学者认为，教学设计本身即是一类复杂、劣构的真实世界活动，活动系统分析框架可以作为教学设计的研究者与实践者分析和分享即时设计情境的概念工具。[⑥]学习活动设计以活动系统作为设计工具，重在规范、精细设置各种结构要素，根据前期分析和资源条件做出设计决策。

---

① 杨开城. 以学习活动为中心的教学设计理论[M]. 北京：电子工业出版社，2005.

② 赵立影. 从活动理论看以学生为中心的学习环境设计[J]. 现代教育技术，2004（4）：19-21.

③ 闫英琪. 微信支持下的移动学习活动设计与实证分析——以"VF 程序设计"课程为例[J]. 电化教育研究，2016（2）：88-94.

④ 杜若，张晓英，陈桄. 学习活动设计问题分析与交互式数字教材建设[J]. 中国远程教育，2018（8）：54-62.

⑤ Taylor, J., Sharples, M., O Malley, C., Vavoula, G. & Waycott, J. Towards a Task Model for Mobile Learning: a Dialectical Approach. International Journal of Learning Technology, 2006(2): 138-158.

⑥ Lisa, C. & Yamagata-Lynch, L. Understanding and examining design activities with cultural historical activity theory[M]. Design in Educational Techonology, Springer, 2014, 89-106.

2. 在线学习活动的设计原则

设计在线课程活动的目的是激发学生在线学习的热情，积极主动地从在线课程中获取知识，从而提高在线学习的效果。为了实现这个目的，设计在线课程活动时应该遵循一定的原则。一般来说，设计在线课程学习主要遵循五大基本原则：主体性原则、主导性原则、目标性原则、生成性原则和参与性原则。

（1）主体性原则

主体性原则就是强调学习者的主体性地位。学生是教育教学的落脚点，也是教师、教学环境、教学资源等一切教学相关因素的服务对象，培养学生的主体性是实现其自身发展的根本途径。在教学过程中，教师要充分尊重学生的独立人格和尊严，尊重学生的个体差异性，尊重学生的主体性地位和作用，将学习的主动权交给学生，创造和利用各种条件激发他们的学习主动性积极性，挖掘每个学生的最大潜力，使每个学生根据自身特性充分发展。

如今，网络学习已经成为一种至关重要的学习方法。与传统的学校课堂学习相比，网络学习具有信息量大、时空分离的特点。每个人都可以在任何时间和地点获得他想要学习的知识。这改变了学生在传统教学中的地位。学生不再是知识的被动接受者，而是需要积极主动地探索、发现和建构自己的知识体系。因此，在网络课程学习活动的设计中，必须充分考虑学生的主体性。教师应努力为学生创造各种条件，如提供丰富的资源，创设各种学习情境，让学生在本周内自由安排学习的时间、内容和进度，即在有限的范围内发挥其主体作用。

（2）主导性原则

主导性原则是指教师的主导性作用。在教学过程中，教师应组织和引导学生参与认知活动，善于激发学生的各种潜能，引导学生向着正确的方向发展。在教学过程中，教师是教学活动的设计者、实施者和组织者。教师决定教学内容的进度，掌握教学活动的选择和评价权，在教学过程中处于主导地位。学生的主体地位和教师的主导地位是互补的、辩证的。加强学生主体地位，不能削弱或取消教师的主导地位。学生的主体地位必须以一定的教学方法和教学活动为基础。要依靠教师的主导作用才能充分发挥；而脱离了学生的主体作用，教师的主导作用就会落空，教学内容、教学方法、教师的认识和实践活动就会失去存在的价值。因此，教学应在尊重学生主体地位的前提下，促进教师的主导作用。

与传统课程教学一样，网络教学也强调教师的主导地位。互联网是一个巨大的信息海洋。由于学生信息素养的缺乏，在网络学习中容易产生"迷航"现象，造成大量的时间和精力的浪费。这就要求教师能够引导学生，使他们花费较少时间取得比较好的效果，提高学生的学习效率。在网络课程活动的设计中，要充分发挥教师的主导作用，充分调动网络学习者的主动性和积极性，引导网络学习者，提高网络学习的有效性。网络课程活动设计的关键在于教师的主导作用。教师不仅要参与前期的学习设计，而且要参与学生的学习过程。通过设计良好的学习任务，引导学生逐步参与学习活动，完成学习任务，实现学习目标。因此，网络课程活动的设计应重视教师的主导作用，重视教师对网络学习者的引导。

（3）目标性原则

目标的原则是设计具有明确目标的学习活动。目标原则要求活动设计者根据不同的学习目标确定不同类型的学习活动，这种活动目标不是"过关性"的，而是发展的、多维的、螺旋向上的。只有渐进的学习目标，不断从浅到深，才能使学生学习不断努力；保证学习活动的多样性，才能锻炼学生的多种能力。只有当学习者理解活动的目标时，他们才能有前进的方向，并且能够有意识地和有目的地学习。否则，它们就像没有方向的船只，漫无目的地漫游。因此，在活动开始时，教师应该清楚地告诉学生这个学习活动的目标，并促使学生在参与活动的过程中加深对知识的理解和掌握。

在线学习活动的设计也要围绕活动目标来进行。网络具有时空不限性，学生和教师时空分离，教师无法对在线学习者进行实时的督导、监控，学习者就会放任自流，很容易偏离活动的主题，无法掌握相应地教学内容，失去了活动的意义。所以在进行在线学习活动设计时，教师要时刻牢记活动的目标，在设计活动的每一步时都要考虑其与目标的关系，要认真组织、调控活动的全过程，引领每个在线学习者参与活动，并要认真对待和处理活动中出现的意外教学事件，使教学回归到原定的活动目标上，保证教学的顺利完成。

（4）生成性原则

随着国内外研究者对教育教学研究的不断深入，"生成"一词已经应用到教育教学的各个方面，如生成性目标、生成性教学、生成性资源、生成性课程等。生成，即不断"生成""生长"或"转化"，强调过程的随机性、派生性和不确定性。生成性教学理论认为生成是教学活动的基本特征。教学的目标、内容和过程是在预设的基础上不断生成、发展和创造的。教学活动与学习活动是互补的、互动的。

生成性学习活动是指不是机械的、僵化的和线性的"输入—输出"过程的学习活动。相反，他们应该根据学习活动的进展和学生知识的实际情况来考虑学习活动。在系统的诸多因素中，及时更新、调整目标、资源、工具、方法等，以保持学习活动的活力。网络资源和工具的丰富可用性为学习活动的生成设计提供了广泛的支持。例如，通过教师、学生和学生之间的交流，组织和分享贡献，讨论合作学习活动，一方面加强学生对自己知识的掌握，另一方面促进新知识建构，以及挖掘潜在的智力和资源，促进学习活动的生态化发展。

（5）参与性原则

参与性原则是指活动主题的设计以学生的认知水平为基础，使他们能够参与到课程活动中去，同时具有一定的难度，使他们能够在原有的认知基础上发展。换言之，教师在设计活动主题时，应考虑网络学习者的最近发展区，即儿童实际发展水平与潜在发展水平之间的差距，以便所有学习者都能够参与到活动中来。在设计在线学习活动时，教师应了解学生的实际认知发展水平和面临的问题。只有这样，教师才能引导学生达到其潜在的发展水平。此外，教师应该创造各种条件，帮助学生达到最高发展水平。

以最近开发区理论为指导，设计网络学习中的主导活动。首先，教师应根据网络学习者的最近发展区来设计合理的学习活动主题，将难度控制在一定范围内，即学习者能够在原有知识的基础上完成协作学习和独立思考。教学要走在发展的前面，在线学习者不能在现有的知识水平下顺利完成学习活动，必须通过后期的学习和教师的帮助来完成。其次，教师必须努力创造条件，促进网络学习者走向未来，即在线学习主导活动的设计中，教师应为学习者提供各种帮助，如提供活动工具、学习方法和网络资源等，营造一个和谐、自由的活动氛围和真实有趣的活动，使他们能够体会到网上学习活动的乐趣，使所有的在线学习者都能参与到活动中去，在老师的指导下，原有的基础得到了最大的发展。

二、实践操作

学习活动的设计有很多种，它的根本是将基本的资源和工具有效组合在一起，促进学生有效学习。

1. 告知学习目标，提供学习资源

从学习活动的构成要素来看，一个完整的学习活动设计近似于一个简单的教学设计。因此，教师要做的第一步是设计并告知学生学习活动目标，并为此次活动的顺利开展提供相应的资源，并将这些内容在学习平台中事先搭建好。

例如，在《信息化教学理论与实践》的第四章——开发信息化教学资源，教师为学生安排的学习活动是：观看《信息化教学设计案例精析》中奶牛瘤胃鼓气的治疗课程，分析教师对信息化教学资源应用的优劣之处，学习不同类型信息化教学资源的应用。此处，教师首先告知了学生学习活动目标，并提供了开展活动所需的具体资源。

2. 基于项目的学习活动设计

《信息化教学理论与实践》第四章的学习目标是让学生学会分析已有案例当中信息化教学资源应用的优劣之处，在课程的最后，需要学生以小组为单位自选一个主题，设计并开发所需的信息化教学资源。该任务被列为学生参与第四章教学活动的一个项目。为了使学生顺利开展此次学习活动，教师首先需要呈现基于项目的学习活动内容，如图 5-17 所示。

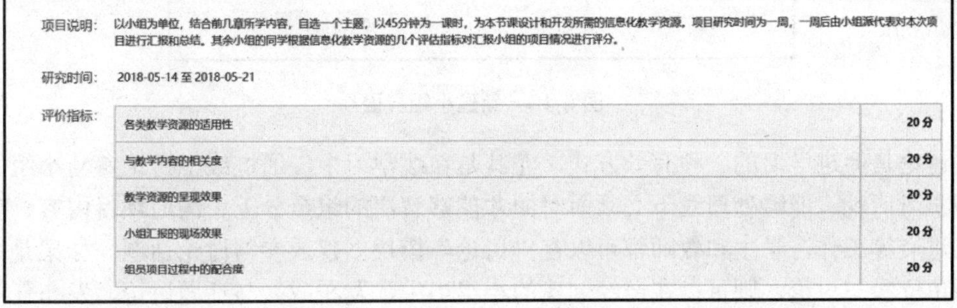
查看项目　返回

项目名称：自选主题设计并开发相关的信息化教学资源

项目说明：以小组为单位，结合前几章所学内容，自选一个主题，以45分钟为一课时，为本节课设计和开发所需的信息化教学资源。项目研究时间为一周，一周后由小组派代表对本次项目进行汇报和总结。其余小组的同学根据信息化教学资源的几个评估指标对汇报小组的项目情况进行评分。

研究时间：2018-05-14 至 2018-05-21

评价指标：

各类教学资源的适用性	20 分
与教学内容的相关度	20 分
教学资源的呈现效果	20 分
小组汇报的现场效果	20 分
组员项目过程中的配合度	20 分

图 5-17　基于项目的学习活动内容

上述项目内容告知的过程中，教师运用了"通知"功能。为了顺利开展此次项目，学生需要建立小组，如图 5-18 所示，学生通过单击"小组"中的"+"创建小组，并在新建小组中为自己的小组命名、输入小组简介、上传小组头像，如图 5-19 所示。

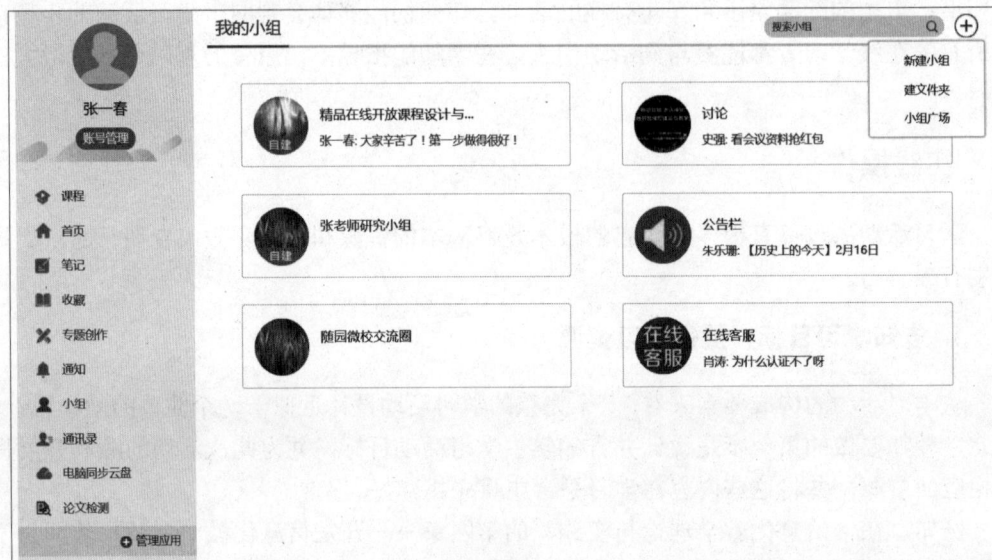

图 5-18　我的小组界面

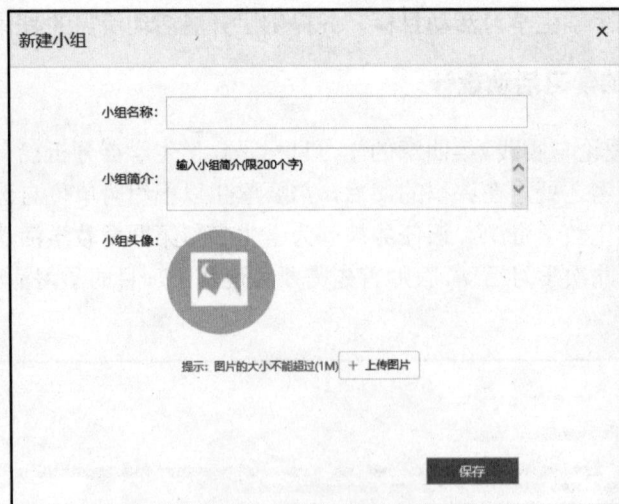

图 5-19　新建小组界面

讨论是促进学习的一种有效方式，尤其是在线学习中，通过线上讨论参与小组的交互型学习活动，能够处理线下必须面对面才能够解决的组员分工、沟通项目内容、交流项目进展等工作，学生和教师都可以在"讨论"模块创建或参与讨论话题。如果是以小组为单位参与讨论，则可以在已经创建的小组当中，发布或参与话题讨论、发布任务文件等，如图 5-20 所示。

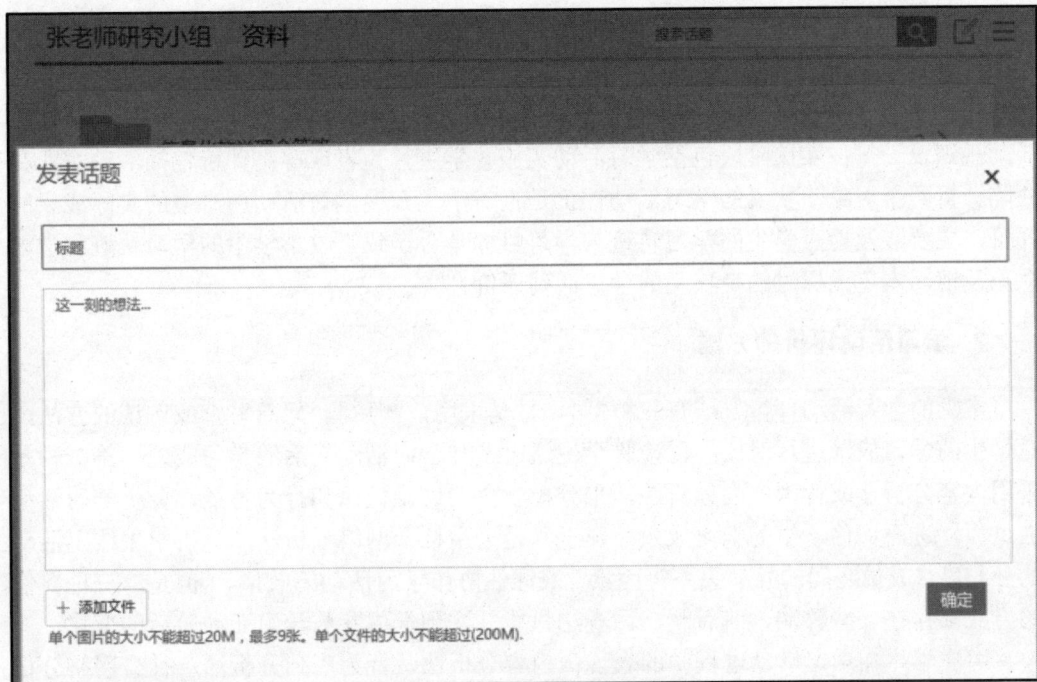

图 5-20　小组界面与话题发表

　　在项目汇报阶段，小组之间进行评价时，可以采用教师事先设计好的"问卷"进行打分评比等。综上，一个简单的项目学习活动，涉及多个交互型和非交互型的学习活动，因此，我们认为，在一节在线学习课程当中，学习活动往往是由这些单个的学习活动组合而成。

◆ 活动 3　在线学习活动评价

一、预备知识

1. 学习活动评价的含义

　　学习活动评价是检验学习活动效果、积累学习活动经验的有效方式。教师在实施学习活动阶段之后，主要的工作是检验付诸实践的学习活动效果。在实施阶段，教师已经为学生提供了必要的学习支持服务，并且在线平台也记录了学生的学习痕迹和意见反馈。因此教师在学习活动开展结束之后，首先要检查学习活动设计与目标之间的一致性问题；其次是利用在实施过程中收集到的学习者的学习记录和意见反馈，分析学习过程为达到预期目标的原因，进而总结和积累学习活动设计中存在的缺陷和改进方法。[①]

---

　　① 李玉顺，杨莹，吴美琴，等. 中学生网络学习活动设计流程及分析框架的研究——基于"视像中国"的初中生网络课程实践[J]. 中国电化教育，2017（5）：80-87.

学习活动评价分为广义和狭义的评价。广义的学习活动评价涉及对学习活动设计的评价，包括对分析、设计、实施、评价等所有阶段的评价。分析阶段包括活动目标、活动内容、学习者特征等；设计阶段包括活动任务设计、学习成果设计、学习资源涉及、活动规则设计等；实施阶段包括学习活动实施、学生行为表现等；评价包括活动实践和缺陷分析两个对象。狭义的学习活动评价是指对学生开展学习活动而产生的实际成果的评价，主要涉及检查学生的学习轨迹与学习目标是否一致，收集学生的学习轨迹和学习意见反馈。本单元探讨的是狭义的学习活动评价。

2. 学习活动评价的方法

常见的学习活动评价方法有三种：第一种是采用前测后测、问卷调查或访谈的方法，对学生的学习成绩进行对比，以检验学生通过参与学习活动之后的学习成效；第二种是采用内容分析法或行为序列分析法，来分析学生的讨论记录和行为特征，分析学习活动的过程，进而评估学生的学习成效；第三种是采用社会网络分析法，分析学生线上活动的参与度、成员之间的互动关系等因素，来评估协作学习活动的效果。[①]但是这三种评价的方式都存在一些弊端，前后测、调查法只能关注到学生参与学习活动前后的变化，而没有关注学生在学习活动过程中的表现；内容分析法、行为序列分析法、社会网络分析法等重点对学习活动实施过程进行分析，却无法关注学习活动效果与目标之间的一致性问题。

在线学习活动的实施，能够有效地避免上述评价方法的弊端。超星泛雅平台可以智能地记录学生通过该平台发生的一系列学习行为，包括学生对通知、任务的查看情况，小组内或讨论区内对主题的讨论交流情况，并且可以支持问卷调查与统计分析、作品成果上传等，供教师进行教学活动的评价。

二、实践操作

1. 查看活动统计

在线开放课程平台能够记录通过平台参与的所有活动痕迹，包括学生的活动参与结果和具体内容。如图 5-21 所示，呈现了该课程在默认班级中一共开展的活动次数、活动发起实践、参与人数等；图 5-22 呈现了该课程学习活动评分环节中已评与未评的学生人数、姓名和分数统计等信息。

2. 查看讨论情况

教师还可以在平台的讨论区查看本节课班级同学的讨论主题有哪些，讨论情况如何等信息。如图 5-23 所示，学生发起了一个问题"你喜欢什么媒体类型的教学资源？"，只有一个学生进行了回答，且回答时间显示的是话题发布一分钟后。

① 崔盼盼，郑兰琴. 协作学习活动设计质量评估方法的个案研究[J]. 现代教育技术，2018（10）：64-69.

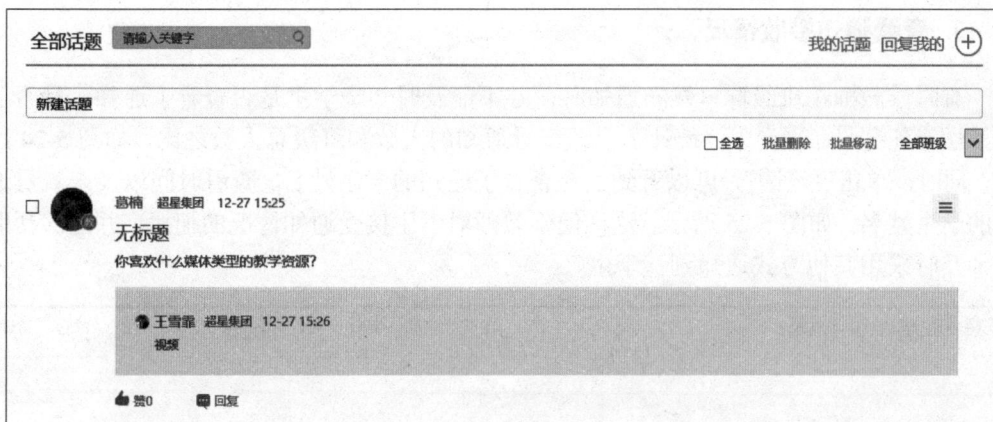

图 5-21 活动整体统计

图 5-22 评分详情统计

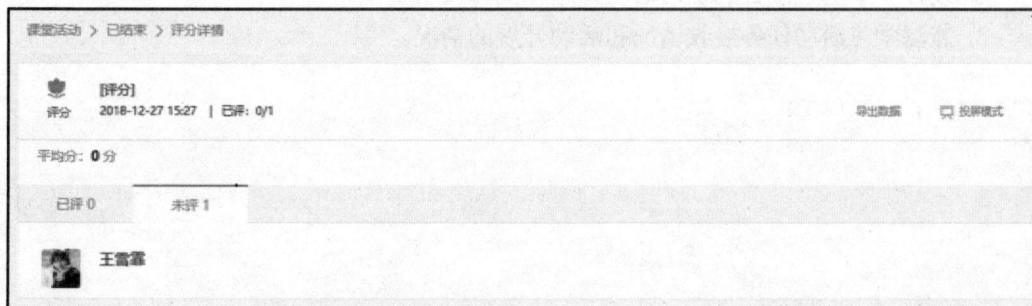

图 5-23 查看讨论情况

3. 查看通知接收情况

有时候教师在班级群里发布通知时，并不能及时知晓学生是否查看了通知，是否了解了学习任务。在平台中，统计了已经查看通知的人数和班级总人数之比，如图 5-24 所示，同时，单击"已读"，可以看到已经查看了通知的学生姓名、查看时间以及未查看通知的学生姓名，如图 5-25 所示，这样便于教师对学生接受通知情况的把握，并能够帮助教师及时采用其他方式通知到该学生。

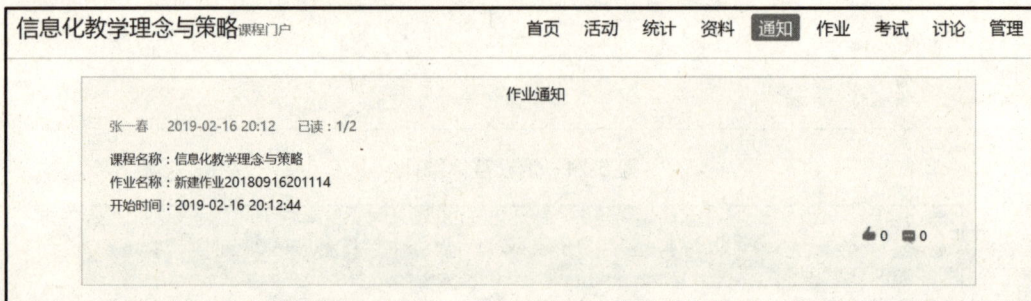

图 5-24　查看通知接收情况

图 5-25　查看通知接收人员详情

活动实践

1. 熟悉各种在线学习活动的类型和设计方法。
2. 设计一个基于项目的学习活动并通知到每一个学生。
3. 监测学习活动任务接收情况和活动开展的情况。

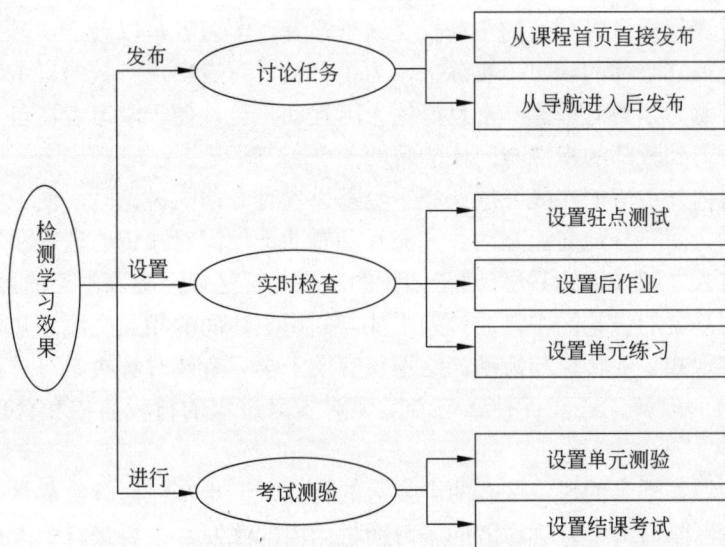

单元 六

检测学习效果

活动导图

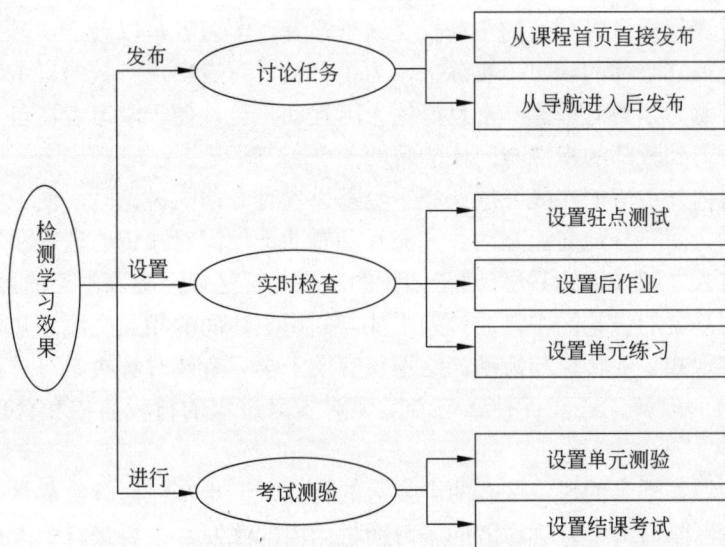

活动思考

1. 检测在线开放课程的学习效果有哪些方法？
2. 与传统课程的评价方式相比，在线开放课程的评价有何不同？
3. 如何在在线开放课程中开展讨论？
4. 如何设计并布置在线开放课程的作业？
5. 如何进行在线开放课程的考试？

在线开放课程的学习者经过学习成果的考查和认证，并参加考试合格后，可以获得相应的证书，这是在线开放课程较过去传统在线学习的重大突破。[①]在线开放课程对学习者的评价不仅有总结性评价，还十分注重过程性评价。总结性评价一般是在一个阶段的教学任务结束之后检验学习者的最终学习成效而开展的评价活动；形成性评价是在教学过程中进行的，一般通过编制的测验试题或精心设计的问题来检测学习者的学习成果、进展与存在问题，来判断当前阶段的学习成效与不足。对学习效果的评价一般通过参与讨论、随堂检测与考试测验等方法来进行。

活动1 发布讨论任务

一、预备知识

在线开放课程平台将学习的主动权交给学习者，学习者是以自主学习为主的，但这并不意味着是孤立个体的学习。实际上，为了帮助学习者实现有效的自主学习，在线开放课程平台特意为学习者搭建一个良好的人际互动平台，便于学习者在自主学习遇到疑惑时可以及时得到教师的指点与同伴的帮助。

当前，国内外主流的在线开放课程平台都设置有专门的讨论区，便于学习者之间及学习者与教师之间充分地交流互动。交流互动有助于加深对知识的理解和知识的传递，能够实现人与人之间知识的共享，对于知识的获取与记忆以及提高学习的效果非常重要。在线开放课程平台的讨论区中，通过人主体与知识主体间的相互交流、知识共享、协同演化，能够实现知识的传递与流动。这不仅有助于学习者及时解决学习过程中困惑，加深对学习内容的理解，还能促使学习者实现对学习过程的自我监控和管理，提升学习效果。[②]

在线开放课程平台的讨论区有两个显著的特点：一是在任何身份背景的学习者都可免费加入讨论区学习；二是学习者的学习动机由内部激发，主要来自个人兴趣、愉悦感和成就感等。[③]在线开放课程平台的讨论区可以保存所有的讨论记录，学习者不仅可以在讨论区中可以提出问题，也可以回答其他学习者提出的问题，还可以浏览所有问题及其回答。教师与助教也会在在线开放课程平台的讨论区中帮助学习者解决疑难问题，并可以对讨论区进行管理，比如将重点问题和常见错误及其回答转入常见问题区中，供学习者浏览学习。[④]

在线开放课程平台讨论区的讨论的内容以开放性的主观题为主，国内外主流的在线

① 范文翔，马燕，冯春花，陶金. 基于MOOC的非正式学习研究[J]. 计算机教育，2014（9）：21-25.

② 吴江，马磐昊. 基于超网络的MOOC平台知识流动研究[J]. 图书与情报，2015（6）：97-106.

③ 刘冰. 社会网络视角下慕课学习者互动关系研究[J]. 宁波大学学报（教育科学版），2016，38（5）：62-69.

④ 姜燕，王少兵，刘赟. 基于多媒体三维教学系统的设计与研究[J]. 信息与电脑（理论版），2009（12）：64，66.

开放课程平台讨论区的内容都十分丰富，主要可以分为三大类[1]：课程学习类、平台使用与课程管理类、线下交流与日常闲聊类，其主要内容如表 6-1 所示。

表 6-1　在线开放课程平台讨论区的主要主题与内容

主　题	主　要　内　容
课程学习	课程学习的知识讨论
	测验与作业内容探讨
	学习方法与学习心得交流
平台使用与课程管理	关于平台使用与操作的交流
	个人信息的维护
	课程计划的制定
	考试安排与结课证书申请的咨询
线下交流与日常闲聊	讨论线下交流的时间与地点
	学习情感的交流与沟通
	日常闲聊

教师还可以通过在线开放课程平台的讨论区布置学习任务，学习者做完教师在讨论区发布的任务后，可由教师或学习者同伴进行评价。学习者相互评价，是一个相互提高的过程，更好地促进学生自主学习，也可以使教师从繁重的作业批改中解放出来。

在进行同伴评价时，要注意[2]以下几点。

① 预先制定好评分标准。同伴互评的评分标准对学习者而言具有重要的指导作用。参照评分标准，学习者可以了解教师发布讨论主题活动所希望达到的期望，了解讨论内容的重要性。

② 定量与定性评价相结合。开展同伴互评时，需要给出一个量化的分数（或评定等级），以便计算课程总成绩时使用。但实际上，对于被评价者而言，他们更关注的是自己的讨论作业中存在哪些不足，为什么得到的是这个分数，应该如何改进？而且这些需要有定性的评价。因此，在互评时需要将两者相结合，才能够真正体现同伴互评价值。

③ 发布合适的讨论任务。由于同伴互评会在一定程度上会加重学习者的学习负担，因此在一门在线开放课程中，不宜过多发布需要学习者开展同伴互评的讨论任务，一般 2~3 个为宜。

二、实践操作

教师在课程平台上发布讨论任务，可以查看学习者参与讨论的情况，还可以对讨论的主题帖子进行按时间排序、置顶、加精等操作。教师发布讨论任务的方式有以下两种。

---

① 秦瑾若，傅钢善. MOOC 课程讨论区中的社会性交互研究——以中国大学 MOOC 平台《现代教育技术》课程为例[J]. 中国教育信息化，2017（5）：20-24.

② 刘玲. MOOC 中同伴互评的功能与策略探究——以 edX、Coursera 平台及北京大学的 MOOC 课程为例[J]. 工业和信息化教育，2014（11）：11-16.

1. 在课程首页直接发布

课程首页的右上方区域就是讨论区，可以直接在此发布讨论的任务话题，在页面的右下方是已发布的话题任务，可以直接查看学习者参与讨论的情况。如图 6-1 所示。

图 6-1　课程首页的讨论区页面

除了可以查看话题之外，教师还可以直接对已发布的话题任务进行置顶、加精、删除等操作，如图 6-2 所示。

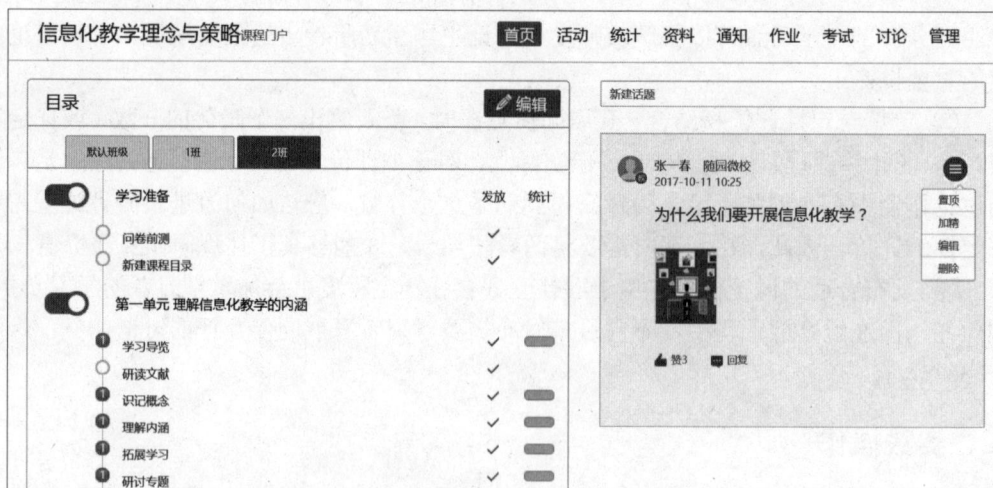

图 6-2　课程首页的讨论主题的操作

2. 从导航栏进入后发布

进入课程空间后，单击讨论按钮，即可进入讨论区，可查看"我的话题"与"回复我的"。如图 6-3 所示。

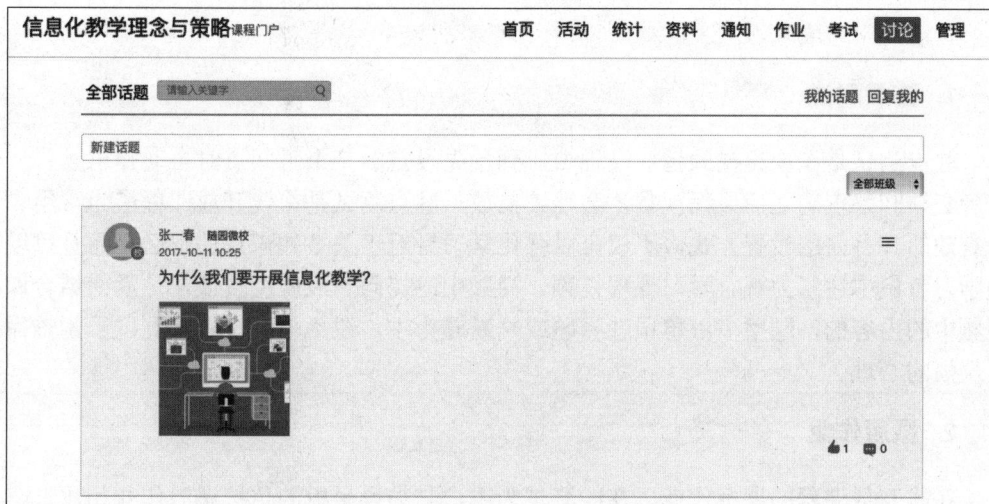

图 6-3　导航栏的讨论主题的界面

在讨论界面可以查看同学老师最新的讨论，也可发表自己的言论。所有帖子按操作时间排序，支持置顶、加精操作，如图 6-4 所示。

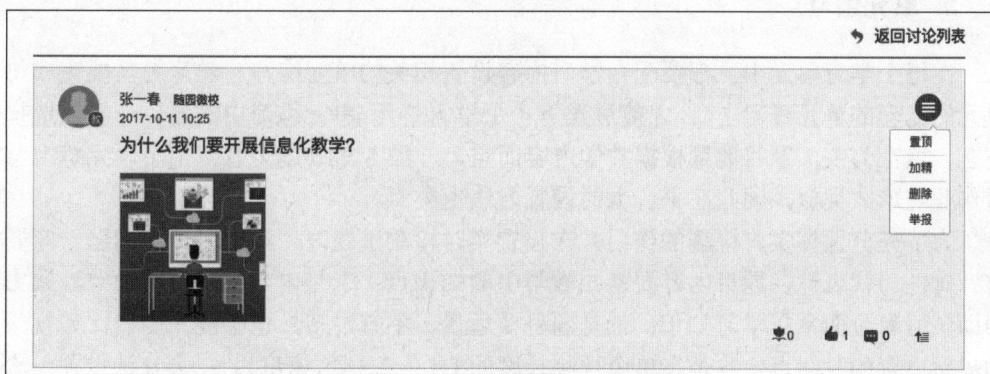

图 6-4　导航栏的讨论主题的界面

◆ 活动 2　设置实时检查

一、预备知识

在教学过程中，需要让学习者随时知道自己的学习情况，因此在线开放课程需要经常设置实时的练习和测试，这样有利于学习者自主掌握学习进度，什么时候学习、学习什么以及怎么学都可由学生自主决定。

在线开放课程中的实时检测一般以交互式问题为主，穿插于在线开放课程学习中的全过程中，主要有课程视频中的提问、课程单元中的练习和课后作业几种不同的类型。这些检测按正确率与分值权重计算后纳入总成绩中。在实时检测的问题设计过程中，应考虑到在学习者在不同阶段的心理状态和学习进度，合理地设置问题，便于学习者及时了解自己的学习成效。

1. 驻点测试

驻点测试是在课程视频播放过程中，到预先设定的某个时间点时自动弹出题目，学习者必须回答正确之后课程视频才会继续播放。驻点测试是在线开放课程最为常用、最为有效的一种问题设置方式，不仅可以强化学习者对于关键知识点的记忆，而且可以促使学习者集中注意力观看学习课程视频。视频中的提问一般难度较低，是紧密结合课程视频中的内容的，题型多以单项选择题或判断题为主，避免使学习者感到过于困难而产生厌烦的心理。

2. 课后作业

在线开放课程的课后作业以在线测试为主，与枯燥呆板的传统课后作业相比，具有针对性强、题量大、内容细致、以客观题为主的特点。通过在线测试的自动评分及时地给学习者反馈结果，使学习者可以及时了解自己的学习效果，以便帮助学习者判断是否有必要重新学习某些薄弱的知识点。

3. 单元练习

在每个学习单元中，都要配合学习内容设置相关的单元练习。学习者需要完成每个单元的配套的单元练习之后，才能进入下一个学习单元。单元练习中的题目一般以选择、简答、填空为主，题目数量根据教学内容而定，一般 5～10 题为宜。由于单元练习与课后作业的形式类似，因此在平台上的设置方法也类似。

为了充分发挥实时检测的作用，在设置实时检测试题时应注意：一是问题一定要具有针对性与代表性，题目内容要紧扣教学中的知识点；二是内容应尽可能细致，致力于帮助学习者全面掌握学习知识；三是题目要适量，不宜过多，也不能太少。比如视频中的提问设置的时间点一般是在单个视频长度的 1/3 至 2/3 处，密度以 5～8 分钟设置一次，问题数量以 2～5 个为宜。

二、实践操作

1. 设置驻点测试

① 在编辑页面上传课程视频，如图 6-5 所示。

② 在视频编辑页面，单击"插入对象"，如图 6-6 所示。

图 6-5　上传教学视频

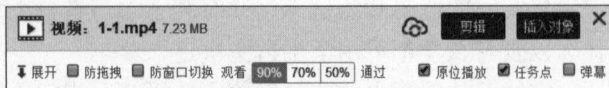

图 6-6　在教学视频中插入对象

③ 进入插入对象的编辑页面后，可以选择出现测试的时间节点，设定完时间后，继续单击"插入对象"，如图 6-7 所示。

图 6-7　设置测试出现的时间节点

④ 在出现的页面中，单击"插入测验"，如 6-8 所示。

图 6-8　选择插入测验对象

⑤ 添加具体的驻点测试题目，支持单选、多选、判断题三种客观题型。单击"添加选项"可增加测试的题目数，还可以设置答错题后强制会看的时间，如图 6-9 所示。

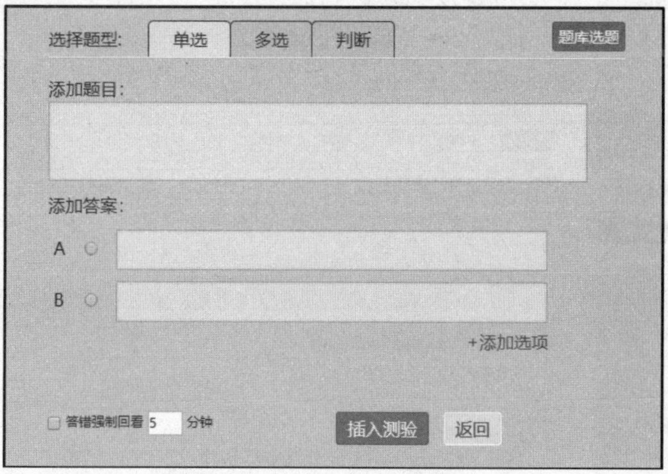

图 6-9　编辑驻点测试题

2. 设置课后作业

① 进入作业编辑页面。在课程界面，单击"作业"，即进入作业界面。如图 6-10 所示。

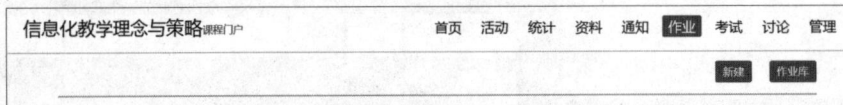

图 6-10　课程界面进入作业的操作

② 创建新的作业。在作业管理界面，单击"新建"，或页面下方的"+"号，即可创建新的作业。如图 6-11 所示。教师除了可以新建作业外，还可查看已经建立好的作业，或编辑章节测验。

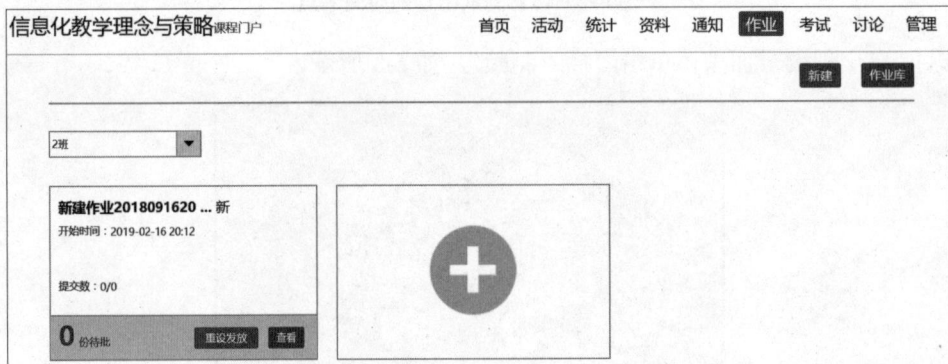

图 6-11　添加作业的方式

③ 编辑作业内容。进入作业编辑界面后，先设置作业标题，然后教师可以选择手动编辑，即在编辑页面直接编辑作业。上方菜单栏有"单选""多选""填空""判断""简答"和"更多"集中题型供教师选择。选择好题型后，教师可编辑题目内容以及答案。可根据需要设置内容的字体等信息，添加超链接和上传附件。编辑完成保存后的题目会被自动收录到题库当中。如图 6-12 所示。勾选答案解析之后，可为该题添加答案解析。

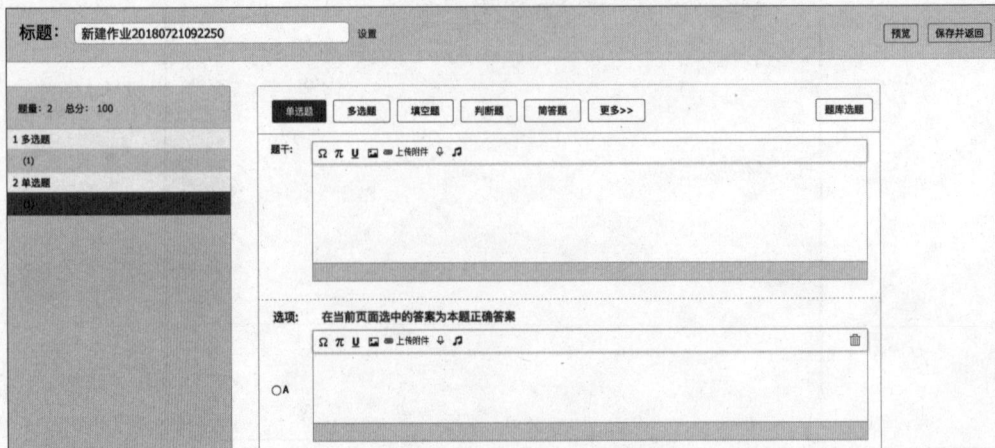

图 6-12　添加作业的操作

除此之外，还可以设定习题难度情况与所属知识点，如图 6-13 所示。

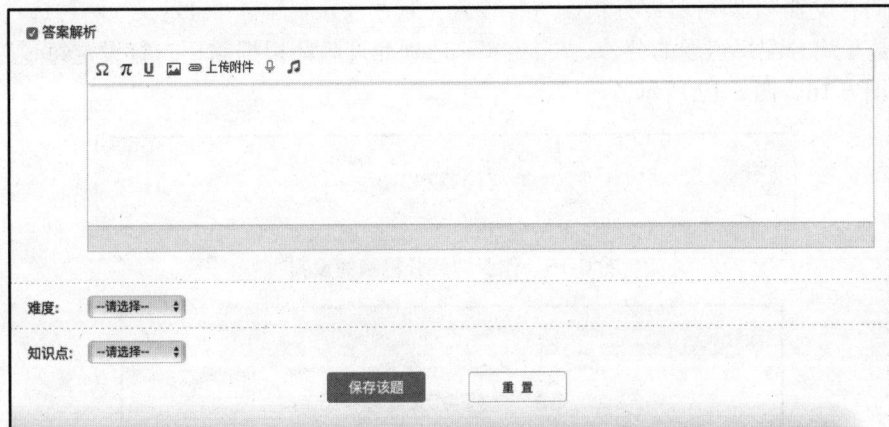

图 6-13 添加作业解析

④ 调整修改题目。编辑完成后，教师在作业编辑界面检查时，可以进行调整题目顺序、编辑题目或删除题目的操作。如图 6-14 所示。

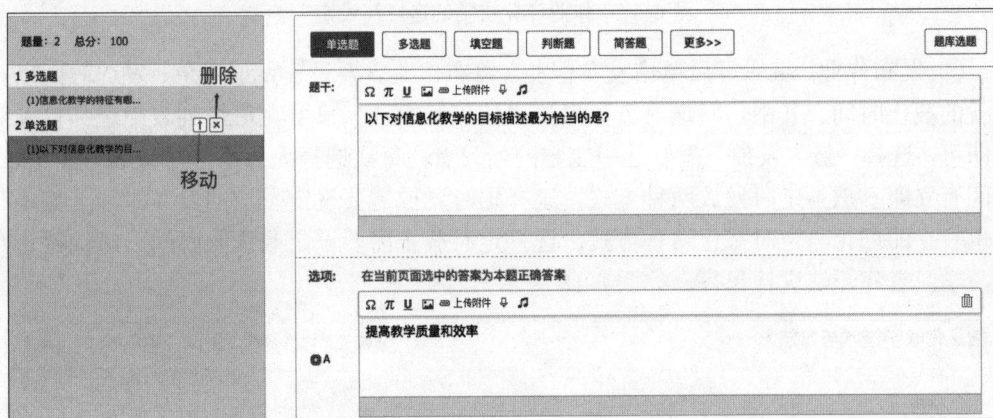

图 6-14 题目的顺序调整、删除及再次编辑

题目的添加除了上述的方式，教师也可以从教师的题库中直接选择题目导入。如图 6-15 所示。

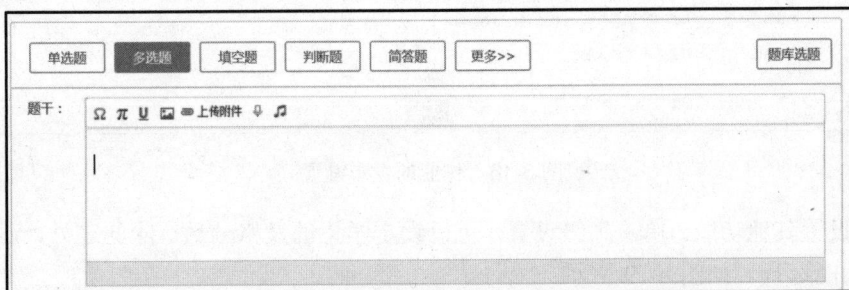

图 6-15 从题库中导入题目

⑤ 设置评分权重。题目编辑完成后，教师可以自主选择作业的评分机制，只需单击标题后的"设置"，即可对评分机制进行设置，有"百分制"与"自定义"两种选项。"百分制"是平均分配每道题的分值，"自定义"选项允许教师根据需要自行设定每道题的分值。如图 6-16、图 6-17 所示。

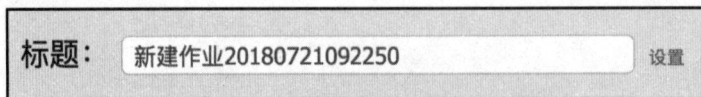

标题： 新建作业20180721092250　设置

图 6-16　作业的评分机制的设置

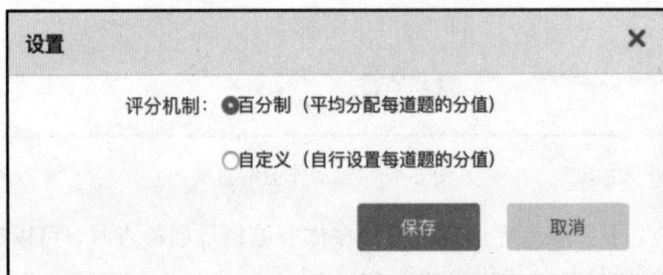

设置　✕

评分机制：●百分制（平均分配每道题的分值）

○自定义（自行设置每道题的分值）

保存　取消

图 6-17　作业评分机制的选择与设定

⑥ 发布作业。编辑好后单击发布作业。发布作业需要设置发送对象、发送时间以及作业的截止时间。其中，发送对象如果按"按班级发放"只要在班级列表中选择目标班级即可，选择"选人发放"需要选中制定的学习者，每次选择人数不能超过 50 人。发送时间有立即发放与定时发放两种方式，选择定时发放需要设定发放的具体时间。截止时间也有立即截止与定时截止两种方式，选择定时截止需要设定截止的时间。超过截止时间，学习者将无法进行作答。如图 6-18 所示。

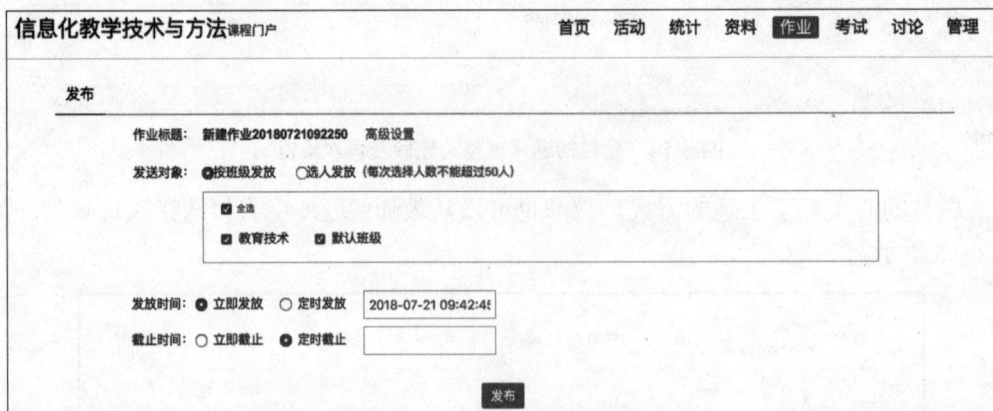

信息化教学技术与方法课程门户　　　　　首页　活动　统计　资料　**作业**　考试　讨论　管理

发布

作业标题： 新建作业20180721092250　高级设置

发送对象：●按班级发放　○选人发放（每次选择人数不能超过50人）

☑ 全选

☑ 教育技术　☑ 默认班级

发放时间：● 立即发放　○ 定时发放　2018-07-21 09:42:4[

截止时间：○ 立即截止　● 定时截止

发布

图 6-18　作业的发布设置

⑦ 设置其他功能。单击高级设置，可以设定学生的及格分数。除此之外，还有很多其他的功能选择。如图 6-19 所示。

"允许学生查看答案"功能可以对学生查看答案的权限进行设置，选中后学生才能看到答案。

"允许学生查看分数"功能可以对学生查看分数的权限进行设置，选中后学生才能看到分数。

"允许学生粘贴答案"功能可以对学生能够粘贴内容的权限进行设置，选中后学生才能在答题时使用粘贴功能。

"学生重做时显示对错"功能可以对反馈对错的权限进行设置，选中后学生在重做时会显示答题的对错情况。

"填空题设为客观题"功能可以对选择题的类型进行设置，如果仅有一个答案填空题可以选中该选项，系统将按客观题自动判断对错。如果将填空题设置为主观题，则老师可在系统批阅后再次批阅作业，将同学的答案分为优良及差几个档次，重新为同学设置分数。

"填空题不区分大小写"功能可以对填空题答案的大小写情况进行设置，如果填空题中涉及字母，大小写都可以视为正确答案时，可选中此选项。

"多选题未选全给一半分"功能可以对多选题的给分进行设置，选中后多选题没有选全学习者也能获得一般的分值，没有勾选此选项意味着只有选全才得分，选错或不全均不得分。

"完成任务点的多少允许做作业"功能可以对学生做作业的要求做限制，设定具体的百分比后，学生只要达标后才能做作业。

"题目乱序"功能可以打乱作业的题目顺序，顺序是随机出现的。

"随机出题"功能可以从题库中抽取指定数量的试题，随机生成作业。

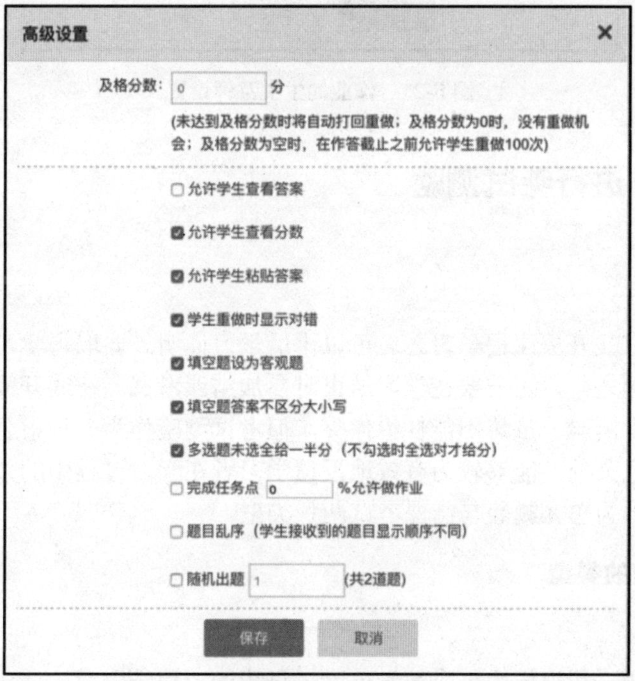

图 6-19 作业发布的高级设置的主要功能

若作业中包含简答题，则可以勾选"生生互评"，让学生互相评分。选中"生生互评"后可以进行更为具体的一些设置。其中，"互评指标"功能可以让教师把互评的指标与得分要点放在此处，供学生互评参考；"互评数量"可以设定每个学生评阅作业的份数。"互评开始日期"与"互评截止日期"功能可以对学生互评的起止时间进行设定。为了保护学生的隐私，使学生互评时更加公平公正，还可以选择"隐藏做作业人姓名"与"隐藏批作业人姓名"。如图 6-20、图 6-21 所示。

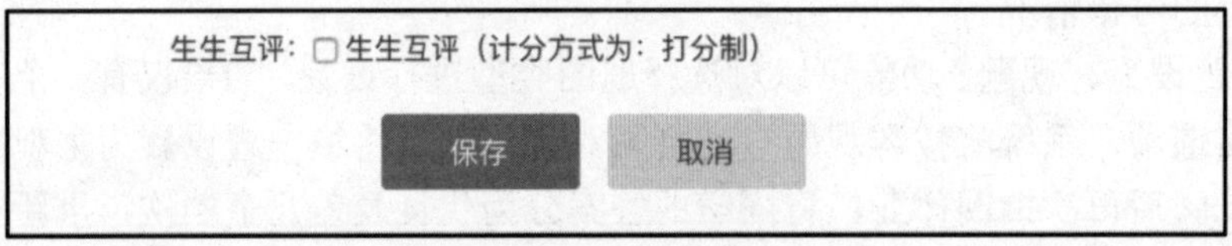

图 6-20　作业的生生互评操作

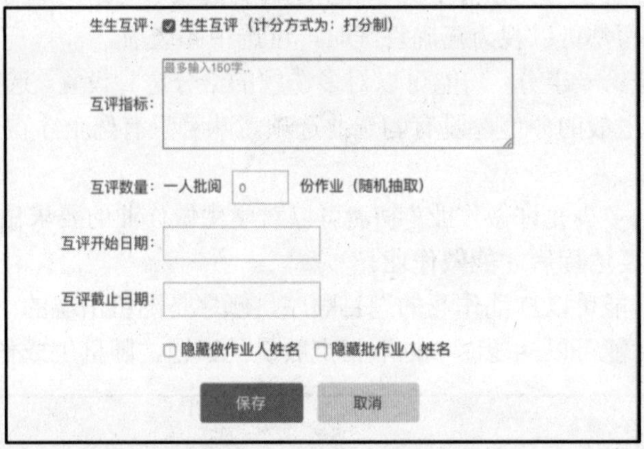

图 6-21　作业的生生互评设置

活动 3　进行考试测验

一、预备知识

学习者完成在线开放课程学习之后可以申请学习证明。要取得学习证明，除了要完成讨论与随堂检测之外，还需要在学习结束时参加结课考试。在线开放课程的考试形式是基于网络的线上测验。虽然不能杜绝作弊，但考试测验作为一种最公平公正的评价标准，还是有一定意义的，能够较为有效地反馈学习者在学习过程中的效果。在线开放课程的考试测验可分为单元测验与结课考试两种类型。

1. 考试测验的类型

（1）单元测验

在线开放课程一般以周为一个教学单元，每周的课程结束后，需要设置单元测验，对本周知识点进行归纳与考核。单元测验以回顾每周的重点内容为主，与实时检测相比其难度会大一些，而且内容需要与每一周授课知识点相匹配，题目一般设置为 70%简单题、20%中等难度题和 10%较难题。单元测验设有参考答案，分数按正确率与分值权重计算后纳入总成绩中。

（2）结课考试

结课考试需要全方位地回顾整个课程涉及的重要知识点，是对整门课程学习效果的测量，是学员获取证书的关键环节。结课考试的题目以检验学员是否系统掌握本课程学习内容为主，题量大约是单元测验的 1～2 倍，学习者需要在限定的时间内完成结课考试，并且只能参加一次。一般来说，结课考试通常占总成绩 20%～30%的比例，直接影响着学员能否获得证书和优秀学员证书。

2. 开展考试测验

在线开放课程考试测验的试题可以手动输入，也可以从考试题库中直接调用。一般来说，都是预先出好题，放在试题库中，考试时直接从考试题库中调用。所以在建设在线开放课程时，要重视试题库建设，而且要注意资源不断地优化与迭代。要克服"重教学资源建设，轻评价考试资源建设"的思想，切实注重考试题库的质量。[①]做好考试测验，需要注重如下要点。

① 要事先制定题库建设标准。需要制定并不断完善在线开放课程试题库建设标准，不仅需要考虑到试题形式、内容、数量、难度、区分度等指标，还要有试题入库流程、试题调取规范、试题评价标准等说明。

② 不断丰富试题库的数量与题型。为了避免试题重复，在试题库建设中要尽量多出题。一般来说，10 分左右的知识点，应给其配套 5～10 个问题，课程总试题数不应少于 200 个。此外，试题的题型应尽可能丰富，除客观题外，还应有相应的主观题。试题以客观题与主观题相结合的方式，以考试结果能基本能反映学习者的能力和水平为标准，尽可能体现考试测验的科学性与全面性。

③ 加强对试题库的管理。在线开放课程的开课教师需要持续对试题库进行完善，不仅需要根据新的教学内容增加一些试题，也要根据实际情况，删除或修改原先试题库中一些不合适的试题。通过加强对在线开放课程试题库的建设维护，不断优化试题库，为学习者提供更有针对性与适用性的试题。

二、实践操作

1.设置单元测验

① 添加章节测验。在编辑页面单击"章节测验"，如图 6-22 所示。

② 添加测验题目。既可以通过输入测验标题后创建新的测验，也可以直接从作业库中选择，如图 6-23、图 6-24 所示。需要注意的是从作业库调取的单元练习，与所调取的

---

① 敖永红，何星霖，王雪宇，李攀飞. 借鉴雅思、GRE 等考试，提高 MOOC 题库建设质量的研究[J]. 工业和信息化教育，2015（06）：67-71.

作业完全一致。通过新建方式创建的后续操作,操作方法与添加作业的方式一致。

图 6-22　添加测验

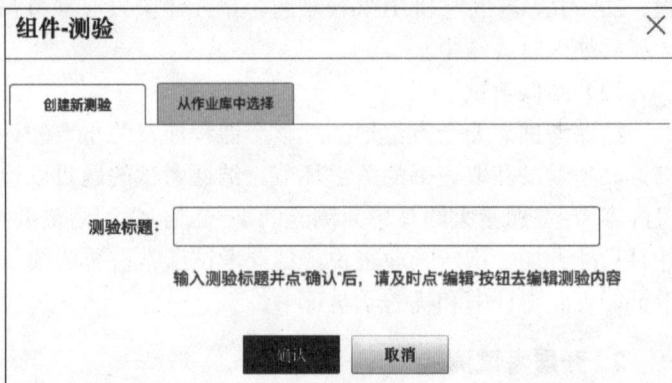

图 6-23　创建新的测验

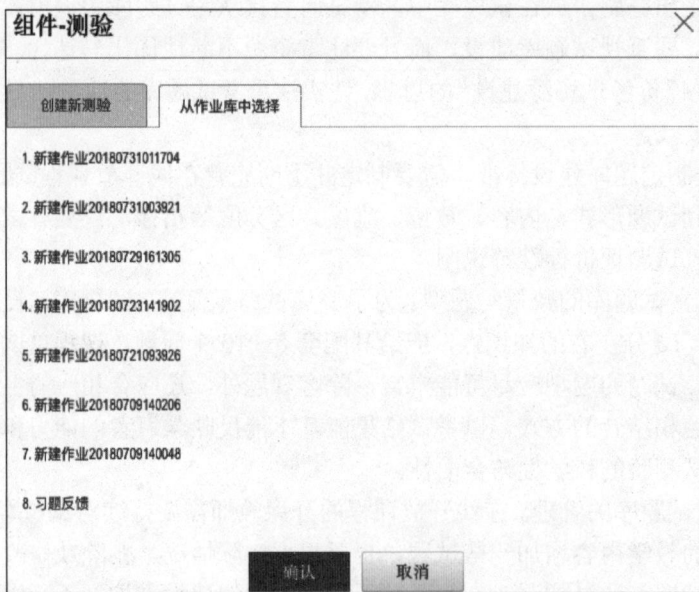

图 6-24　选择已有的测验

2. 设置结课考试

① 进入考试编辑页面。在课程界面单击"考试"按钮,则可以进行考试的编辑与管理。在考试页面,单击"新建",或页面下方的"+"号,即可创建新的考试。如图 6-25 所示。

② 选择试卷来源。可以选择手动创建新试卷或从题库中选择题目智能组卷。如图 6-26 所示。

如选择手动创建新试卷,则进入试卷编辑页面,与作业编辑页面相同;如果选择自动随机组卷,则需要设置试卷标题、满分的分值、随机组卷的套数与试卷的难易度。再分别设置每种题型的随机抽取情况与分值,如图 6-27 所示。

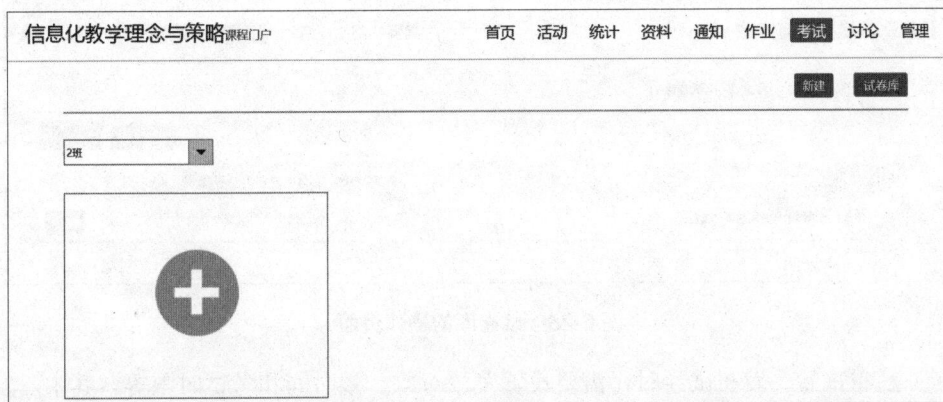

图 6-25　考试的创建

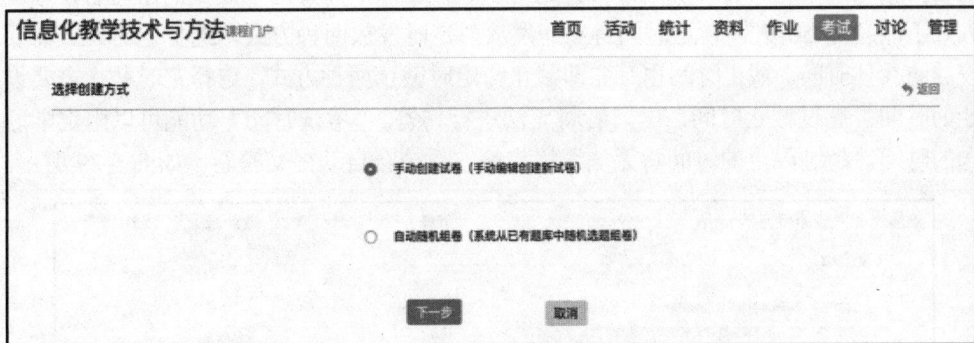

图 6-26　创建考试的方式

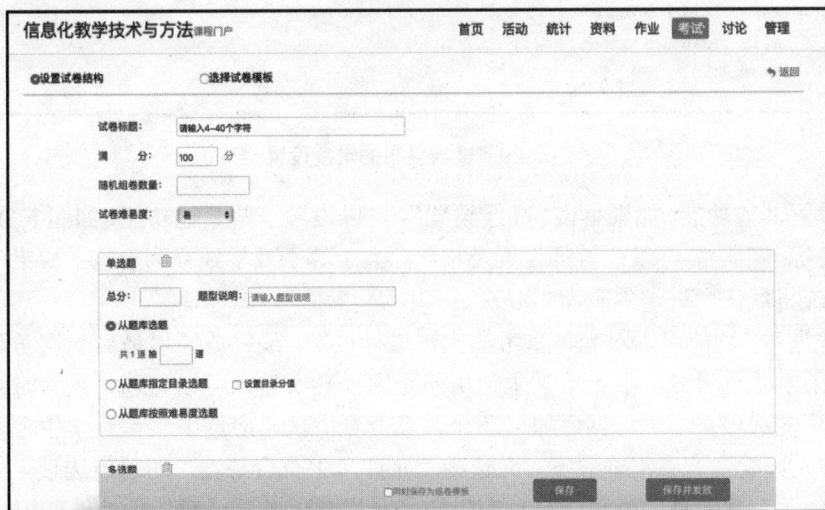

图 6-27　自动组卷的常规设置

　　③ 编辑试卷。编辑好试卷之后，试卷自动保存到资料栏目的试卷库中。并可编辑、删除和查看，确认无误后可选择发放。注意：试卷一旦发放并有学生提交，就不能进行修改操作，所以务必要事先确认好才能发布。如图 6-28 所示。

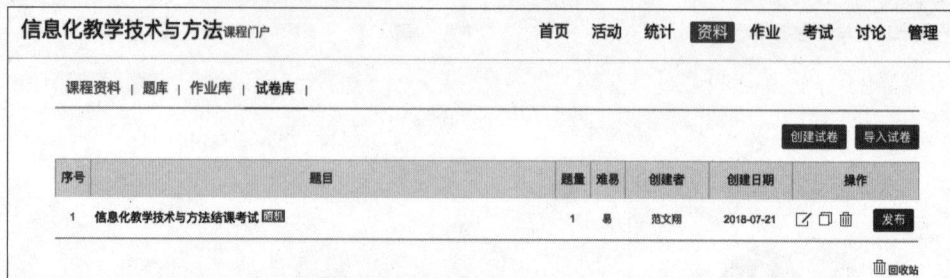

图 6-28　试卷库的操作页面

④ 发布试卷。发布试卷时，需要设置发放对象、效时间和考试时限等。其中，发送对象选择"全部班级"会将试卷发送给选该门课程班级的所有学生，如果按"按班级发放"只要在班级列表中选择目标班级即可，选择"选人发放"需要选中制定的学习者，每次选择人数不能超过 50 人。发送时间有立即发放与定时发放两种方式，选择定时发放需要设定发放的具体时间。截止时间也有立即截止与定时截止两种方式，选择定时截止需要设定截止的时间。超过截止时间，学习者将无法进行作答。"考试时间"功能可以限定学习者答题的时间，超过限定的时间将无法继续作答，系统会自动提交答卷。如图 6-29 所示。

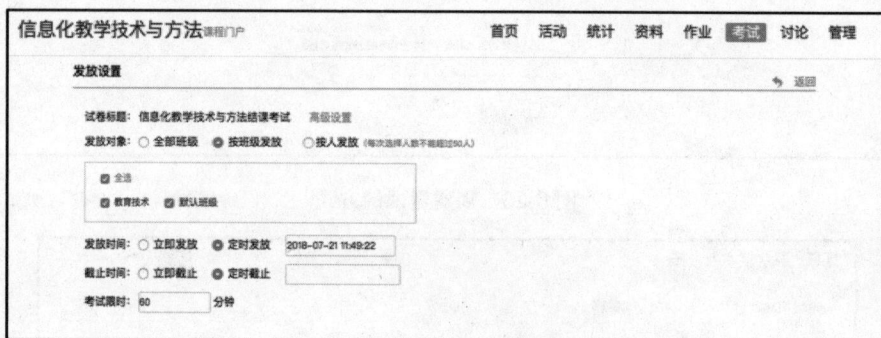

图 6-29　试卷发布的常规设置

⑤ 设置其他功能。如果单击"高级设置"，可以设置一些其他功能，如图 6-30 所示。

"及格标准"功能可以让教师设置及格线，大于等于及格线视为合格，如果不设置该功能，系统将默认允许学生重考 100 次。

"允许重考"功能可以对允许重考的次数进行设定，最终成绩以最后一次考试的成绩为准；如果学生重考时，不希望学生使用的是同一套试卷，可以勾选"重考时领取不同试卷"的功能选项；学生考试后如果还允许其查看考试，应选中"允许学生考后查看试卷"；如果允许学生查看正确答案，应选中"允许学生查看答案"的功能选项；如果考试后允许学生了解其考试的分数情况，应勾选"允许学生查看分数"的功能选项。

"允许学生粘贴答案"功能可以对学生能够粘贴内容的权限进行设置，选中后学生才能在答题时使用粘贴功能。

"填空题设为客观题"功能可以对选择题的类型进行设置，如果仅有一个答案填空题可以选中该选项，系统将按客观题自动批阅。

"填空题不区分大小写"功能可以对填空题答案的大小写情况进行设置，如果填空题中涉及字母，大小写都可以视为正确答案时，可选中此选项。

"多选题未选全给一半分"功能可以对多选题的给分进行设置，选中后多选题没有选全学习者也能获得一般的分值，没有勾选此选项意味着只有选全才得分，选错或不全均不得分。

"题目乱序"功能可以打乱作业的题目顺序，顺序是随机出现的。

"随机出题"功能可以从题库中抽取指定数量的试题，随机生成作业。

"完成任务点的多少允许考试"功能可以对学生做作业的要求做限制，设定具体的百分比后，学生只要达标后才能考试。

"领取试卷需凭验证码"功能选中后，学习者只有通过验证码的验证才能够领取到试卷。

"只允许电脑客户端考试"表示只允许学习者通过电脑客户端考试，否则，学习者也可以通过移动客户端于网页等其他方式进入考试。

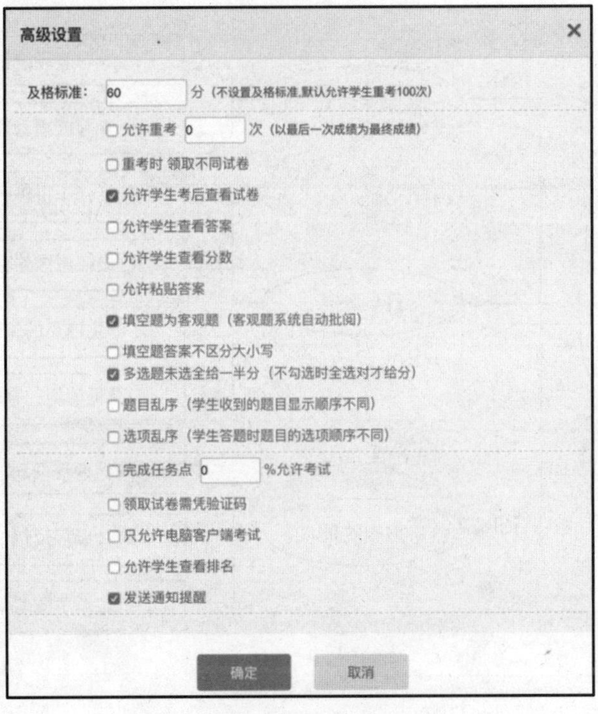

图 6-30　试卷发布的高级设置

"允许学生查看考试排名"是学生考试后允许学生查看本次考试的排名情况。

"发送通知提醒"功能可以给学习者发送通知提醒服务。

活动实践

1. 在自己创建的课程中发布一个讨论任务。
2. 在自己创建的课程中发布一次课后作业。
3. 在自己创建的课程中完成一个单元测验和结课考试卷，并存在题库中。

单元 七

分析课程数据

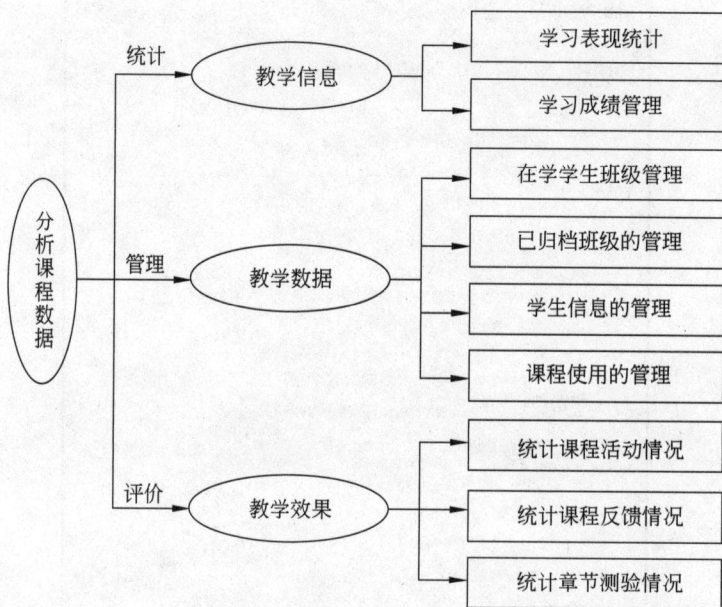

```
                              ┌─→  学习表现统计
              统计   教学信息 ─┤
                              └─→  学习成绩管理

                              ┌─→  在学学生班级管理
 分析                         │
 课程   管理   教学数据 ──────┼─→  已归档班级的管理
 数据                         │
                              ├─→  学生信息的管理
                              │
                              └─→  课程使用的管理

                              ┌─→  统计课程活动情况
              评价   教学效果 ─┤
                              ├─→  统计课程反馈情况
                              │
                              └─→  统计章节测验情况
```

活动思考

1. 在线开放课程的教学信息有哪些类型？
2. 分析在线开放课程的教学情况有哪些方法？
3. 在线开放课程如何进行数据统计与管理？
4. 什么是信息化环境下的教学评价？
5. 如何评价在线开放课程的教学效果？

活动 1 统计教学信息

一、预备知识

1. 在线课程的教学信息类型

教学信息伴随整个教学过程，是促进有效教学的重要元素。在线课程与传统课程最大的优势在于其教学信息更加显性化、透明化、可视化、系统化。借助在线课程平台已有功能获取有效的教学信息，可为教育教学提供强大的支撑功能。

在线课程的教学信息通常涵盖：基础数据信息、线上教学信息、线下教学信息、实践教学信息、教学评价信息五大模块。基础数据信息包括：教师信息、学生信息、课程信息、课表信息、培养方案信息等；线上教学信息包括：作业、测验、考试、讨论、答疑、通知、学习内容、资源建设、学习日志等；线下教学信息包括考勤、课堂测验、课堂投票、课堂抢答、课堂分组、课堂日志、教案与课件、教学行为等；实践教学信息包括：毕业设计、实习实践、实验教学、学生科研、学科竞赛等；教学评价信息包括：教师评价、学生评价、课程评价、成绩信息等。在线课程丰富的教学信息融合线上线下，打通课内课外，贯穿课前课中课后整个教学活动的始终，促使整个教学流程高校顺利开展。

2. 在线课程信息的分析方法

教学信息分析的对象是关于学习者与学习过程的数据，要实现的目的是对学习与学习环境的优化，采用的手段是开发特定工具与技术。

教学信息分析的常用方法包括：统计分析、数据挖掘、社会网络分析、话语分析、网站分析、信息可视化分析六种[1]。统计分析是利用在线学习管理系统等的内置数据统计功能，将学习者的学习参与情况、互动频率、作业完成百分比等实时反馈给教师，使教师可以采取针对性手段干预教学。数据挖掘是对学习过程产生的各类数据深入探析，挖掘其隐藏意义，进而剖析学习者的基本特征、学习风格、学习规律。社会网络分析是通过构建学习社会网络图，以行动者间的互动或关系作为边缘，分析学习网络的结构、特征等属性。话语分析是通过对学习者的言语进行编码和分析，探究学习者的知识建构情况。网站分析是通过分析在线学习网站的各类显性和隐性数据，探究学习者的潜在特征和学习结果，以及网站教学资源和平台功能等的适用性、接受度、满意度等，为进一步改善学习效果提供有效反馈和支持。信息可视化分析是利用图表为教师和学习者呈现清晰明了、直观的数据信息。

---

① 吴青，罗儒国. 学习分析：从源起到实践与研究[J]. 开放教育研究，2015，21（1）：71-79.

3. 在线课程的常用统计功能

在线学习平台对课程数据信息具有多样化的统计功能，以超星泛雅平台为例，其数据信息统计功能主要包括以下几项，如表 7-1 所示。

表 7-1　课程统计功能表

内　　容	简　　介
已发布任务点	统计各章节已发布任务点的详细情况以及学生完成情况
学生管理	统计学生的基本信息和进行学习情况管理
课堂活动	统计学生在课堂所有环节活动参与情况
成绩管理	进行成绩统计、权重设置、证书发放管理
课堂积分	统计学生课程总积分、积分详情
章节测验	统计作业完成详情以及作业批阅详情
督学	查看督学记录、选择督导对象
讨论数	统计所有学生参与讨论的详情
章节访问量	统计各章节学生进度页面和学生学习页面的访问次数

二、实践操作

1. 学习表现统计

（1）导出课程总体学习数据。在课程页面，如图 7-1 所示，单击"统计"，进入课程统计页面，如图 7-2 所示，单击"一键导出"，教师就可以导出相关课程的整体数据报告。如图 7-3 所示。

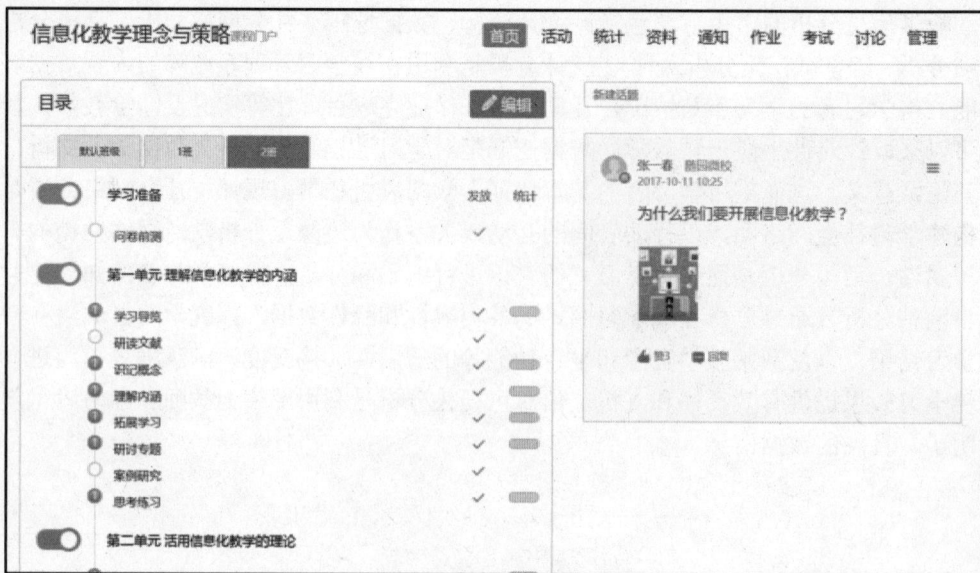

图 7-1　课程页

图 7-2　课程统计页面

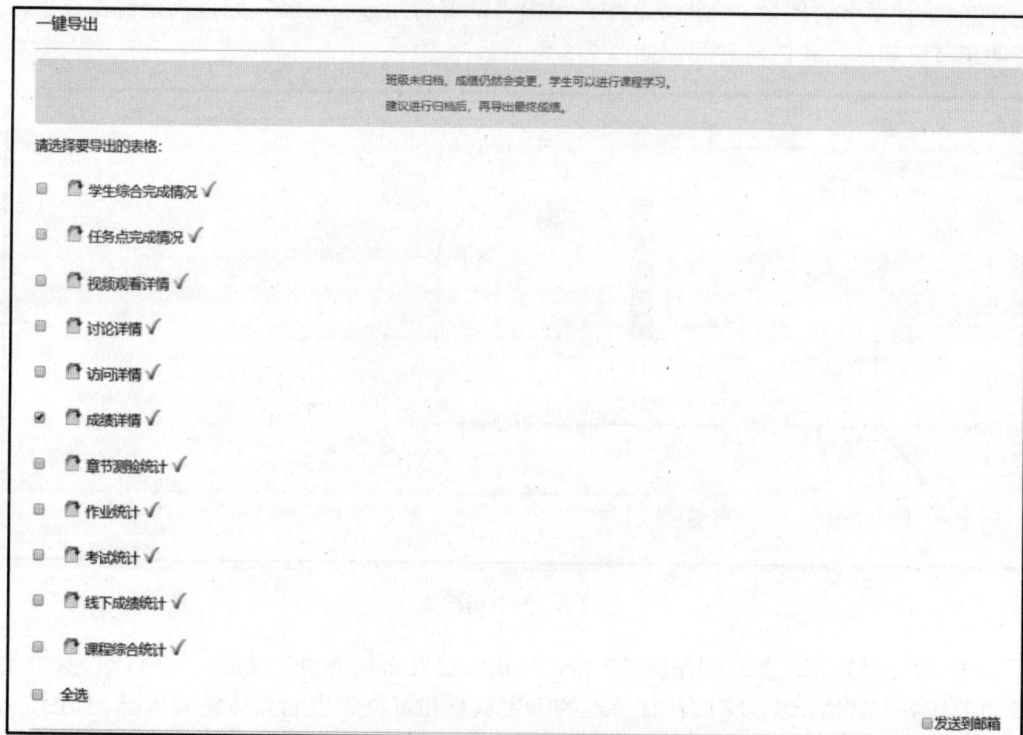

图 7-3　课程统计项目

教师可以在数据库中，查看特定学生的学习情况，以确定学生对于学习内容的投入度和掌握度。利用课程统计功能，可以查看选择该门课的班级总数，选课总人数，成绩通过总人数，讨论区帖子总数，课程资源与学习的详细信息（包括授课视频、非视频资源、课程公告、测验和作业、互动交流情况、考试），高校使用情况（包括使用课程的学校总数、学校名称、选课总数、当前课次总人数），便于全方位地了解当前课程的开展情况。

② 统计学习者讨论数。在图 7-1 中，单击"讨论"功能，则可以查看每位学习者参与发表讨论和回复讨论的详情。如图 7-4 所示。

教师姓名	总讨论数	发表讨论	回复讨论	详情
单薇	6	6	0	查看
方茂中	0	0	0	查看
高瑞	0	0	0	查看
胡凤鹰	2	2	0	查看
俞昊东	3	2	1	查看

图 7-4　讨论页面

③ 统计章节访问量。在图 7-2 中，单击"学习访问量"功能，则可以查看每位学习者的章节访问次数和访问时间，如图 7-5 所示。

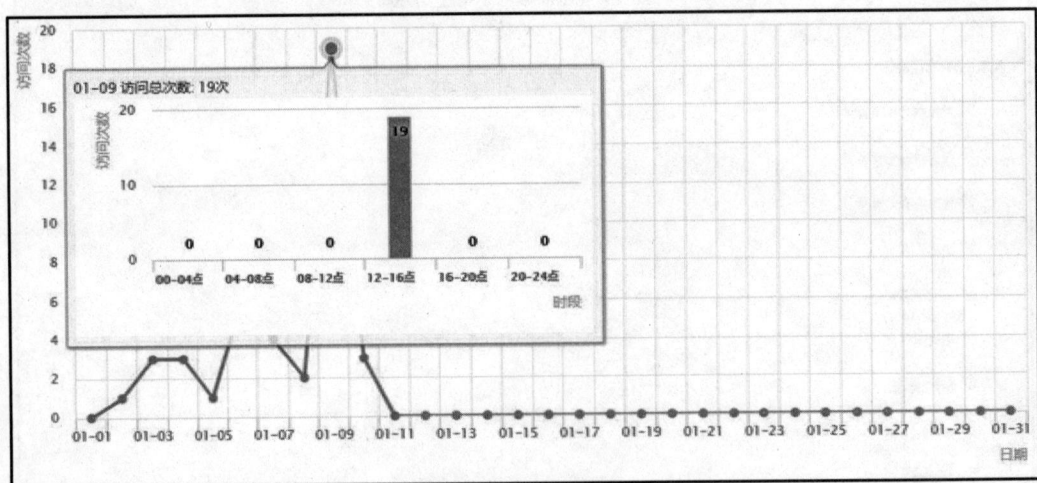

图 7-5　章节访问量

④ 统计已发布任务点。在图 7-2 中，单击"已发布任务点"功能，则可以查看每个章节的任务点详情，以及完成该任务点的学生数量和每位学生的具体完成情况。如图 7-6 所示。

⑤ 统计课程积分。在图 7-2 中，单击"统计"页面下的"课程积分"功能，则可以查看每个课程积分段的学生人数，以及每位学生的课程积分来源明细，还可以导出活动详情和积分详情。如图 7-7 所示。

0300-栾萌萌 > 任务点					↩ 返回

任务点 ｜ 非任务点

选择章节

序号	任务名	类型	说明	学生完成数	详情
1.1、统计与统计学					
任务点1	1.1 统计与统计学.mp4	🖥 视频	12.1分钟	71/83	查看
1.2、统计方法与统计概念介绍					
任务点1	1.2 统计方法与统计概念介绍.mp4	🖥 视频	13.2分钟	70/83	查看
1.3、SPSS软件的介绍					
任务点1	1.3SPSS软件的介绍.mp4	🖥 视频	18.0分钟	69/83	查看
2.1、数据定义					
任务点1	2.1、数据定义.mp4	🖥 视频	7.8分钟	70/83	查看
2.2、数据搜集					
任务点1	2.2、数据搜集.mp4	🖥 视频	12.0分钟	71/83	查看

图 7-6　已发布任务点

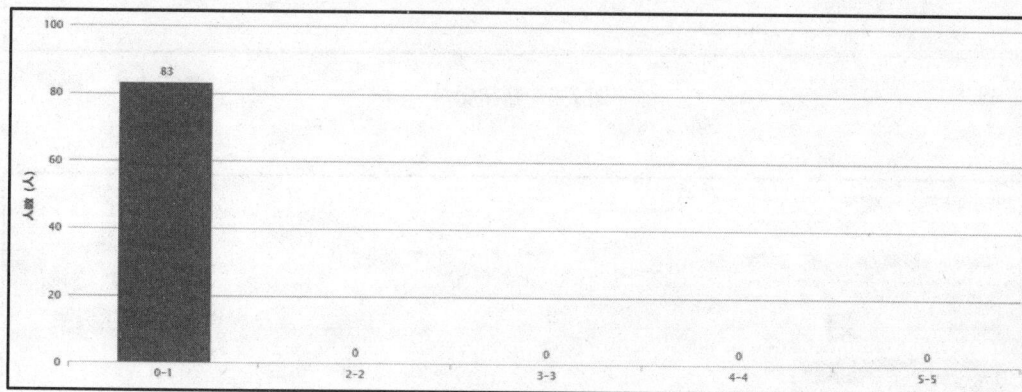

图 7-7　课程积分

⑥ 统计督学记录。在图 7-2 中，单击"统计"页面下的"督学"功能，则可通过设定视频、任务点、作业的督查范围，筛选出不符合标准的学生，查看其在各个方面的达标度、需要提升的指标、成绩等，对其进行及时督导，促进其按时完成学习任务。如图 7-8 所示。

2. 学习成绩管理

① 统计学习成绩。在图 7-2 中单击"成绩管理"功能，则出现图 7-9 所示页面，可以浏览每个章节的已交人数、待批阅人数、每个练习题目的批阅人、成绩、每位学生的答题详情，并导出记录。

② 进行权重设置。单击图 7-9 中的"权重设置"功能，则出现图 7-10 所示页面。对所有学习环节设置成绩权重以及积分策略和分数最高上限值。可以勾选下面的选框，设置对所有班级生效，这样设置后将覆盖其他班级权重设置比重。在设置权重时可以使用平台默认的权重比例，也可以使自定义权重比例，单击确认按钮，即可生效。

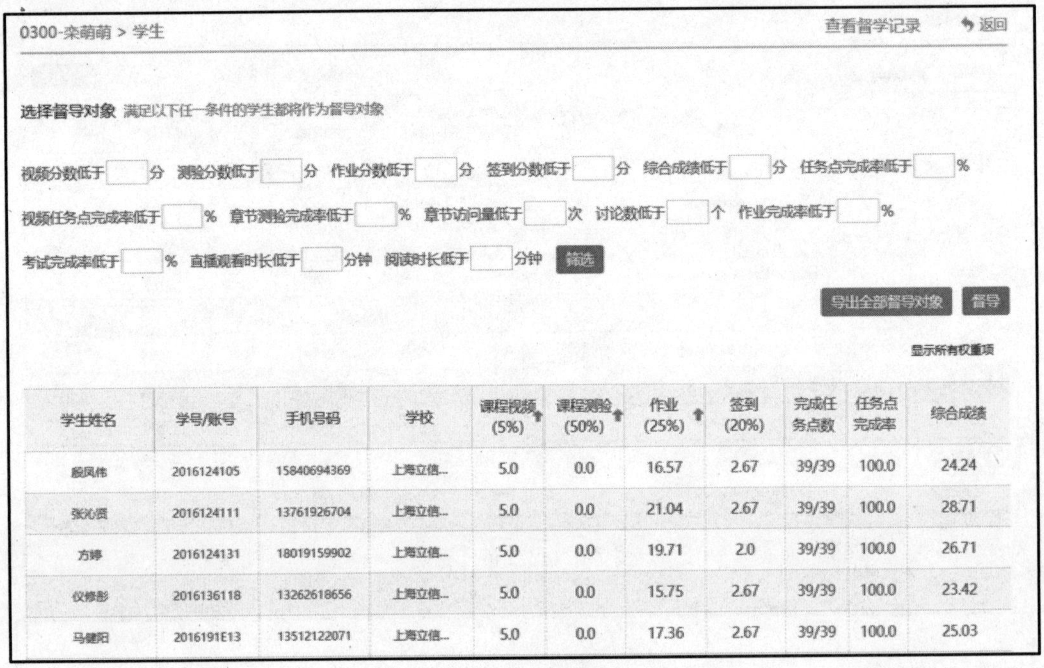

学生姓名	学号/账号	手机号码	学校	课程视频(5%)	课程测验(50%)	作业(25%)	签到(20%)	完成任务点数	任务点完成率	综合成绩
殷凤伟	2016124105	15840694369	上海立信...	5.0	0.0	16.57	2.67	39/39	100.0	24.24
张沁贤	2016124111	13761926704	上海立信...	5.0	0.0	21.04	2.67	39/39	100.0	28.71
方婷	2016124131	18019159902	上海立信...	5.0	0.0	19.71	2.0	39/39	100.0	26.71
仪修彤	2016136118	13262618656	上海立信...	5.0	0.0	15.75	2.67	39/39	100.0	23.42
马健阳	2016191E13	13512122071	上海立信...	5.0	0.0	17.36	2.67	39/39	100.0	25.03

图 7-8 督学记录

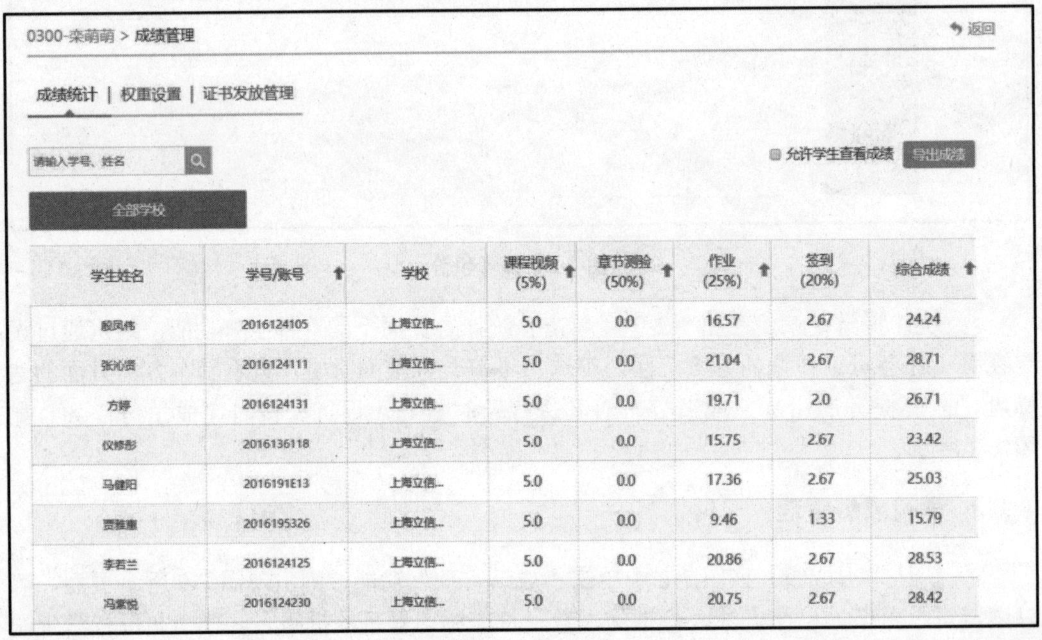

学生姓名	学号/账号	学校	课程视频(5%)	章节测验(50%)	作业(25%)	签到(20%)	综合成绩
殷凤伟	2016124105	上海立信...	5.0	0.0	16.57	2.67	24.24
张沁贤	2016124111	上海立信...	5.0	0.0	21.04	2.67	28.71
方婷	2016124131	上海立信...	5.0	0.0	19.71	2.0	26.71
仪修彤	2016136118	上海立信...	5.0	0.0	15.75	2.67	23.42
马健阳	2016191E13	上海立信...	5.0	0.0	17.36	2.67	25.03
贾雅蕙	2016195326	上海立信...	5.0	0.0	9.46	1.33	15.79
李若兰	2016124125	上海立信...	5.0	0.0	20.86	2.67	28.53
冯紫悦	2016124230	上海立信...	5.0	0.0	20.75	2.67	28.42

图 7-9 学习成绩

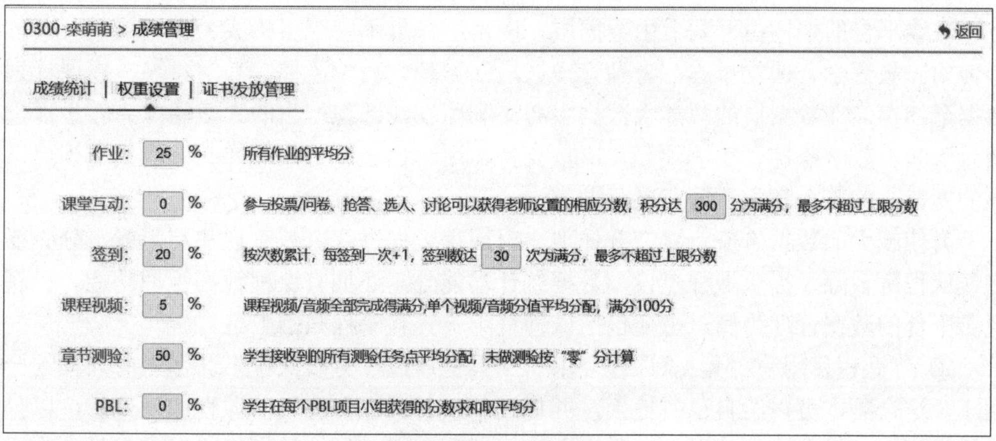

图 7-10　权重设置

③ 管理证书发放。单击图 7-9 中的“证书发放管理”功能，则出现如图 7-11 所示页面。通过查看综合学生成绩，在符合证书发放条件的学生前面打钩，并单击下面的“证书发放”选项。如果误发证书，则单击“证书撤回”选项。如需单独查看特定学生的证书发放情况，则直接在上面的搜索框中输入学号和姓名查询即可。

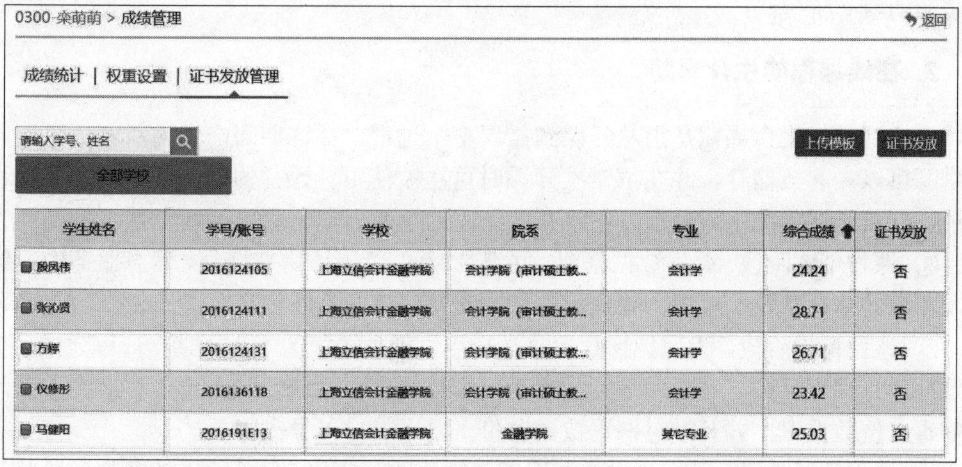

学生姓名	学号/账号	学校	院系	专业	综合成绩	证书发放
殷凤伟	2016124105	上海立信会计金融学院	会计学院（审计硕士教...	会计学	24.24	否
张沁贤	2016124111	上海立信会计金融学院	会计学院（审计硕士教...	会计学	28.71	否
方婷	2016124131	上海立信会计金融学院	会计学院（审计硕士教...	会计学	26.71	否
仪修彤	2016136118	上海立信会计金融学院	会计学院（审计硕士教...	会计学	23.42	否
马健阳	2016191E13	上海立信会计金融学院	金融学院	其它专业	25.03	否

图 7-11　证书发放管理

活动 2　管理教学数据

一、预备知识

1. 在线课程的教学数据

《教育信息化 2.0 行动计划》中明确指出要深化教育大数据应用，全面提升教育管理信息化支撑教育业务管理、政务服务、教学管理等工作的能力，利用在线课程的优势，共同打造“教育+大数据”的新时代。

在线平台的架构由下到上由数据层、应用层、展示层三层构成。应用层的所有过程行为如评教评学、课堂日志、考勤管理、通知管理、教学监控、教学预警、授课计划等数据全部存储在数据层的教学大数据中心。利用在线课程产生的大数据可为教学评价、质量诊断、教学监控、教学预警、决策支持、用户档案、用户画像、智能推送等提供可靠的支持，使整个教学活动有迹可循。

为使庞大的数据价值能够充分体现，对课程数据进行有效管理和利用就十分必要。在线课程平台除了提供课程建设、数据统计功能外，还拥有课程数据管理功能。以超星泛雅平台的数据管理为例，主要包括课程复用工具和课程归档工具。

① "课程复用"工具。"课程复用"工具是通过"克隆课程"产生当前课程的一个副本，这个副本可以给自己或他人，并通过"映射课程"将当前课程加以保护，以只读模式给他人或者自己。映射的课程不允许对课程内容进行编辑，但可以从资料的作业库和试卷库发放作业、考试。通过"课程复用"功能，可以将相同的课程资料内容复制到其余课程中，无须重复建设，延长课程的生命周期，提升课程的隐形价值。

② "课程归档"工具。课程结束后，利用"课程归档"工具，可以将已结束课程数据归档，并将无用数据转换、清除，保留有使用价值的课程信息。归档后的信息资源是对原有信息的深层维护，防止被恶意篡改和破坏，但仍可以被正常检索和使用，充分发挥资源的原有价值。

2. 在线课程的生命周期

在线课程的生命周期是指从开课到结课整个过程，在这期间产生的所有信息连同课程资源可以一起被储存，并在下一次开课时再次被使用。课程的重复使用增加了课程的价值，延长了课程的生命周期。在线开放课程的生命周期一般包括六个基本阶段。

① 课程创建阶段。课程数据创建，并记录时间、范围、内容介绍、信息服务的等级，以及相应的信息开发、组织、管理等条件，支持信息的不断生产。

② 课程保护阶段。为保护课程的永久应用，延长课程的生命周期，课程建成后，需要定期进行课程保护。利用先进的技术手段和数据保护系统，防止携带有潜在安全隐患的病毒入侵数据库，并及时对课程数据备份、复用、导入导出等。

③ 课程访问阶段。课程访问是课程价值的体现，课程信息必须支持多渠道访问与共享，平台可以设置课程访问权限，记录课程访问详情，为课程数据资源输出扫清障碍，促进资源有效利用。

④ 课程迁移阶段。课程数据迁移就是课程结束后，将相关课程数据从一个后台系统转移到另一个后台系统，并将相关数据删除、更新，不干扰系统的运行和后期维护。

⑤ 课程归档阶段。对于一些基本不需要再做任何修改且需要长期保存的课程，可以进行课程归档。归档后的信息资源是对原有信息的深层保护和永久维持，防止被恶意篡改和破坏，但仍可以被正常检索和使用，充分发挥资源的原有价值。

⑥ 课程回收阶段。对于一些失去再利用价值与保存意义的课程，要对课程进行定期回收或销毁，并将没有价值的课程数据从数据库系统删除，完成课程的回收。

二、实践操作

1. 在学学生班级管理

在课程页面如图 7-1 中单击"管理",进入管理页面,如图 7-12 所示。单击"新建班级"可创建一个班级,可以对班级进行命名。单击已有班级名称,可切换班级管理和权限设置。

单击"班级设置"可设置是否允许学生退课、开通课程邮件通知、开启复习模式、显示第三方答疑、开放报名设置、章节开放设置、班级开放时间设置。开放报名设置中,选择"关闭报名"即不开放该课程,学生的学习空间中便没有选择该门课程的选项;选择"本校开放"则只有本校学生可以报名该课程;"全网开放"即网络内所有学生都可以报名该课程。

组成教课团队的老师可以勾选"公共班级",使整个团队的教师可以共同管理该班级,勾选后仅对被勾选的班级生效。

图 7-12　班级管理

2. 已归档班级的管理

在页面右侧,单击"已归档班级",如图 7-13 所示,即可查看已经被归档的班级。

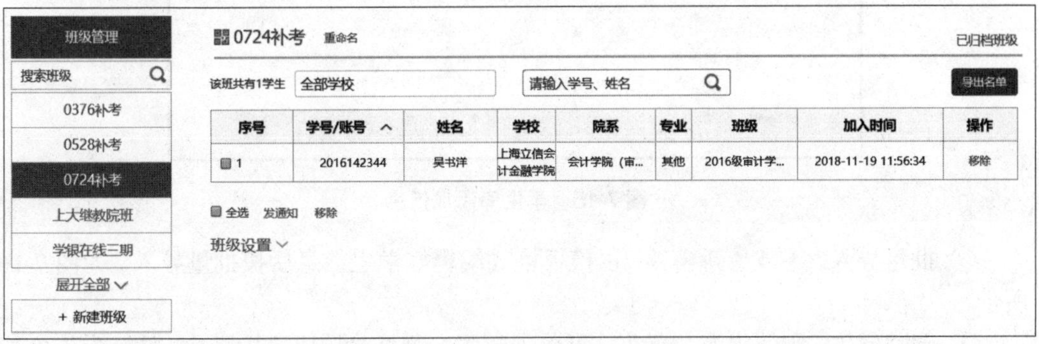

图 7-13　已归档班级的管理

对已归档的班级，可以选择取消归档，班级即被还原到学生管理界面，继续进行设置，也可以将不再需要的班级删除。

3. 学生信息的管理

在图 7-12 班级管理页面中，单击右上角"添加学生"，即可向班级内添加学生用户。添加分三种方式：手动添加、从学生库添加、批量导入。

① 手动添加。手动添加需要输入学生姓名、邮箱/手机/账号。如图 7-14 所示。

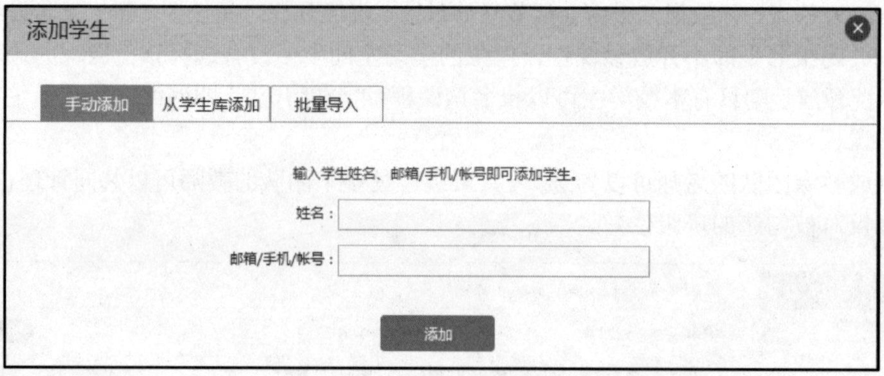

图 7-14　手动添加信息

② 从学生库添加。从学生库中添加，则可按照院系、专业班级中已有学生添加到班级中。如图 7-15 所示。

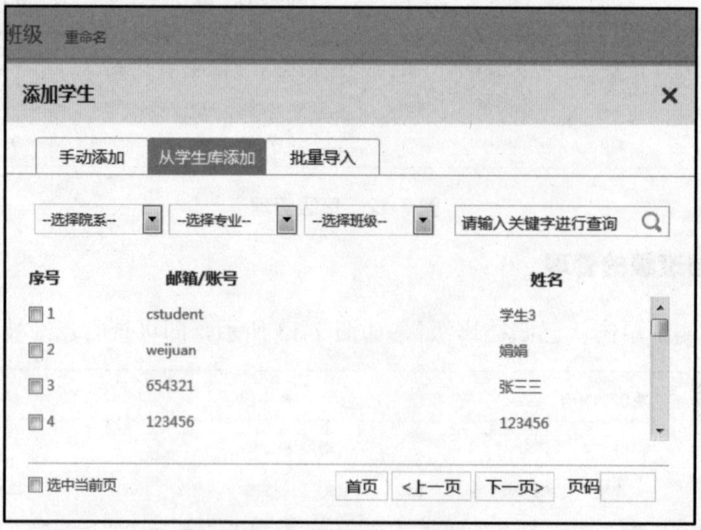

图 7-15　学生库添加信息

③ 批量导入。下载最新模板，以模板格式编辑好学生信息后按批量导入。如图 7-16 所示。

④ 删除学生。如错误添加学生，可单击学生右侧移除按钮直接删除。注：学生添加

24 小时之后不可删除，请认真核对信息后添加。如图 7-17 所示。

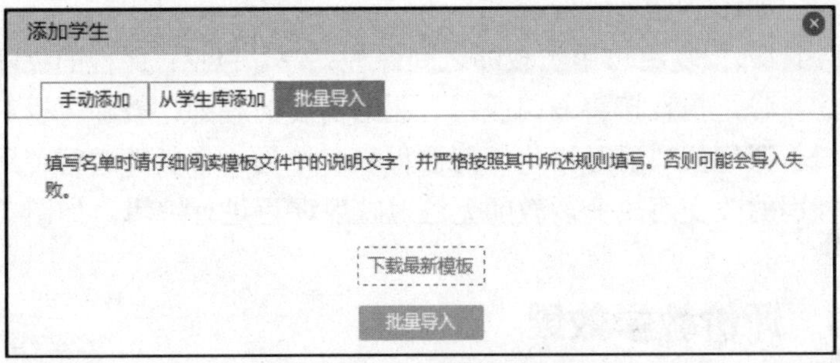

图 7-16　批量导入信息

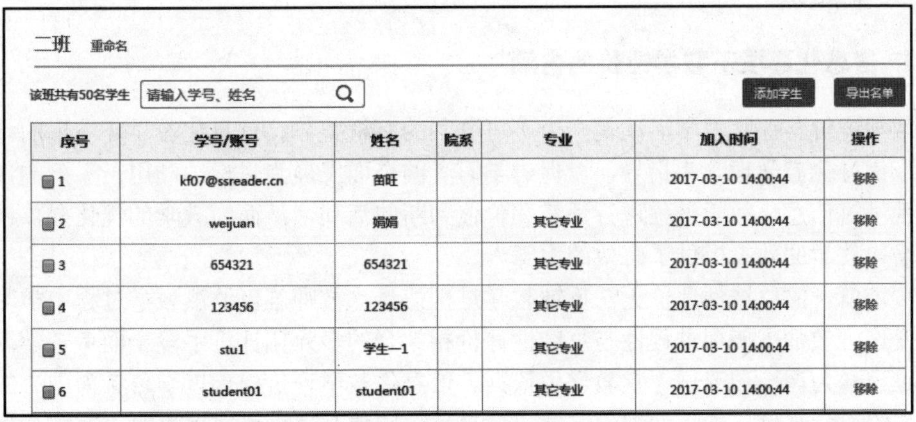

序号	学号/账号	姓名	院系	专业	加入时间	操作
1	kf07@ssreader.cn	苗旺			2017-03-10 14:00:44	移除
2	weijuan	娟娟		其它专业	2017-03-10 14:00:44	移除
3	654321	654321		其它专业	2017-03-10 14:00:44	移除
4	123456	123456		其它专业	2017-03-10 14:00:44	移除
5	stu1	学生一1		其它专业	2017-03-10 14:00:44	移除
6	student01	student01		其它专业	2017-03-10 14:00:44	移除

图 7-17　删除学生信息

4. 课程使用的管理

① 课程试读设置。在图 7-12 班级管理页面中，单击左侧“课程管理”即可对课程管理进行设置，包括课程试读和课程复用设置。平台允许学生没有注册可以全部试读、试读第一章、试读前三章或关闭试读。如图 7-18 所示。

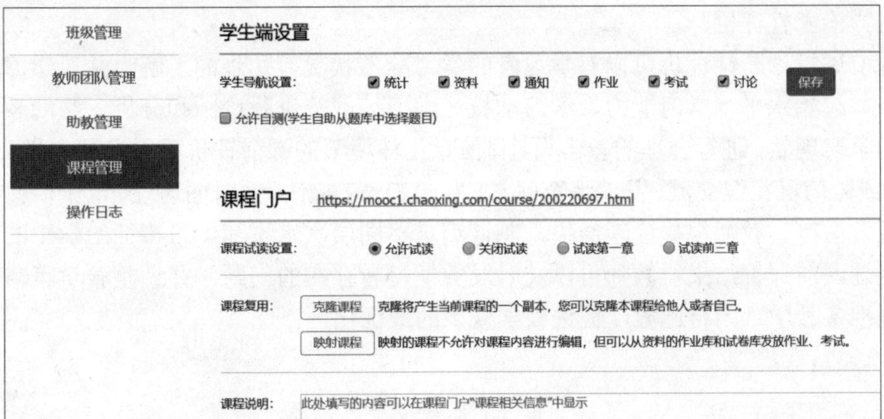

图 7-18　课程门户和学生端设置

② 学生导航栏设置：可以设置学生顶端导航栏，包括统计、资料、通知、作业、考试、讨论等内容。如图 7-18 所示。

③ 课程复用。课程复用可用于教师之间课程共享。包括：课程的克隆和课程的映射两部分。课程的克隆是指直接将一门课程复制给需要的教师，教师可以对该门课程进行任意的修改编辑。课程的映射是指将一门课程映射给另一个教师进行使用，映射的课程随着被映射的课程的改变而改变，教师无法对映射课程进行编辑。如图 7-18 所示。

◆ 活动 3　评价教学效果

一、预备知识

1. 信息化环境下教学评价的内涵

教学评价与课堂教学活动是一个不可分割的有机整体。信息化教学环境下的教学评价是以信息化教学理念为指导，以促进学习者的全面发展为目标，利用一系列的评价技术或手段对信息化教学过程进行评量和价值判断的活动，从而为教学的优化提供根据，为信息化教学的效果提供了有效的保障[①]。

传统单一的总结性评价无法反馈教学过程信息，教师难以监测教学过程中学习者的动态变化。教师需使用过程性与总结性评价相结合的多元化评价手段全面考查学习者的学习过程，为调控和改进课堂教学做依据。信息化教学评价提倡以学习者为中心的、多方参与的教学评价，如教师评价、学习者自评、同伴互评、专家评价等。在信息化教学的过程中适时地开展信息化教学评价不仅有利于促进学习者核心素养的形成与发展，促使学习者从被评价者积极地向参与者转变。

2. 信息化环境下教学评价的方式

信息化教学评价手段主要包括诊断性评价、形成性评价和总结性评价，其与信息化教学进行有效整合，贯穿于信息化教学的全过程。

（1）诊断性评价

课前进行诊断性评价可以对学习者的学习准备状况有初步的了解，并对学习者的基本特征如起始水平、学习能力、学习动机、学习偏好等进行诊断和分析，帮助教师测量学生的学习现状，进行合理的教学设计。信息化环境下的课前评价手段多种多样，包括：QQ 群或微信群在线交流、发放调查问卷、发送 E-mil 邮件、面对面访谈、电子档案评价、讨论区发帖等。教师根据诊断结果，制订满足不同层次水平和学习特征的学生的教学方案。通过课前评价结果，教师可以及时发现学习者存在的问题，并调整教学策略，有针对性地准备教学，因材施教，促进教学效果的最优化。

---

① 周文瑾. 信息化教学的教学评价[J]. 当代教育论坛，2005（10）.

（2）形成性评价

形成性评价又可称过程性评价。它可以及时诊断与发现教学过程中的问题，检测学生的学习进展、学习方法、学习内容是否需要调整，有效诊断当前阶段的学习效果与教学目标间的差距，引导教学顺利开展。形成性评价的对象是全体学生，因此，形成性评价要切实以学生的发展为出发点，通过形成性评价，教师可以了解每个学生对于知识的掌握程度，以及学生的学习过程和收获体验。信息化环境下的形成性评价手段如课堂观察、交谈、量表评价、试卷测试、电子档案袋评价、提问、基于课堂应答系统的即时评价等，教师也可根据课堂教学需求设计合适的评价工具。

（3）总结性评价

总结性评价又称终结性评价或事后评价，是在一个阶段的教学结束后，为了检测教学最终成果而展开的教学评价。其评价标准是预设的，针对的是教学的最终效果，检验学生的学习是否达到了最终的教学目标以及学生的学习效果与预期目标的差距，并鉴定教师专业技能、教学方案的合理性，从而对最终教与学活动成果进行综合评定，是反映教学最终效果的重要手段。信息化教学环境提倡使用多样化的总结性评价手段，分别对学生的学习结果和教师能力发展情况等进行评价。评价方式如学生自评、同伴互评、小组评价、教师评价、学科专家评价等多种形式，常通过期中考试和期末考试的形式进行。

3. 在线开放课程的教学评价

借助在线开放课程庞大的评价功能系统开展教学评价是保证在线开放课程有效开展并持续改进的重要驱动力。在线开放课程的教学评价贯穿整个教学过程，采用形成性评价和总结性评价相结合的方法。教学评价主要包括课程教学效果评价、学生学习效果评价、教师教学效果评价三个方面。课程教学效果评价主要依据教师和学生的课后反馈，从四个方面进行考核：平台自带的评价系统（"星级评价+文字评价"组成，及时反馈学生对于课程的看法和建议）、学生访谈、教师访谈、课程学习体验的问卷调查。学生学习效果评价主要依据学生的综合表现，从四个方面进行考核：学生在课程上的活跃数据（如学习页面访问次数、任务进度、视频观看时长、参与讨论积极度等）、平时作业、章节测验、期中和期末考试。教师教学效果评价则以学生的学习效果评价为重要参考，并采用访谈和问卷调查的方式，获取教师教学效果的意见反馈。

二、实践操作

1. 统计课程活动情况

如图 7-2 所示，单击 "课堂活动"功能，则出现图 7-19 所示页面，通过单击签到、投票、问卷、抢答、选人、任务、直播、评分、在线课堂功能，可查看每位学生在各个环节的参与情况以及获得的积分，并一键导出记录，了解所有学生的课堂活动情况。

2. 统计课程反馈情况

在图 7-2 中单击 "课程统计"功能，则出现图 7-20 所示页面，可以查看每位学生

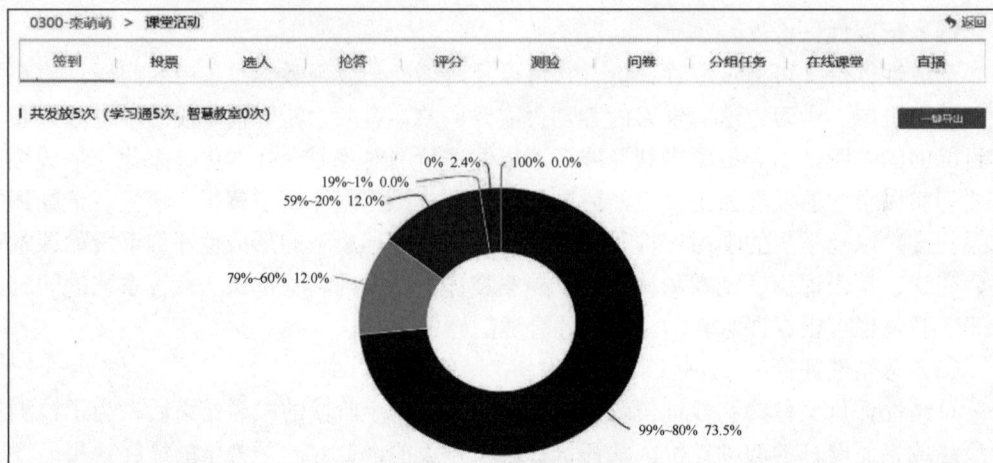

图 7-19　课堂活动情况

图 7-20　课程反馈

的任务完成数、视频观看时长、讨论数、访问数，以及学习报告单；如图 7-21 所示页面，

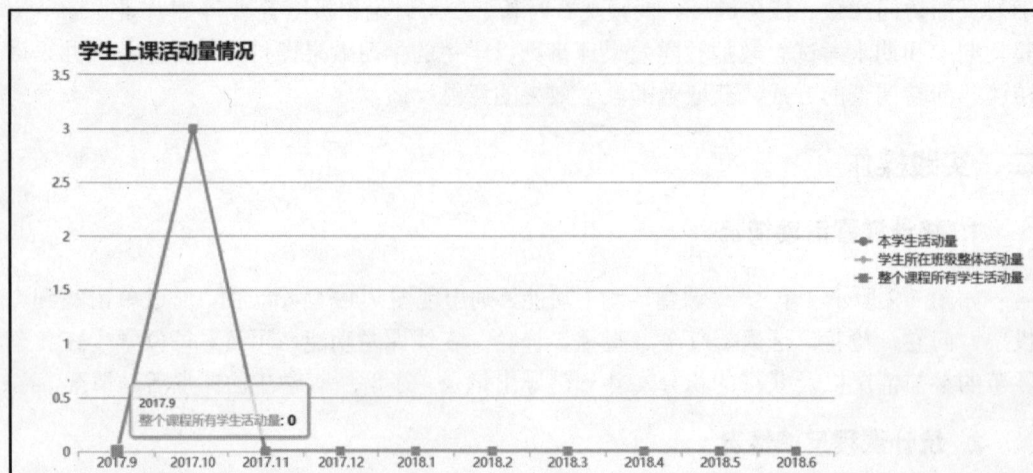

图 7-21　学生上课活动量情况

了解每位学生的上课活动量情况；如图 7-22 所示页面，了解每位学生的学生课程完成情况，包括：任务点完成数、视频点完成数、通知阅读数、作业完成数、章节测验完成数、考试完成数。

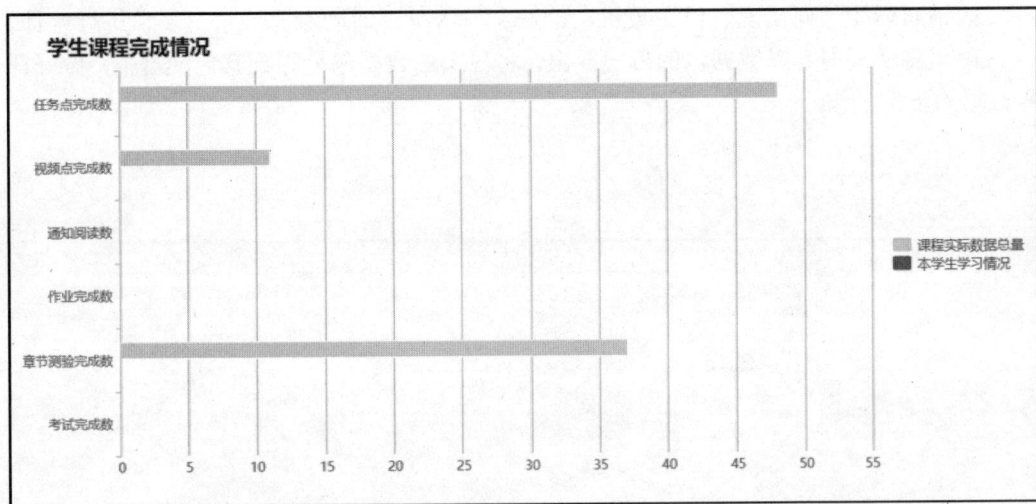

图 7-22 学生课程完成情况

3. 统计章节测验情况

在图 7-2 中单击"章节测验"功能，则出现如图 7-23 所示页面，可以浏览每个章节的已交人数、待批阅人数、每个练习题目的批阅人、成绩、每位学生的答题详情，并导出记录。

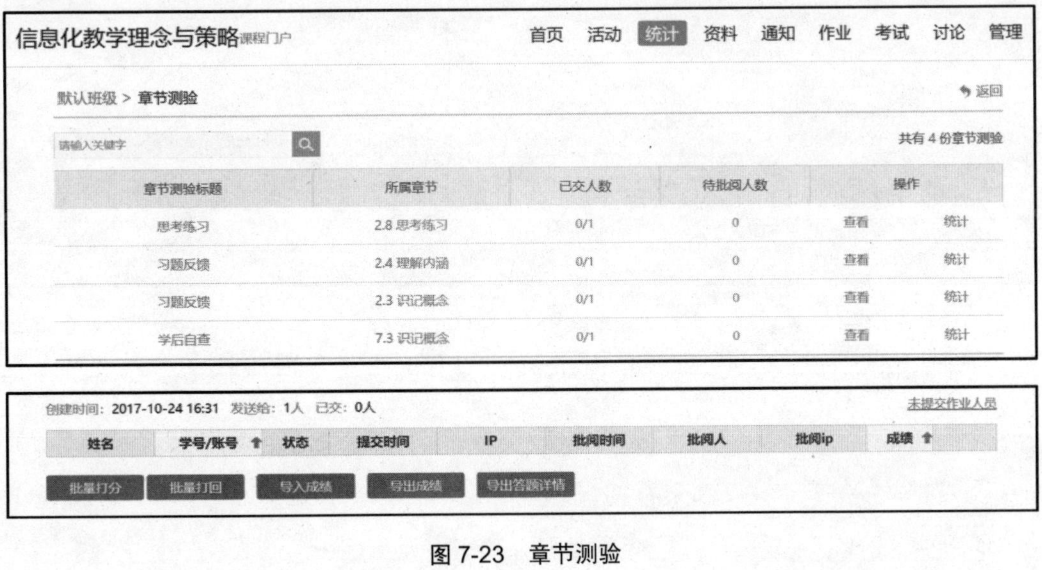

图 7-23 章节测验

活动实践

1. 请尝试添加或删除某门课程的学生信息。

2. 请对学生访问情况、讨论数量、论坛参与情况、活动参与等学习表现进行统计。

3. 请将课程内容以数据包的形式导出，将导出的数据包另存到其他硬盘中，做好课程数据的备份工作。

应用移动交互

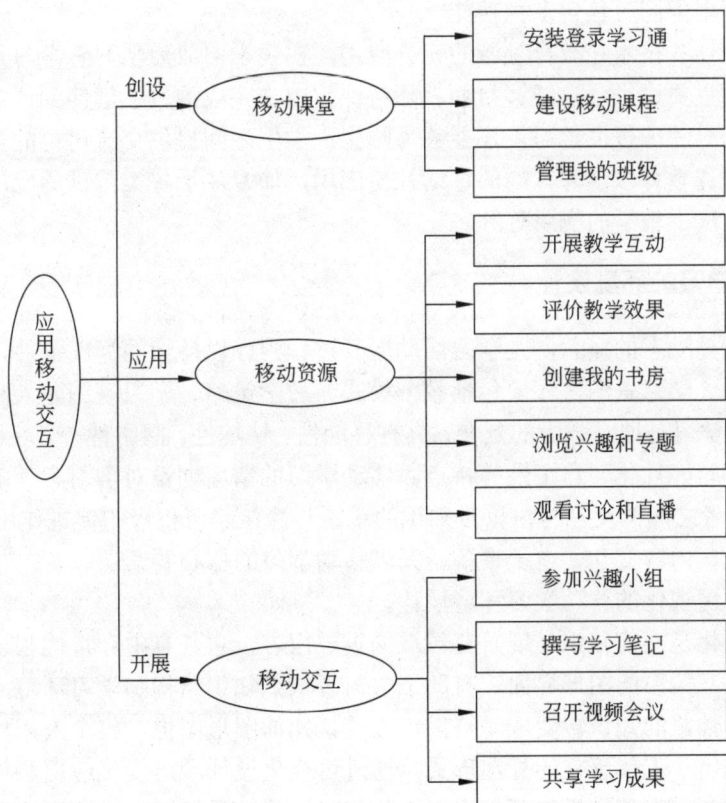

1. 移动学习与在线学习的异同。
2. 如何进行移动学习的环境设计？
3. 移动学习中如何体现和利用非正式学习？
4. 移动学习资源有哪些特征？
5. 如何基于移动应用创设移动课堂？

◆ 活动 1　创设移动课堂

一、预备知识

1. 教育领域的移动交互

移动社交是指用户以手机、平板等移动终端设备为载体，以在线识别用户及交换信息技术为基础，通过移动网络来实现的社交应用功能。人们日常生活中常用的打电话、发短信等通信业务并不属于移动社交。与 PC 端社交相比，移动社交具有便携式、人机交互、实时场景等特点，用户可以随时随地地创造和分享内容。随着移动社交 APP 在人们生活中的普及，其功能也越来越丰富，涉及交友、学习、购物、娱乐各个方面，大多数移动社交应用都同时包含多种功能。

随着移动互联技术在教育领域的充分应用，在线学习成为学习者学习知识、获取学习资源的一种重要途径，它能够帮助教师将课堂中未完成的教学延伸到课堂之外，能够促进学习者随时随地按需学习，还能够为师生、学生之间提供交流讨论的互动平台，出现了大量以服务教育教学为目的的移动社交应用，如专注于各类考试的应用、专注于阅读的应用、专注于教学的应用等等。

2. 移动学习的环境设计

学习环境是动态的概念，是学习活动展开过程中赖以持续的情况条件，其学习环境不仅包含场所、学习资源，还要包括教学模式、教学策略、学习氛围、人际关系等非物质条件。移动学习是课堂教学的延伸，具有移动性、情境性、网络性、交互性、即时性、跨时空性、学习碎片化、自主性等特点。移动学习的情境创设对学习者理解知识非常重要，同时学习者之间的交互与讨论对知识的革新与深化起着积极的促进作用。[①]因此，情境、人际交互、内容交互、电子设备是开展移动学习的核心要素。

（1）知识可视化的移动学习环境设计

知识可视化是当前知识呈现研究领域的重要内容，它具有中介特性和认知特性，能够提供反映相互关系的图形界面，有助于学习者认知知识结构和学习环境的构建。知识可视化可以将抽象的知识转变成易被人们接受认知的图形图像，将个人知识、群体知识转化成直接作用于人体感官的外在形式，通过可视化设计和可视化应用两种途径促进知识的传播和创新。[②]在移动学习环境中引入知识可视化工具能够将模糊不清的思想转变成清晰的外在形式，可以有效调动学习者自主思考、整合知识，将新概念插入现存知识结构，并将其作为知识记忆的方式存储下来，对知识建构有重要意义。

---

① 魏雪峰，杨现民. 移动学习：国际研究实践与展望——访英国开放大学迈克·沙普尔斯教授[J]. 开放教育研究，2014（1）：4-8.

② 李亚男，王楠. 基于知识可视化的移动学习环境设计研究[J]. 中国电化教育，2013（11）：21-24.

（2）联通主义支持的移动学习环境设计

基于联通主义学习理论构建的移动学习环境包含联结子环境、重组子环境、再造子环境三个子环境，三者之间以学习者拥有的知识为出发点，保持相互影响、相互促进的关系。联结是移动学习环境设计的前提，只有内外网络的连接，才能保证知识的畅通，才能促进信息的重组、再造；重组是实现移动学习环境设计的基础，是学习者将学习过程中的资源和学习以外的内容相互汇合，组成新的知识源；再造是实现移动学习环境设计目标的必要条件。[①]

移动学习共同体之间是彼此联系贯通的，它打破了学习时间和空间的束缚。网络各节点间的学习者通过互动交流产生问题，引发"头脑风暴"，进行思维的碰撞，迸发新的想法，再反馈给助学者。助学者通过网络接收交流的情况或存在的问题，并根据学习交流情况和自身的知识经验，给予学习者以指导和帮助，实现了个体和群体之间信息的交换、知识的流通。

学习情境创设中，首先应该考虑到不同学科内容的特点，创设符合学科实际的与实例相关度高的有效的学习情境。其次，应该将学习任务融于学习情境之中，在不同的学习形式和学习活动中以自然的方式展现学习任务所要解决的矛盾和问题。

3. 学习通支持的移动课堂

超星学习通是一款专为移动学习打造的集课程、社交、教务、资源、阅读为一体的移动学习系统，着力为学校提供基于智能移动终端的教学服务，共包含如表 8-1 所示的几大模块，旨在通过这些内容为师生提供学习、阅读、教务和社交等服务。

表 8-1　超星学习通功能组成

模　　块	内　　容	意　　义
移动课堂互动系统	课堂签到、课堂投票、讨论上墙、随机选人、资料共享、课堂报告、电子教案、教学评价、大数据分析、问题抢答、多屏互动	提高课堂活跃度；提升老师教学效果；促进教学形成性评价
移动修学分系统	学习监控、闯关学习、在线支持、在线互动、在线笔记、在线考试	整合尔雅泛雅课程；实现学分在线修读
移动阅读系统	图书、期刊、海量专题、讲座、报纸、网络阅读	培养移动阅读习惯；扩充课堂学习维度
移动开放课程	提供来自全国名校名师的千余门优质课程，供老师备课参考、学生学习	打破校本资源瓶颈；提供开放学习空间
移动教务系统	教务通知、课表查询、成绩查询、选课查询、学分查询	打通教务信息孤岛；实现教务一键查询
移动社交系统	小组广场、动态分享、通讯录、消息通知	实现生生师生互动；增强交流沟通粘性

---

① 张乐乐，黄如民. 联通主义视域下的移动学习环境设计[J]. 现代教育技术，2013，23（2）：115-119.

在学习通中，包含了支持教师创建课程、开展教学、管理教学等功能，如表 8-2 所示。

表 8-2　学习通移动课堂互动系统功能

维　度	功　能
创建移动课程	创建我的课程、编辑课程目录、添加课程资料、课程广场、创建我的班级、添加我的学生
开展课堂互动	发布公告通知、实施课堂签到、开展课堂调研、进行课堂评分、创建学习小组
管理课程绩效	发布作业考试、统计学习结果

二、实践操作

1. 安装登录学习通

（1）下载安装学习通

学习通是一款专为移动学习而打造的教育应用 APP，支持 Android 和 iOS 操作系统。

在 Android 或 iOS 操作系统中，打开相关的手机应用商场，在"搜索"栏目中输入"超星"，然后选择"超星学习通"并单击下载按钮，下载后根据提示进行安装，通常情况，系统会在下载之后默认自行安装，具体如图 8-1、图 8-2 所示，或者用手机扫描二维码进行下载安装。

图 8-1　Android 系统下载界面　　　　图 8-2　iOS 系统下载界面

（2）注册我的账号

打开学习通 APP，可以看到下方的菜单栏中有首页、消息、笔记和我的四个选项，如图 8-3 所示。选择"我的"，单击屏幕上方"请先登录"，可以看到在该界面中有登录、新用户注册、手机验证码登录和其他登录方式四种，如图 8-4 所示。

图 8-3　学习通登录入口

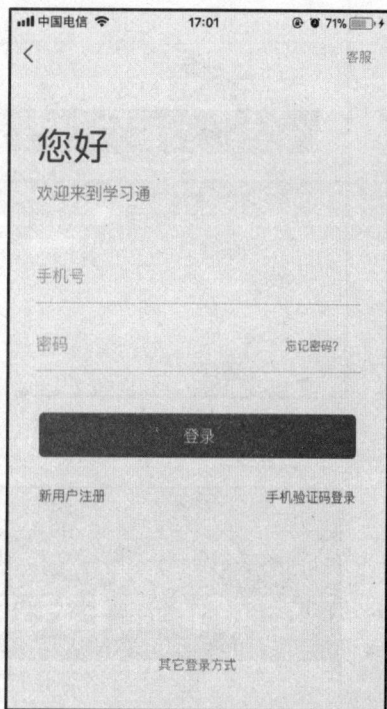

图 8-4　学习通登录/注册界面

对于新用户来讲，首次登录需选择左下方的"新用户注册"，输入手机号和验证码，单击下一步即可注册账号并登录；或者选择"其他登录方式"，可以看到三种选项："机构账号登录""微信登录""QQ 登录"，用户可以根据自己注册学习通的情况灵活选择。已有账号的用户直接在登录界面输入手机号和密码登录即可。如图 8-5、图 8-6 所示。

2. 建设移动课程

（1）创建我的课程

本书前几单元的内容都是建立在 PC 端的超星泛雅平台的基础上进行的，便于教师制作课程、编辑课程内容并上传课程资料。基于移动终端的超星学习通也可以进行课程制作、内容编辑和资源上传。具体步骤如下。

首先在超星学习通单击"我的课程"，如图 8-7 所示，选择右上角的"+"新建课程，如图 8-8 所示。

图 8-5　新用户注册界面

图 8-6　其他登录方式

图 8-7　我的课程入口

图 8-8　我的课程界面

　　其次,在新建课程的界面输入"课程名称",并根据课程的内容和性质上传课程封面,如"信息化教学理念与策略",并上传相关封面,如图 8-9 所示,然后单击"完成",可以看到屏幕提示"您已建课成功",并提供了课程的班级邀请码和二维码,学生可以通过这两个信息加入本课,如图 8-10 所示。

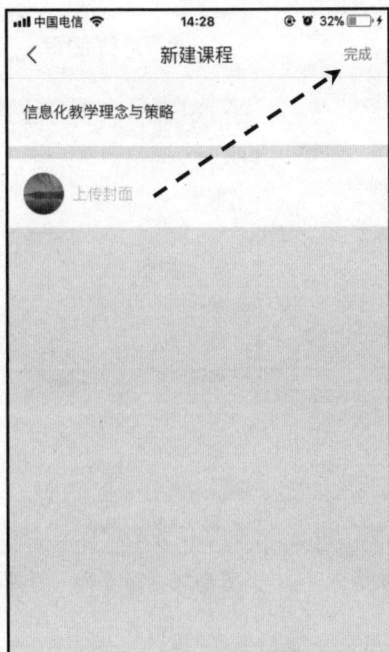

图 8-9　新建课程界面

图 8-10　课程邀请码界面

（2）编辑课程目录

在课程界面中，如图 8-11 所示，教师可以看到课程章节、资料、讨论、作业、通知等模块。首先选择"课程章节"进行课程框架的搭建，如图 8-12 所示，单击"新建单元"以输入和创建单元名称，如"第一章，信息化教学的内涵"，如图 8-13 所示，单击"完成"即可。其余章节设置方式均相同。

图 8-11　课程首页界面

图 8-12　创建课程单元

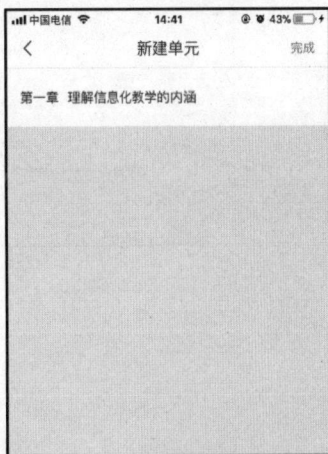

图 8-13　课程章节界面

如果现有课程的目录与要创建的课程章节目录相同时，可以选择"课程章节"界面中右上角"三"中的"导入"，如图 8-14 所示，将相似的课程章节导入到本课程中。如图 8-15、图 8-16 所示。

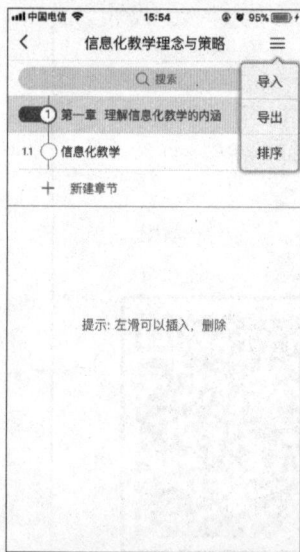

图 8-14 章节导入界面

图 8-15 已有章节模板

图 8-16 章节导入后界面

（3）添加课程资料

课程资料是移动课程中教师提供给学习者学习和理解知识的辅助资源。在课程界面中单击"资料"，如图 8-17 所示，然后在界面中可以看到"添加资料"和右上方的"+"，任意选一个按钮进行资料的添加，弹出教师可以添加的各种资料的类型和来源，包括书房、云盘、电脑文件、图片、拍照、视频、笔记和资料库，任何一种方法都可以添加资料，如图 8-18 所示。

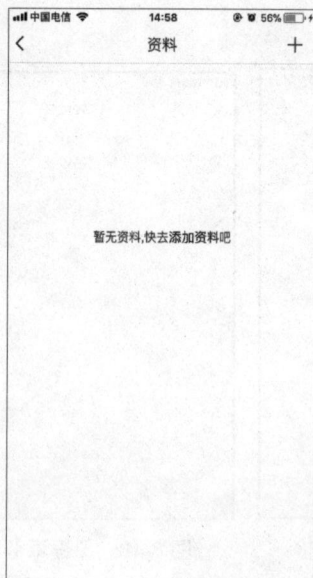

图 8-17 资源添加界面

图 8-18 各类资源添加入口

例如单击"书房"，在弹出的书房界面中可以看到教师用户中自己书房中已收藏的资源,如图 8-19 所示,选择"经典名著"文件夹中要添加的书籍,如《理想国》,如图 8-20 所示,并单击"确认"即可,资料就添加好了,如图 8-21 所示。其余类型的资料均以该方式进行添加。

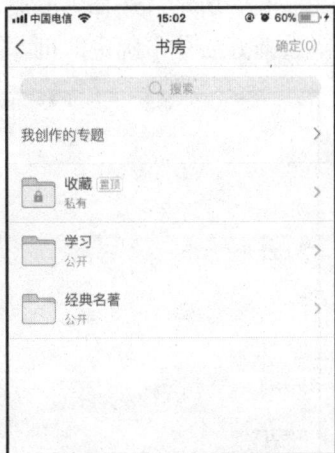

图 8-19　我的书房界面

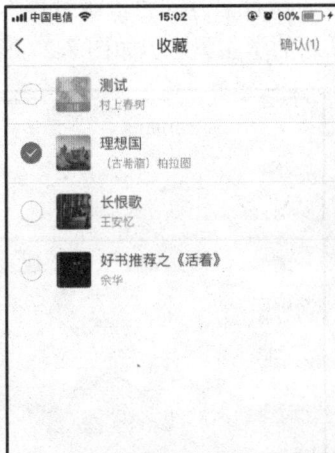

图 8-20　选择书籍

图 8-21　资料界面

3. 管理我的班级

（1）创建我的班级

教学的主体是学生,因此在创建课程之后,需要添加学生来实现课程的应用价值。因此,教师需要在课程界面如图 8-22 中单击"班级"旁边的"+",在相应的文本框中输入班级名称,如 2017 级 1 班,如图 8-23 所示,单击"完成"之后,弹出班级的邀请码和二维码信息,如图 8-24 所示,将该信息共享给课程学习的学生,以方便统一的管理。

图 8-22　班级入口

图 8-23　新建班级界面

图 8-24　班级邀请码界面

（2）添加我的学生

除了发放班级邀请码和扫描二维码的方式让学生加入班级之外，还可以通过添加我的学生的方式来邀请学生加入班级。如添加学生"1"到班级当中，首先教师要单击 2017 级 1 班，如图 8-25 所示，然后选择右上方的"班级管理"，如图 8-26 所示，选择"添加学生"，并在通讯录中选择要加入的学生姓名，如图 8-27 所示，选择好后单击确定即可。

| 图 8-25　班级管理入口 | 图 8-26　添加学生入口 | 图 8-27　成员分组界面 |

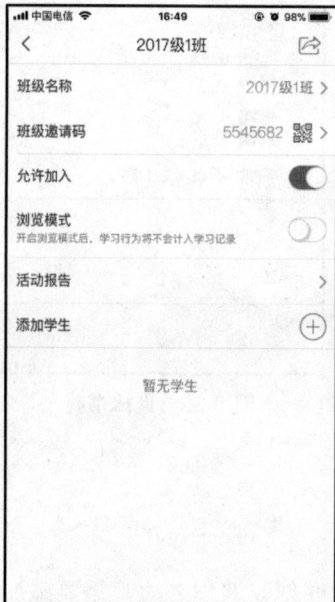

4. 开展教学互动

（1）发布公告通知

公告通知是教师与班级互动的一种方式，教师可以通过这种方式给学生发布课前任务、课后作业以及班级管理的相关事项等。操作方法与上述方式相同，同样在课程界面中单击"通知"，会出现发通知的界面，如图 8-28 所示，包括收件人、标题和详细内容，其中收件人默认的是该课程的班级，教师根据教学进度，来发放相应的通知。如"课前阅读《理想国》1-2 页内容，并准备在课堂中尝试用自己的方式清晰易懂的讲给其他同学"。如图 8-29 所示，除此之外，教师还可以选择通知页面左下方的"⊕"，以其他的形式来发放此次通知，包括图片、拍照、录音、视频等，如图 8-30 所示。

（2）实施课堂签到

移动端的课堂签到，是对传统课堂点名签到的低效方式的一种补充。具体操作仍然在"通知"里面，单击左下方的"⊕"，滑到第二页中，可以看到"签到"按钮，如图 8-31 所示，单击签到，在签到界面中输入标题、设置签到方式与时长，超星学习通的签到方式有普通签到、手势签到、位置签到、二维码签到等，如图 8-32 所示。如第一节课签到，签到方式为"位置签到"，设置时长为 5 分钟，最后选择保存并发布即可，如图 8-33 所示。

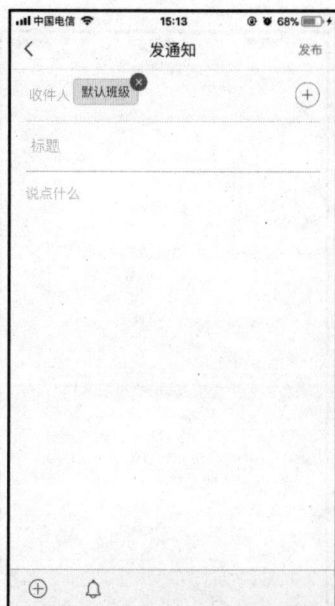
图 8-28 发布通知界面

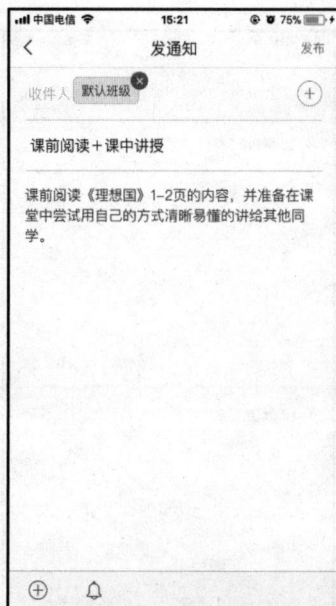
图 8-29 编辑通知

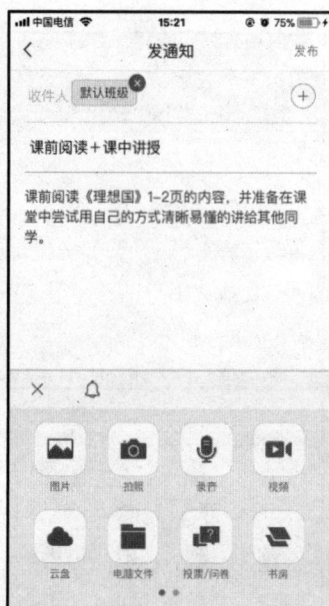
图 8-30 增加额外媒体文件

图 8-31 签到入口

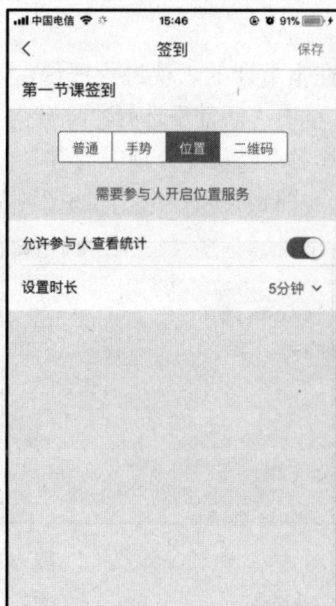
图 8-32 签到编辑界面

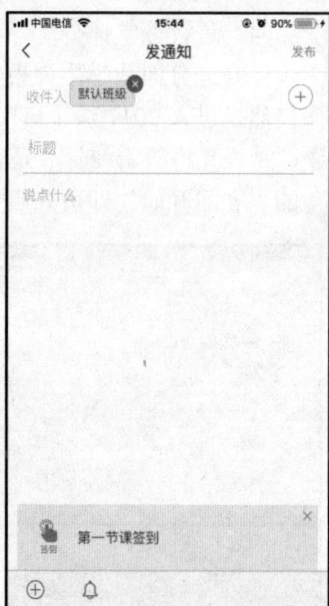
图 8-33 签到发布界面

（3）开展课堂调研

学习通提供的课堂调研有问卷、投票等方式，旨在通过网络移动终端，快速地完成相关问题的调研和统计分析工作。例如对课堂中教师提供的教学资源的可用性调研，教师可以在 2017 级 1 班中单击左下方的"活动"，选择"投票/问卷"，如图 8-34 所示，编辑问卷的题目，选项和时长等信息，如图 8-35 所示，最后选择"立即开始"即可发布调研内容并查看相关问题的回答结果，如图 8-36 所示。

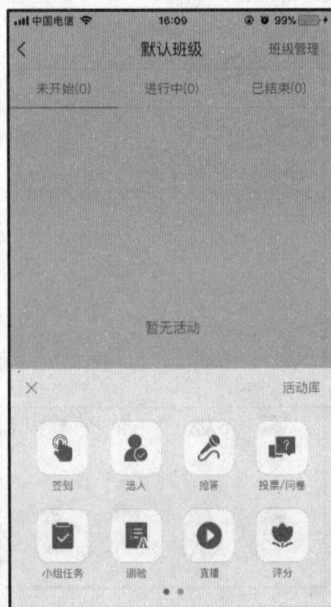

图 8-34　投票/问卷入口　　　图 8-35　投票/问卷编辑界面　　　图 8-36　投票/问卷统计界面

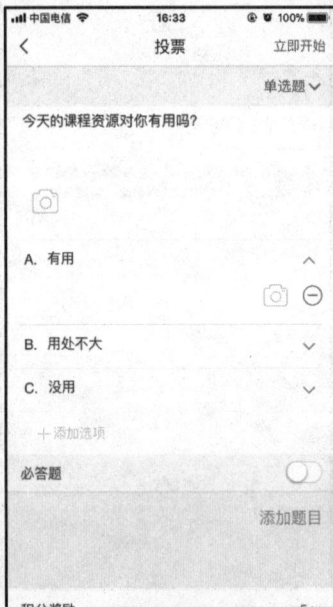

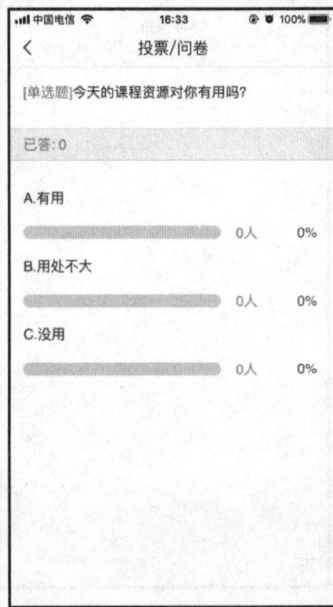

（4）进行课堂评分

课堂评分即让学生为教师在本节课的表现进行评价，以帮助教师改进教学。具体操作仍然是进入 2017 级 1 班中，单击"活动"选择"评分"，如图 8-37 所示，设置评分问题、是否允许查看统计、是否匿名，以及评分项等内容，如图 8-38 所示，然后单击右上角的"立即开始"即可开启评分并查看统计结果，如图 8-39 所示。

图 8-37　发布评分入口　　　图 8-38　评分编辑界面　　　图 8-39　评分结果统计界面

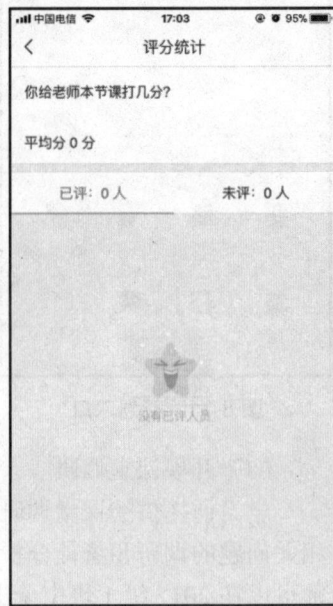

（5）创建学习小组

以小组为单位完成相关学习活动和讨论，是促进学生之间交流、协作的有效方式。在超星学习通中，教师可以通过 2017 级 1 班界面左下方活动中的小组任务，来分配课程任务并创建任务小组。在图 8-40 中单击"小组任务"，出现如图 8-41 所示页面，然后首先输入"任务标题"和"任务描述"，单击"下一步"，设置分小组的方式、人数、评价方式以及任务时长等参数，如图 8-42 所示，最后单击"立即开始"即可。

图 8-40　小组任务入口　　　图 8-41　小组任务编辑界面　　　图 8-42　小组任务发放设置

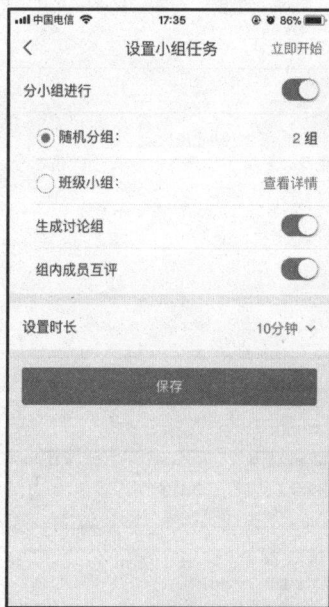

5. 评价教学效果

（1）发布作业考试

作业与考试是检测学生学习效果的一种方式。在学习通中，教师可以在课程界面中选择"作业"，如图 8-43 所示。然后可以选择在"作业库"中添加作业并发放，也可以单击右上角的"+"，如图 8-44 所示。然后编辑标题和具体题型，这里提供了单选题、多选题、填空题、判断题、简答题等多种题型，如图 8-45 所示。考试的编辑形式与作业相同，只是需要教师在课程界面右上角的"三"中选择并编辑"考试"。

（2）统计学习结果

学习通提供了学生的学情统计和成绩统计，方便教师在一段时间教学之后，查看学生的整体学习状况，并改进教学。具体操作步骤是在课程界面右上角的"三"中选择"课程统计"，可以看到学生的"学情统计"情况，包括作业/测验、章节视频、章节测验、本月访问量、课程讨论区等，如图 8-46 所示。单击"详情"，教师可以根据自身需要查看每一个内容的详情，如作业/测验。另外，如果教师在该平台中发布了考试，如图 8-47所示，也可以在"成绩统计"中查看学生的考试情况，如图 8-48 所示。

图 8-43　发放作业入口

图 8-44　作业库入口

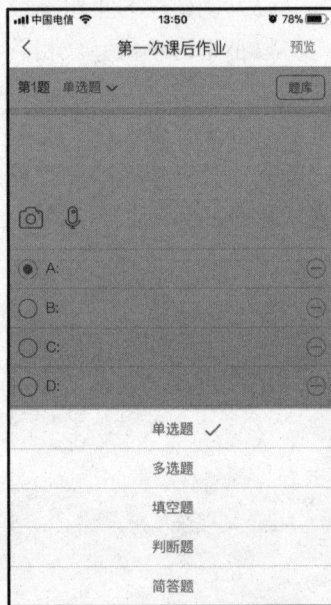

图 8-45　作业编辑界面

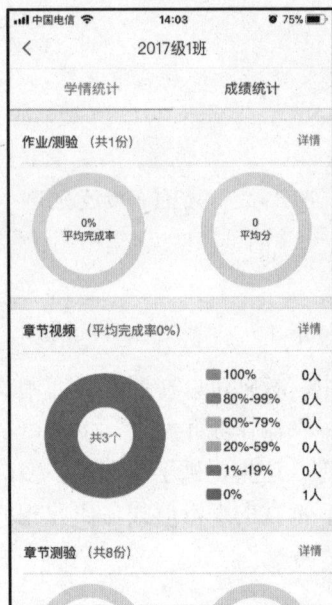

图 8-46　学情统计界面

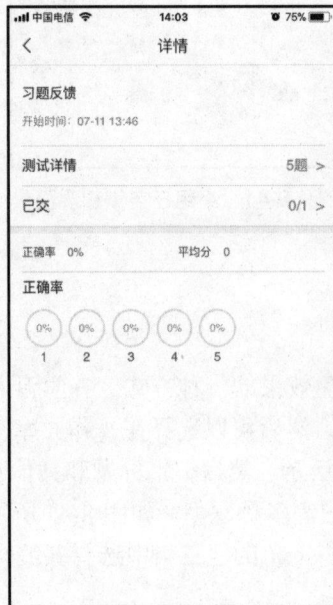

图 8-47　统计详情展示

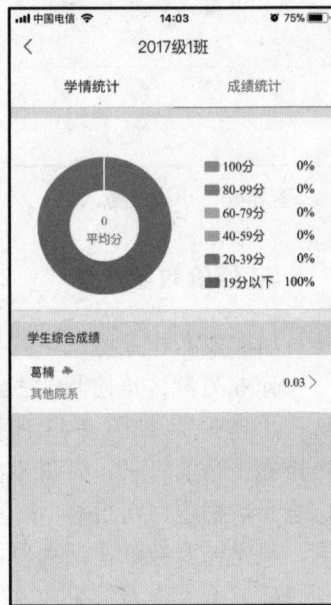

图 8-48　成绩统计界面

◆ 活动2 应用移动资源

一、预备知识

1. 移动学习的资源

移动学习资源，顾名思义是指支持学习者或教师开展移动学习的各种学习资料和功能。[①]移动学习资源具有以下几个特征：共享性、丰富性、互动性、知识碎片化、情境性、实时性等，具体如表 8-3 所示。这些特性共同决定了移动学习资源与在线学习资源和传统学习资源的区别，因此，构建移动学习资源时，需要掌握以下几个原则。

① 小粒度原则。取决于移动学习时间的片段性和学习设别屏幕的限制，它是指在进行学习资源开发设计时，应尽量将知识点细分，使每段学习内容所包含的知识点尽可能单一而精湛。

② 引导性原则。通过对资源进行合理的分类规划、恰当的描述，使得学习者能够快速地了解资源、选择资源，并锁定自己需要的知识。

③ 少输入原则。取决于学习行为的移动性，通过设立下拉列表等方式，减少学习者手动输入的量和次数。

表 8-3 移动学习资源的特征

特 征	说 明
共享性	移动学习资源打破了传统的学习资源的各种时空限制，使得任何地方的学习者都可以随时获取到所需的知识
丰富性	移动学习资源不局限于一所学校或者一个培训机构所提供的内容，而是网罗各个地方、各个层次、各个形式的学习资源，给学习者提供了广阔的选择空间
互动性	不同于报纸杂志、广播电视这种单向传播方式，移动学习资源和网络学习资源具备双向的流向，既可以从老师流向学习者，又可以从学习者流向老师，还可以从学习者流向学习者
知识量	移动学习的行为特点和设备特点决定了其单个资源的只是含量势必要少于网络学习资源
情境性	移动学习的复杂多变的学习环境与网络学习的安静私密的学习环境是不同的，因此，学习效果受环境的影响比较大，学习资源应考虑到情境的特征
实时性	移动设备可以随身携带，这使得学习者随时可以开展移动学习，不同于网络学习资源，移动学习资源涵盖的范围更广，使学习者可以及时获取知识帮助

2. 非正式学习的含义

非正式学习是人们生活中除学校正式学习之外必不可少的一部分，也是人们获得知识的主要途径。[②]网络技术在教育领域中的广泛应用，使得非正式学习的形式也愈加多种多样，从学习主体来看，包括个人学习、多人协作、实践团队、网络团队等多种形式，

---

① 盛东方. 移动学习资源开发与管理方法研究[D]. 南京：南京大学，2013. 15-16.
② 葛楠，孟召坤，徐梅丹，等. 非正式网络学习共同体中社会存在感影响因素研究[J]. 中国远程教育，2017，（1）：37-44.

具体如表 8-4 所示。[①]从学习途径来看，包括 PC 端的网络学习和移动学习等。其中，移动设备在生活中的大量普及，使得移动学习成为非正式学习中的主要形式，并为人们进行非正式学习提供了丰富的学习资源和多元化的交流伙伴。那么，为了提高学习者进行非正式学习的效率和质量，提升移动学习资源的质量和丰富移动学习，资源的呈现形式显得尤为必要。

表 8-4　非正式学习的形式及其特征

形　式	特　征
个人学习	对非正式学习时所处的空间感知度较高；学习状态个性化，学习内容与个人有关；在松散的学习环境及身体放松的状态下进行
多人协作	表现为双人或多人形式的研讨及交流互动；观察、交流及协作是知识管理和生成的关键；强调协作学习，重视团队协作及知识共享
实践团队	通过与该情景下的他人进行互动，强调协作交流；学习获得社会性
网络团队	学习内容开放性、非结构性；对可获取到的学习资源进行学习

3. 学习通支持的学习资源

课程与资源总是形影相随的，学习通除了能够支持教师创建课程、开展移动教学之外，还为教师提供了海量的移动学习资源，包括图书、期刊、报纸等；同时提供了多种资源应用和呈现的途径，具体如表 8-5 所示。

表 8-5　学习通支持的学习资源

模　块	分　类	内　容
移动图书馆	图书	推荐、文学、历史、哲学、艺术、经管、政法、社科、军事、理学、工学、医药、教育、大众、电子出版（EPUB）
	报纸	北京、上海、天津、广东、浙江、江苏、福建、湖北、辽宁、吉林、四川、湖南、黑龙江、广西、山东、河南、云南、陕西、山西、青海、宁夏、内蒙古、江西、河北、贵州、海南、安徽、甘肃、新疆、澳门、香港
	讲座	推荐、名师、教育、文化、历史、艺术、文学、哲学、经济、管理、政治、法律、社会、大众、科技、医药
	直播	各领域直播，可观看回放
	公开课	推荐、艺术、经济、历史、心理、文学、社会、语言、哲学、信息技术、科学、管理、数学、医学、工程、职业、法律、创业、传媒、教育、备考
	行业应用	不同行业的机构简介、邀请码、平台、客服等信息
	学术资源	图书、章节、期刊、报纸、视频、学位论文
	云舟专题	推荐、最新、大众、教程、备考、语言、文学、听书、心理、艺术、历史、哲学、经管、社科、科学、公开课
培训课程		资格考证、大中小学、语言留学、职业技能、IT 培训
名师讲坛		热播榜、报告厅、名师汇

---

① 吕成. 高校图书馆非正式学习互动空间设计研究[D]. 上海：华东师范大学，2017. 6-10.

二、实践操作

1. 创建我的书房

（1）搭建我的书架

学习通的书房功能是通过个人界面的"收藏"实现，"书架"是通过"收藏"中创建的文件夹体现，如图 8-49 所示，即在"收藏"右上侧的"+"创建并编辑"书架"名称，如图 8-50 所示。同时，在收藏界面的下方还可以通过"推荐收藏""好友收藏""达人收藏"等功能推荐来选择自己喜欢的资源。

图 8-49　我的书房界面　　　　图 8-50　新建文件夹入口

（2）检索学习资源

学习通中提供的学习资源如表 8-5 所示，分别有图书、报纸、讲座、课程、学术资源等。书房创建成功之后，用户可以将移动图书馆中喜欢的书籍收藏到对应的文件夹中，以便阅读和学习。例如，在"移动图书馆"中（如图 8-51 所示），选择"推荐"中的图书《硅谷钢铁侠》，单击右侧"收藏"按钮，如图 8-52 所示，并选定收藏的文件夹名称，即可在对应的文件夹中看到这本书，如图 8-53 所示。

（3）发表学习感想

学习感想是指在阅读书籍或者观看课程时的学习感想或心得等。在阅读书籍时，用户可以在阅读界面通过单击"笔记"或者"转发"的方式发表和分享自己的心得体会。如图 8-54 所示，用户在阅读《理想国》第一卷时，可以通过单击右侧"笔记"来选择添加个人感想，并在弹出的界面中编辑笔记标题和内容，如图 8-55 所示，也可以通过阅读

图 8-51 移动图书馆界面

图 8-52 收藏图书界面

图 8-53 我的文件夹界面

界面的右上角"分享"按钮将个人感想发表到笔记、小组、消息、站内信函、微信等地方，如图 8-56 所示。

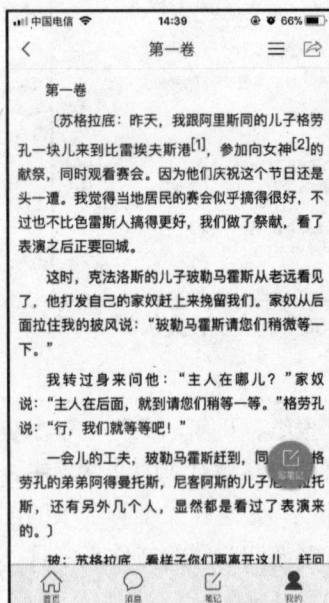

图 8-54 阅读界面

图 8-55 笔记编辑界面

图 8-56 我的文件夹界面

（4）查看读书报告

学习通不仅提供了学习者阅读所需的各类资源，未通过数据分析，统计了学习者的阅读足迹，包括阅读时长、阅读排名、阅读专题数统计、阅读关键词等，如图 8-57 至图 8-58 所示。

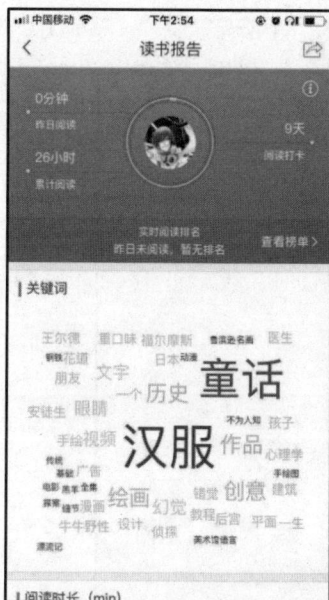

图 8-57　读书报告界面

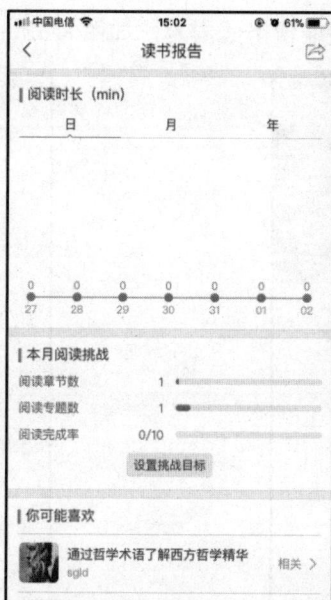

图 8-58　阅读时长统计

图 8-59　阅读榜单排行

2. 浏览兴趣和专题

（1）创建个人专题

移动学习的共享性，为用户分享个人知识提供了极大的便利。学习通在"收藏"界面的最上方为用户提供了创作专题的入口，用户可以在"我创作的专题"界面根据喜好、通过右上角的"+"号按钮创建个人专题，如图 8-60 所示，并在新建专题界面编辑专题名称、作者、封面等信息，如图 8-61 所示。专题内容编辑与课程内容编辑类似，在新创

图 8-60　我创作的专题界面

图 8-61　新建专题界面

建的专题界面中，新建单元并编辑单元内容，如图 8-62、图 8-63 所示。

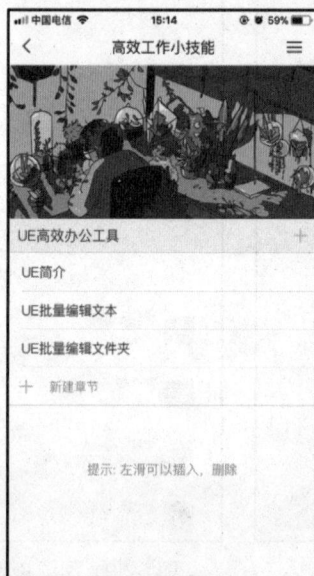

图 8-62　专题首页

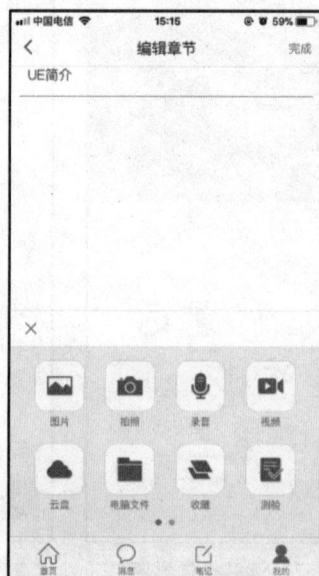

图 8-63　专题内容编辑界面

（2）收藏兴趣专题

用户除了自己创建专题之外，还可以在"专题市场"选择感兴趣的专题进行收藏，所含专题类型包含推荐、最新、大众、教程、备考、语言、文学、听书、心理、艺术、历史、哲学、经管、社科、科学、公开课等，如图 8-64 所示。用户可以选择自己感兴趣的专题进行浏览，如语言类，如图 8-65 所示，同时可以收藏认为有价值的专题到个人书房中，"美式英语发音教程"，如图 8-66 所示。

图 8-64　专题市场界面

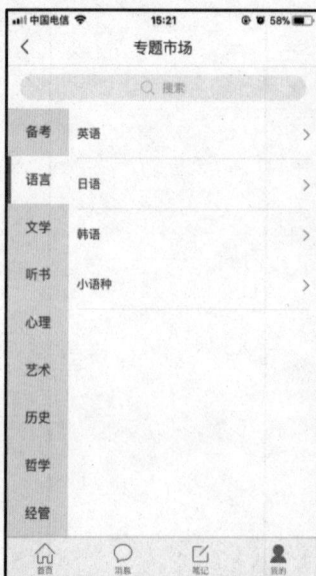

图 8-65　语言专题界面

图 8-66　英语专题界面

（3）参与专题讨论

交互讨论是促进学习和理解的一种方式，学习通的专题模块也为用户提供了讨论交流的场所，在每个专题下方，用户都可以对本专题内容进行讨论交流，发表个人观点，并且对其他用户发表的观点进行评价，如图 8-67 所示。

图 8-67　专题讨论交流界面

3. 观看讲座和直播

（1）检索名师讲座

名师讲坛是学习通的一大特色，用户可以在这里观看到自己感兴趣的讲座，如热播讲座、超星录制的报告厅中的讲座、名师讲座等，如图 8-68 所示。另外，平台还按照讲座时长、学科领域等维度对讲座进行了划分，方便学习者快速查找到需要的讲座类型或内容，如图 8-69 所示。

（2）检索直播资源

直播是平台邀请的各大高校的专家老师开展的相关直播或者某一会议的直播，包含了各种类型的直播，并且提供了该直播的详细信息介绍以及互动交流平台，如图 8-70、图 8-71 所示。

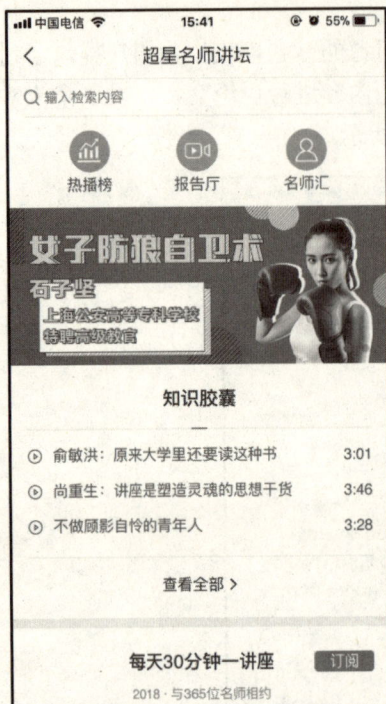

图 8-68　名师讲坛界面

图 8-69　名师讲坛分类

图 8-70　直播界面

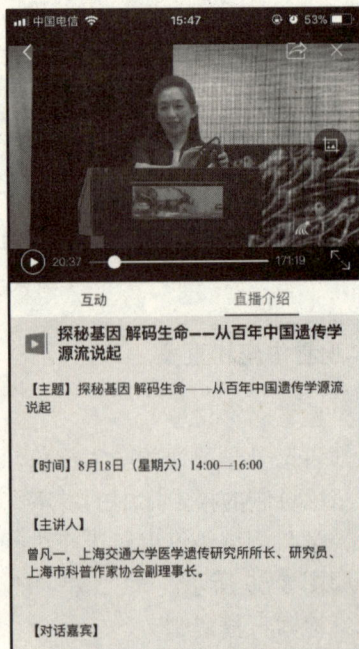

图 8-71　直播信息介绍

◆ 活动 3　开展移动交互

一、预备知识

1. 移动社交与协作学习

移动社交是个人学习向小组学习转变的一种有效途径，主要表现为协作学习，即学习者以小组或团队的形式组织学习的一种方法，核心要素有协作小组（2～4 人或 2～6 人）、成员（学生或计算机扮演的学习者）、辅导教师、学习环境等。[①]学习者之间可以相互共享学习资源、学习心得，以及交流问题困惑等。因此，在开展移动学习的过程中，移动社交非常有助于促进协作学习的发生，并促进社区知识的生成。

2. 移动社交与学习共同体

学习共同体是指为完成真实任务/问题，学习者之间相互交流、探究、协作的一个学习团队，它强调共同信念和愿景，强调学习者共享信息和想法，并通过共同探究的方式验证和促进学习者对知识的理解。[②]好的学习共同体包含归属感、信任感、互惠感和分享感四个核心要素，具体如表 8-6 所示。[②]其中，通过移动社交应用，恰好能够为学习共同体之间的信息交流、共享提供便利。

表 8-6　学习共同体的四个核心要素

核 心 要 素	说　　明
归属感	学习成员之间的精神共同体、成员关系、对共同体的认同感、归属感。它表示共同体成员之间的接纳感，以及有助于个人发展的成员友谊、凝聚力和满意度
信任感	指共同体中成员之间可以相互信任、相互影响，有序、有规章制约。它是一种共同体值得信任，能自由表达建设性意见和反馈的感觉。一旦人们被认可作为学习共同体的一份子时，他们将产生安全感，并信任共同体，成员之间能畅所欲言
互惠感	指共同体中成员之间可以相互收益、强化和共享价值观念。它是一种从与其他人进行交互而来的相互利益的感觉
分享感	指超越时空和心里藩篱，分享学习的体验和结果，达到情感的沟通和分享。学习者在共同体中建构知识和意义的过程中，共同体促进了知识和理解的获得，促进了知识和情感的分享

3. 学习通支持的移动社交

交互是促进学习、理解知识的一种有效方式。超星学习通是集资源、教学与社交等为一体的移动学习系统，它能够为学习者的学习提供各种类型的交互讨论服务，如表 8-7

---

① 郭雯雯. 基于云服务的协作学习研究[D]. 长春：东北师范大学，2014. 16-17.

② 钟志贤. 知识建构、学习共同体与互动概念的理解[J]. 电化教育研究，2005，(11)：20-24.

所示。

表 8-7　学习通的交互功能

模　块	内　　容
小组	小组广场、话题、资料、评论、小组统计
动态	好友动态、个人动态
会议	发起视频会议、分享视频会议、会议内容随记
内容交互	学习成果上传、知识挑战

二、实践操作

1. 参加兴趣小组

（1）自主创建小组

学习通的小组旨在为用户提供知识分享、问题讨论、资料分享的平台，便于用户一站式学习和交流。因此，"小组"这一功能就是专为社交而创建的功能板块，单击如图 8-72 所示中的"小组"，则可进入小组编辑页面，如图 8-73 所示。用户可以根据需求选择右上角的"+"创建个人小组、编辑小组名称等信息，如图 8-74 所示，并邀请相关学习者在小组中进行学习讨论。在该小组中，用户可以创建专题文件夹、上传学习资料、发布专题讨论等，如图 8-75 所示。

图 8-72　小组功能模块

图 8-73　新建小组入口

图 8-74　新建小组界面

图 8-75　小组内容界面

（2）加入兴趣小组

用户除了自己创建小组之外，还可以在学习通"小组广场"中选择自己感兴趣的小组加入，如图 8-76 所示，学习通提供了推荐、阅读馆、话题吧、兴趣吧、学习吧、共读社等不同类型的小组供用户选择。同时，与自创小组一样，用户可以在组内发布话题、参与讨论，如图 8-77 所示。

图 8-76　小组广场界面

图 8-77　小组内容界面

2. 撰写学习笔记

（1）撰写个人笔记

学习通的笔记功能旨在帮助学习者记录学习心得、读书体会、课堂内容等。在笔记模块，学习者可以通过右上角的"+"创建不同的笔记类目，如图8-78所示，并设置笔记权限，如图8-79所示，除了"尽自己可见"这一权限之外，其他权限的笔记可被公开的好友看到；另外还可以在笔记中添加图片、录音、视频等多种富媒体文件，如图8-80所示。

图 8-78　专题市场界面　　　　图 8-79　语言专题界面　　　　图 8-80　英语专题界面

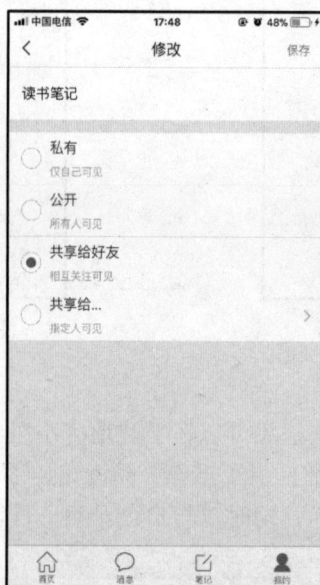

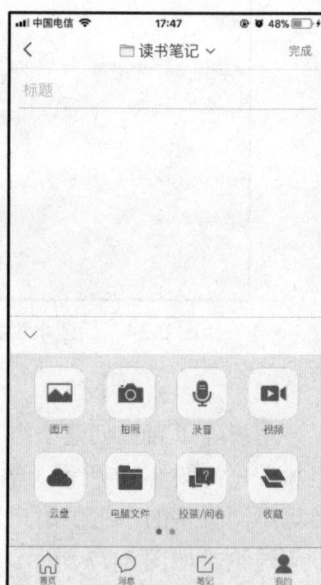

（2）查看他人动态

在学习通中添加的好友里，可以通过"笔记"按钮查看到相关好友的动态信息，并加以评论或转发等。如图8-81所示。

3. 召开视频会议

通常，移动学习中的小组成员大多是异地开展学习的，因此，小组间的协作学习也多是通过异地形式开展。超星学习通的"视频会议"功能可以帮助小组成员开展面对面的讨论交流，单击图8-82中的"更多"，可进入更多功能页面，如图8-83所示，单击"视频会议"则可出现会议邀请码和二维码，如图8-84、图8-85所示，单击"进入会议"即可与小组成员开展视频会议，并且可以在会议进行的过程中记录笔记和转发内容，如图8-86所示。

图 8-81   好友动态界面

图 8-82   视频会议入口

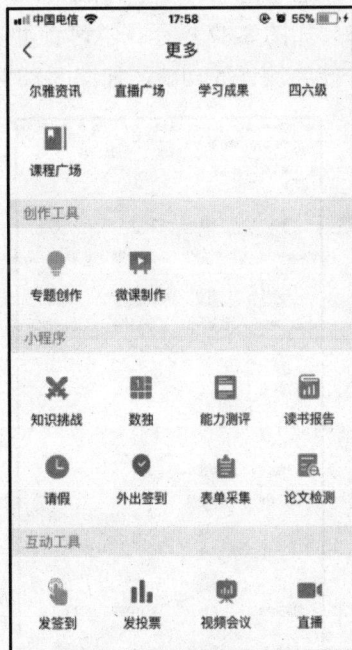

图 8-83   视频会议入口

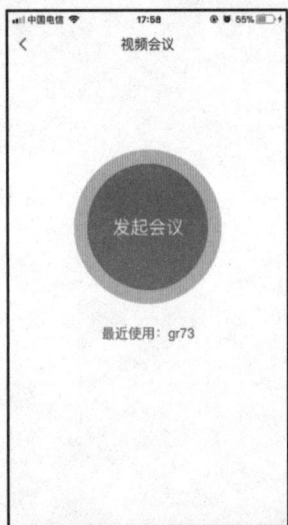

图 8-84 视频会议发起界面   图 8-85 视频会议进入界面   图 8-86 视频会议进行界面

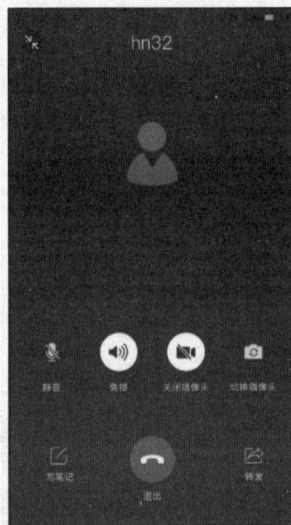

4. 学习成果共享

在移动社交应用中，除了师生、生生之间的人际交互之外，还有教师或学生与内容之间的交互，如学生的学习成果上传以及知识挑战等。

（1）学习成果上传

该模块顾名思义，就是学生将自己在校期间的学习成果上传到学习通平台当中，以帮助学习者管理和存储学习成果，同样在"首页"—"更多"中，可以看到"学习成果"的入口，如图 8-87 所示，学习者可以将个人的证书、作品等上传到平台中，并提供学分银行、能力测评等功能，如图 8-88 所示。

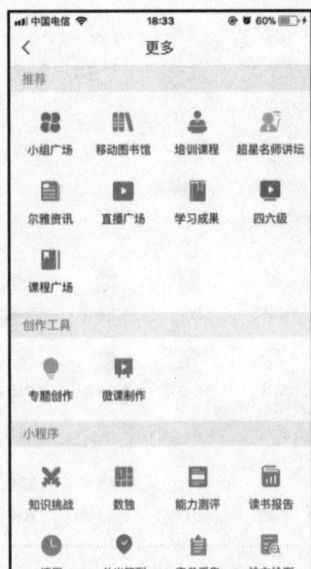

图 8-87 学习成果入口   图 8-88 学习成果界面

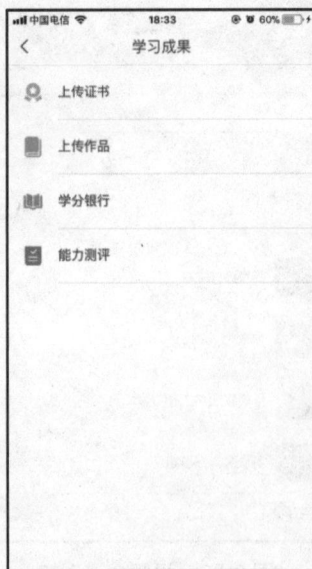

（2）知识挑战

为了检验学习者的学习效果，超星学习通以游戏化的方式为学习者提供了知识检测模块，同样通过"首页"—"更多"找到进入"知识挑战"的入口，如图 8-89 所示。在知识挑战中包含了文学、科学、诗词、地理、历史、算术、艺术、安全等领域的考试，如图 8-90 所示。

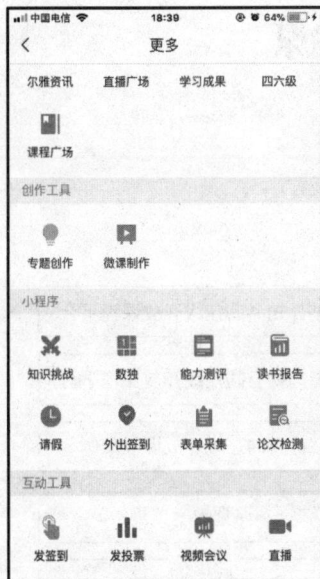

图 8-89　知识挑战入口

图 8-90　知识挑战界面

活动实践

1. 在学习通中创建一门在线开放课程，看与在 PC 端有何不同，并开展教学活动。
2. 浏览学习通的专题和推荐，收藏自己感兴趣的内容，建立自己的书房。
3. 查找学习通中的讲座和会议，观看一些直播，做一些学习笔记。

单元 九

拓展教学资源

活动导图

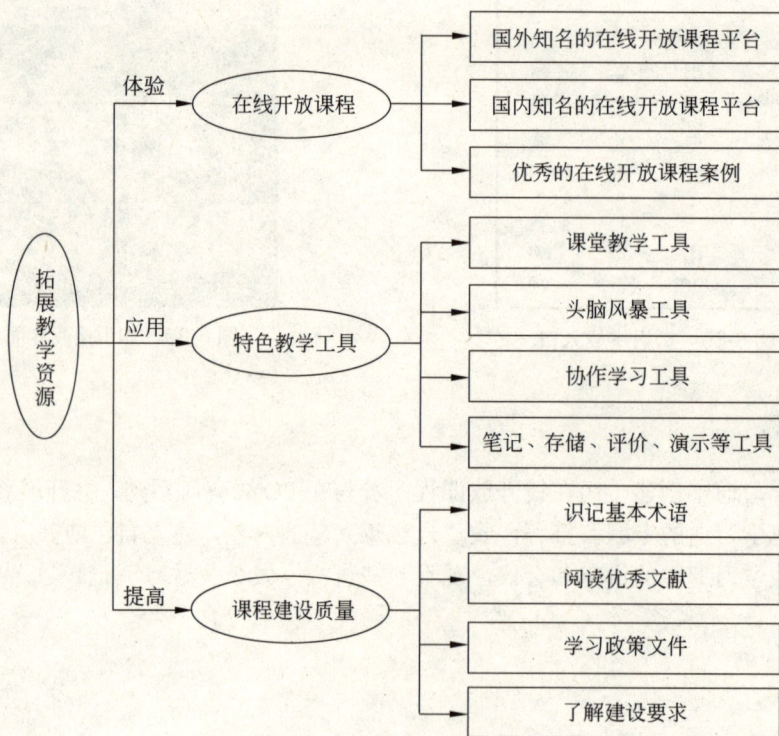

活动思考

1. 如何根据不同的在线开放课程平台特点选择合适的平台？
2. 有哪些教学工具可以辅助在线开放课程的建设与实施？
3. 如何共建共享精品在线开放课程？
4. 利用精品在线开放课程实施教学应该注意哪些方面？
5. 国家对精品在线开放课程的建设有哪些具体要求？

在线开放课程建设过程中，除了要不断学习借鉴其他优秀的在线开放课程外，还需要用到许多资源和工具。本单元提供了一些对在线开放课程建设有帮助的工具、资源和方法。

活动 1　体验在线开放课程

一、国外知名的在线开放课程平台

1. Coursera

链接：https://www.coursera.org/

简介：Coursera 是由斯坦福大学的两名计算机教授创办的有营利性质的平台，其课程都是由世界一流大学和教育机构的顶尖教师开设，我国的北京大学、南京大学等一些知名高校也加入到课程平台中。Coursera 的部分课程需要付费才能进入学习，但平台可以对所有有经济困难的学生提供经济资助。Coursera 平台中的一些课程已经被 MOOC 学院等一些平台本土化，并且提供中文翻译字幕，方便国内学生选修学习。

特点：①Coursera 平台提供专业课程，学生可以学习到一系列成套的专业技能，可以基于实际的项目展开学习，按规定完成学习活动后会获得专业的认证证书。②Coursera 平台和传统的正规大学合作，推出在线的学位教育课程。③Coursera 平台在课程背景资料中提供超链接供学生预先了解学习内容，平台还提供相应的练习供学生自我检测，客观题由系统自动阅卷判分，主观题由同伴互评给分。④建立电子档案袋，学生练习过的习题会上传到云端，Coursera 平台会为每个学生提供个人学习档案袋，学生答错的试题会随机重复出现帮助学生巩固复习。

2. Udacity

链接：https://cn.udacity.com/us

简介：Udacity（优达学城），被称为云端的"硅谷大学"，诞生于斯坦福大学。Udacity 已经实现了中国的本土化，平台课程的支持教师都是 Udacity、Google 等优秀的工程师和教育者，其目的是培养全球领先科技企业认可的抢手人才。Udacity 还可以面对企业开展员工开发技能培训，会招募优秀学员，同时也会向其他企业推荐获得纳米学位的优秀学员。

特点：①平台课程有比较专业的方向，主要是培养网站开发者、数据分析师和移动开发者，不涉及其他方向的课程。②授课基于真实的案例和实战项目，所学课程由 Google、Facebook 及亚马逊的技术专家设计，获得最新最先进的行业技能。③坚持跟踪反馈，老师会根据学生作业持续不断反馈修改意见，也会鼓励表扬学生学习。④课程提供难度级别、先修知识，可以免费体验课程，如果不具备先修条件，课程会推荐其他入门级课程。⑤课程针对大学生提供奖学金项目，可以用较少的付费获得优质的课程，例如在校大学生可以用 99 元获得价值 1800 元的微信小程序开发课程。

3. Edx

链接：https://www.edx.org/

简介：Edx 是由哈佛大学和麻省理工学院在 2012 年创造的大规模在线开放课程平台，其理念是联合世界上最好的大学和机构为任何地方的学生提供高质量的课程。Edx 是非营利性质的平台，它的合作机构有哈佛大学、麻省理工学院、伯克利大学等全球的一流大学。

特点：①课程搜索功能强大。平台首页提供搜索框供学生搜索，并且会显示搜索结果数目，平台左侧提供了高级检索功能，可以根据课程开设进度、所属学科、课程内容阶段（介绍性质、中级阶段、高级阶段）、语言等选项搜索到合适的课程。②课程归档后学生依旧可以查看完整的课程学习内容，但是不会有交互活动。③课程学习包括课程、教学大纲、常见问题、进度和社交媒体版块，集成了 wiki 功能，可以阅览、编辑和变更文章。进度板块可以分别显示每个家庭作业的完成进度、作业平均分和总体的完成进度。

4. FutureLearn

链接：https://www.futurelearn.com/

简介：FutureLearn 是英国开放大学下属的一家有着 40 多年远程教育和在线教育经验的公司负责运营和管理。FutureLearn 平台联合了国际上的顶尖大学、英国的国家图书馆、博物馆等143 家合作机构向社会提供开放课程，有 800 多万个学生在平台学习。

特点：①主题分类清晰。FutureLearn 平台提供 13 个种类的课程，每一类课程下面会进一步提供不同主题类型的筛选框，如教育课程下面就提供了评价、行为管理、混合学习、在线学习、STEM 等 18 个课程主题。②实行收费盈利策略。在线学生可以通过付费获得学习资格证书和无限制的访问课程使用资料。③课程学习主要包括三个区块：待完成部分、互动部分、学习进展部分。待完成部分以活动的形式呈现课程进度和学生已经完成的进度；互动部分是各个学生的评论交互，学生可以保存评论内容；学习进展部分以百分比的形式显示学业完成的进度。

5. Khan Academy

链接：https://www.khanacademy.org/

简介：Khan Academy 又叫可汗学院，是非营利性平台，其资金来源于社会和学生的捐款，该平台也实现了部分课程的本土化。可汗学院平台课程内容覆盖了从到从幼儿园基础知识到大学的专业知识，并采用了最先进的可识别学习强度和学习障碍的自适应技术。

特点：①学生不需要注册登录就可以浏览视频学习资源学习，学习资源访问方便。②课程视频没有老师出镜，平台会根据学习时间的长短积累能量积分。③平台科目划分精细，有的科目甚至按照年级划分内容，针对性强。

二、国内知名的在线开放课程平台

1. 爱课程

链接：https://www.icourses.cn

简介："爱课程"网是教育部、财政部"十二五"期间启动实施的"高等学校本科教学质量与教学改革工程"支持建设的高等教育课程资源共享平台。承担国家精品开放课程的建设、应用与管理工作。爱课程平台课程大多来自国内著名高校，为本科专业学校、职业院校学生和高中生提供相应课程。

特点：①课程筛选功能强大，可以按照学科、课程开设进度、课程热度等来筛选课程，每门课程的简介中会提供开课学校、开课进度、选课人数以及是否是国家精品在线开放课程等基本信息供选课参考。课程详情会提供预备知识、考核要求、参考书目、常见问题等供学生参考，课程中还会显示学生学习的评价，方便其他学生选课。②课程学习包括公告、评分标准、课件、测验与作业、考试和讨论区，各板块划分清晰。课件版块中可以学习每次课程的视频、作业和讨论，测验与作业有作业提交截止日期和成绩公布日期，讨论区板块包括老师答疑区、课堂交流区和综合讨论区三个子版块。③提醒课程进度。平台设置了微信和邮箱提醒课程进度。④所有课程都是免费，包括学生获得的电子证书，纸质版证书才需付费。

2. 学堂在线

链接：http://www.xuetangx.com/

简介：学堂在线是清华大学于 2013 年 10 月发起建立的精品中文慕课平台，清华大学、北京大学、麻省理工学院、斯坦福大学等国内外一流大学为平台提供课程。平台实施"学堂学分课"项目，高校可选用学堂在线主站课程作为本校认可的学分课程。平台还打造了同等学力申硕课程优质网络学习平台，助力在职人员攻读硕士。平台联合高校和企业打造微学位项目，学生的学习成绩将会同步到猎聘网获得热门工作岗位的企业直推。

特点：①平台可以按照学科、学校、模式（随堂模式、自主模式、付费课程）、认证权威、开课状态筛选，自主模式的课程可以随时加入，不受开课时间的限制。②平台实行大数据分析，数据分析仪表盘中看到课程热度、学员分布情况、学员规模、学习进度、学习习惯、助教考核等可视化图表信息。③开设奖学金项目，学习课程并获得证书后可得奖学金。④平台提供学习进度板块，可以看到各个章节的学习情况和期末考试各个题项得分情况，在"我的同学"板块提供学习进度在前 10 的其他学生的学习进度情况。

3. 中国大学 MOOC

链接：https://www.icourse163.org/

简介：中国大学 MOOC 是由网易与高教社携手推出的在线教育平台，承接教育部国家精品开放课程任务，向大众提供中国知名高校的 MOOC 课程。另外还开设了职业教育专属频道"中国职教 MOOC"。

特点：每门课程有老师设置的考核标准，当学生的最终成绩达到老师的考核分数标准，即可免费获取由学校发出主讲老师签署的合格/优秀证书（电子版），也可付费申请纸质版认证证书。获取证书，意味着学生达到了学习要求，对这门课内容的理解和掌握达到了对应大学的要求。他（她）也可以骄傲地将通过了这门课的事实写在其简历中。

4. 超星尔雅

链接：http://erya.mooc.chaoxing.com/

超星尔雅是超星公司着力打造的通识教育品牌，从 2011 年起服务全国 1800 余所高校，拥有综合素养、通用能力、成长基础、创新创业、公共必修、考研辅导六大门类。作为核心的综合素养板块，由文明起源与历史演变、人类思想与自我认知、文学修养与艺术鉴赏、科学发现与技术革新、经济活动与社会管理、国学经典与文化传承六部分组成，旨在打破专业局限，树立完整思想。超星尔雅已与数百位名师合作开发课程，如叶嘉莹、江怡、吴国盛、葛剑雄、朱光磊、邓兴旺、温儒敏、刘擎、许纪霖、彭吉象、郭毅可、赵毅衡等学术思想界的名师大家。

5. 智慧树

链接：http://www.zhihuishu.com/

简介：智慧树致力于打造各高校之间的优质课程共享和学分互认平台，其拥有国内 1900 家高等院校会员，覆盖超过 1000 万大学生。智慧树提供学分课，仅供在校大学生使用，还提供国际学历课供学生选修国外课程。

特点：①选修学分课需要进行身份认证，学生需要认证学校信息和自身的学号、学院等才选课，可以选修校内课程或者跨校共享课。智慧树平台提供相应的 APP 辅助选课和学习。②提供见面课，课程授课模式包括在线式和混合式。混合式包括在线课和见面课，见面课包括现场见面课和利用 APP 直播的面对面课，上课形式多样丰富。③智慧树平台相应的移动 APP "知到" 功能丰富，学生可以查看学习和考试时间，成绩规则，课程成绩在测验、论坛、学习进度、期末考试等方面的各项占比；课程视频可以下载方便随时学习；成绩合格会获得电子成绩证明。

6. 华文慕课

链接：http://www.chinesemooc.org/

简介：华文慕课是北京大学联合阿里云企业合作开设的中文慕课平台，目前有北京大学、台湾大学、未名大学等高校为其提供课程。内容涉及高等教育的基本学科以及就业创业课程。

特点：①选修课程界面可以课程开设的进度以及学生观看视频和完成作业的进度。②课程学习包括通知公告、课程内容、课程社区、练习考试、课程资料、学习笔记、课程信息和学习结果几个板块。课程内容板块中提供课程表功能，学习笔记板块中可以记录笔记和阅读浏览收藏同学的笔记。③观看学习视频的同时可以记录笔记、发帖提问和分享。④学生学习主页提供报名学习课程、学习结果、课程收藏、同学、帖子和笔记功能，可以综合查看自己的学习情况。

7. 好大学在线

链接：http://www.cnmooc.org/home/index.mooc

简介：好大学在线是中国高水平大学慕课联盟的官方网站，是为社会公众提供优质课程教学、第二专业系列课程教学、高端培训系列课程以及相关在线教育产品，是中国高水平大学之间共享优质教学资源和学分互认的平台，其合作单位除了国内高校，还有阿里云、华为 e 学堂等公司机构。

特点：①平台可以按照课程开课状态、课程学习模式、有无证书、授课语言、学科分类来选课，每门课程的简介上会显示开课进行情况的进度条。②课程学习可以用修学分状态和非修学分状态进入选修课程，除了课程基本信息以外，课程讨论交流板块还设置了问卷调查和我的笔记功能。课程视频右侧提供教学视频字幕功能、笔记功能和提问与纠错功能，学生可以边看视频边既笔记或者提问纠错。该平台的教学视频可以设置视频倍速，但不可随意拖动进度条。③平台课程可以采用翻转课堂教学模式，除了线上学习之外，可以和老师现场面对面交流或者利用网络技术通过视频展开师生互动。④平台提供自主学习模式，不受开课时间的限制，课程视频可以由学生随意拖动视频进度条学习，自由度高。

8. 人卫慕课

链接：http://www.pmphmooc.com/

简介：人卫慕课是针对医学高等教育的大规模在线开放课程，是人民卫生出版社联合国内 53 家一流医学院以及一流医学机构共同建设的医学教育慕课平台。课程面向全民开放，以期提高全民健康素养，推动"健康中国"的建设，医学联盟之间也可以通过平台共享课程和实现学分互认。

特点：①平台课程按照临床医学、药学、口腔医学等分类，并且提供医学继续教育类课程，面向群体具有针对性，平台提供慕课和公开课两种类型的课程。②课程学习包括课件、公告、讨论、客观题、主观题、错题集和成绩板块，在成绩板块中可以看到视频学习进度、非视频学习进度、主观题进度、客观题进度、参与讨论数量等可视化图表，课程作业测验时学生可以对猜测的题目有所标记，方便回顾知识。③平台提供奖学金，对获得一定数量电子证书的学生给与高额的奖励，鼓励学生选修课程获得证书。

三、优秀的在线开放课程案例

1. 哈佛大学——"公正"

链接：https://www.edx.org/course/justice

"公正"由哈佛大学开设，每周有超过 1000 位学生听课，课程已经被翻译成为中文版本供学生学习，在 MOOC 学院平台可以直接连接到 edx 平台学习该课程的 24 个部分，课程每部分包括了教学视频、阅读材料和测试三种模块。课程教学视频都是实录的课堂（讲座），教师的授课形式主要以讨论的方式引导学生思考，课堂中不断有学生与教师互动讨论问题。

2. 斯坦福大学——"机器学习"

链接：https://www.coursera.org/learn/machine-learning

"机器学习"是由斯坦福大学在 Coursera 平台上开设的课程，已经被翻译成相应的中文视频，学生需要有一定的编程背景才能顺利完成学习。课程由 8～12 分钟的教学视频组成，有阅读材料、随堂测验和编程作业。课程既有理论知识，也注重技能培养，以硅谷创新中涉及机器学习与 AI 的应用实例为教学案例获取到有关机器学习的知识。

3. 北京大学——"翻转课堂教学法"

链接：https://www.icourse163.org/course/PKU-21016

"翻转课堂教学法"是北京大学在中国大学 MOOC（爱课程）平台上开设的课程，是国家首批认定的国家精品在线开放课程。《翻转课堂教学法》课程采用混合式教学方式，采用面授和线上教学相结合。学习提供阅读材料、讨论、测验和教学视频模块。教学视频主要采用动画的形式展现知识，视频时间比较短，授课教师并不固定，由整个团队负责授课。

4. 清华大学——"教育社会学"

链接：http://www.xuetangx.com/courses/course-v1:TsinghuaX+80611322X+sp/about

"教育社会学"是清华大学在学堂在线平台上开设的课程，是国家首批认定的国家精品在线开放课程。课程采用自主模式，全年开放，作业和考试没有截止时间。课程每一讲都以热门话题为引，以大家熟知的案例为教学资料，通过教师和学生谈话的方式讲授教育与社会流动、教育体系的社会学分析以及全球化和教育变革三大部分的内容。

5. 复旦大学——"人际传播能力"

链接：http://course.zhihuishu.com/course/courseBrief/2023183

"人际传播能力"这门课起源于复旦大学新闻学院，由胡春阳教授在复旦本科生和研究生中首次开启教学，多年来广泛吸引了来自社会学、中文、外语、哲学等学科学生，并成为复旦大学面向全国大学生、研究生的百门国际合作暑期 FIST 课程之一。人际传播是西方社会重要的知识领域，而我们尚付阙如。决定我们生命质量与幸福程度的不是我们的成就，而是传播能力；而国民对这种能力却是门外汉，因此，人际传播能力理应成为国民通识素质。混合式课程的《人际传播能力》能够在最大范围、以最快速度和更深刻方式推动人际传播知识普及以及能力提升。

6. 上海交通大学——"媒介批评"

链接：http://www.mooc.cn/news/315.html

"媒介批评"是现代大众传播学的重要分支，简单而言，就是批评媒介，是对大众传播媒介本身进行批评，属于应用传播学的研究领域。随着技术的进步和传媒产业的不断发展，"媒介化社会"的到来，媒介在现代社会中产生越来越重要的影响。为了保证媒介自身的良性发展，需要对媒介本身进行制约，以明确媒介的边界。因此，如何对媒介及其传播的信息进行反思性评判，是媒介批评要解决的主要问题。

7. 南京大学——"宇宙简史"

链接：https://www.icourse163.org/course/NJU-1002872001

这是一门通过介绍宇宙的演化历史来反映人类宇宙观的发展史、天文学家的探索史和人类认识自我心路历程的课程，通过传递天文知识来引导、启发学生对自然和自我进行更深层次的思考，帮助学生树立正确的宇宙观。课程结合宇宙观和时空观的发展脉络，设置了八个专题，每个专题通过介绍一个融合科学与哲理的问题，反映天文学研究的方法与成果，揭示宇宙之美及其背后的规律，让学生了解天文学并不神秘。课程一方面大幅增加了对天文学家的介绍，以教师作为沟通的桥梁，引导学生与天文学家开展对话与交流，了解他们探索宇宙过程中付出的艰辛，分享他们成功的喜悦和失败的苦恼，关注他们的科学态度和人文关怀。另一方面，课程还加入了人与宇宙之间关系的内容。课程根据天体具有时空场景宏大的特点，将课程的拍摄方式从传统的演播室录制调整为剧场场景录像，在表现方式上更加具有震撼力。

8. 同济大学——"灾难逃生与自救"

链接：https://www.icourse163.org/course/TONGJI-1001909011

灾难医学救援强调和重视"三分提高、七分普及"的原则。当灾难发生时，尤其是大范围受灾情况下，往往没有即刻的、足够的救援人员和装备可以依靠，加之专业救援队伍的到达受时间、交通、地域、天气等诸多因素的影响，难以在救援的早期实施有效救助。即使专业救援队伍到达非常迅速，也不如身处现场的人民群众积极科学地自救互助来得及时。为此，中国国际紧急医疗队（上海）所在的上海市东方医院的一批专家，有志于投身救援知识的普及工作，以言简意赅、通俗易懂的风格，介绍我国常见灾难的医学救援基本技术和方法。通过本课程的学习，可以使学员提高应对灾难的能力。希望本课程能对我国的防灾、减灾、救灾工作起到促进和推动作用。

◆ 活动 2　应用特色教学工具

一、课堂教学工具

1. 雨课堂：https://www.yuketang.cn/

雨课堂是利用微信架构的应用，教师只用会使用 PPT 和微信就可以便捷地使用雨课堂。教师课前可以用雨课堂给学生推送 PPT，学生可以课前预习 PPT，教师可以知道学生的预习情况从而在有针对性的设计课堂教学。课堂上的教学 PPT 可以随时推送给学生，学生如果听不懂就可以单击"不懂"按钮把结果反馈给教师。教师还可以利用雨课堂推送测验给学生，并且能实时反馈测验结果给他们。此外雨课堂还可以实现考勤签到、弹幕、课堂红包等功能。

2. 微助教：http://portal.teachermate.com.cn/

微助教是基于微信架构的教学互动工具，教师可以管理多类课程，可以邀请助教协助教学活动，可以利用定位、签到功能保证课堂到课率。为了快速评价学生的学习效果，教师可以快速出题，生成题库并且分享给学生，学生的成绩可以排名、可视化显示、批量导出。学生可以在微助教中参与讨论，优秀的观点可以投影展示，学生讨论的词云可以可视化动态展示。

二、头脑风暴工具

1. 百度脑图：http://naotu.baidu.com/

百度脑图是一款在线制作思维导图的工具，用户无须下载软件，可以直接在线登录、在线制作思维导图。对于第一次使用的用户，百度脑图会提供简单的使用向导。百度脑图适合提供了优先级、链接、图片、备注、完成度等功能，适合制作简单的思维导图。

2. MindManager：http://www.mindmanager.cc/

MindManager 是一款比较专业的思维导图软件，功能全面且强大，需要付费使用。MindManager 会提供多种思维导图模板供使用者参考，每个主题用户都可以实现图标、标记、便签、图像、附加文件、添加链接等功能，用户还可以对导图的格式风格进行设置，制作完成的思维导图可以导出为图片、文档、HTML5 交互式导图等形式。

三、协作学习工具

1. 石墨文档：https://shimo.im/

石墨文档是云端文档工具，有网页版和微信版，可以利用多种移动终端使用，适合学生的小组学习。学生可以邀请同组的成员同时参与协作编辑，编辑的内容会实时上传到云端，不用担心丢失。对于协同编辑文档中的内容可以选中并且与协同成员讨论、获取反馈。所有的编辑历史都将自动保存，随时追溯查看，出错也可一键还原。

2. Teambition：https://www.teambition.com/

Teambition 是针对团队协作的工具，团队成员协作学习时可以新建项目，邀请团队成员加入项目共同完成任务。Teambition 可以让团队成员看到项目的进展程度，可以把大任务分解成小任务，设定截止日期、设定任务紧急程度等，每个成员都可以把自己的想法分享给其他人，可以把文件上传到云端，还可以直接利用 Teambition 开启群聊，不必借助多种工具完成项目。

四、笔记工具

1. 有道云笔记：http://note.youdao.com/

有道云笔记支持查看多种类型的文件，包括图片、PDF、Word、Excel、PowerPoint等，也可以编辑 Office、PDF 文档，支持电脑端和手机端都使用。学生可以建群协同编辑笔记，可以搜索查看笔记内容，将笔记内容通过微信、QQ 等一键分享给同伴，同伴无须下载便可直接查看内容或文档。

2. 印象笔记：https://www.yinxiang.com/

印象笔记是一款多功能的笔记类工具，支持网页版和移动端使用。学生可以创建笔记并且设置提醒功能，可以搜索笔记内容，剪藏网页和图片，设置笔记内容格式，共享笔记内容，并且可以实现网页版和移动端笔记内容的同步。

五、存储工具

1. 百度云盘：https://pan.baidu.com/

百度云盘是一款云存储工具，有巨大的存储空间，可以存储文本、图片、视频、音频等文件。百度云盘支持在线预览，文件无须下载即可在线查看，还可以通过分享链接共享资源给任何人。百度云盘支持电脑端和移动端同步，方便随时查看数据。

2. 腾讯微云：https://www.weiyun.com/

腾讯微云是一款智能云盘，可以实现预览、存储、管理与下载多种格式文件的功能，还可以实现在线办公。用户可以独自或者多人协同在线编辑文档，云端会自动保存结果并且同步到各个应用端。腾讯微云还提供历史版本恢复功能，保证文档安全。

六、评价工具

1. 问卷星：https://www.wjx.cn/

问卷星支持问卷调查、在线考试等功能。用户能够利用问卷星平台导入文档制作问卷，可以套用模板制作问卷，也可以自定义制作问卷，回收的问卷问卷星平台会自动呈现初步的分析结果，方便用户使用。问卷星还具有批量录入试题、控制考试时间、自动阅卷、分析成绩等功能。问卷星功能丰富，适合教师进行问卷调查、在线测验、投票等教学活动。

2. 剥豆豆：get.bodoudou.com/

剥豆豆是用于课堂教学的实时测验与调查工具，各种移动终端都可以配合使用。教师可以创建测验或者调查问卷，设置题项，设置测验或者问卷的完成时间，最终生成的测验或者问卷可以通过二维码邀请学生加入。测验或调查时屏幕上只出现一题，学生每答完一题会出现相应的答题分析，教师可以控制题目是否继续进行，测验或者问卷的所有题项完成之后剥豆豆会呈现总体的分析结果。

七、演示工具

1. 乐播投屏：http://www.hpplay.com.cn/

乐播投屏是一款支持 IOS / Android / Windows 多种系统的投屏软件，只要具有智能电视、OTT 盒子或投影仪等设备，乐播投屏 APP 就可以将手机上的图片、音频、视频等投影到大屏幕观看，用户在移动设备上的操作可以实时通过大屏幕展现出来。

2. 一键投影：http://airlink.timelink.cn/

一键投影是支持手机和笔记本投影的无线投屏软件，适用于 Windows/Mac/Android 系统的设备，可以投影到 Android 电视、智能电视盒子、电子白板、Windows 液晶大屏等设备上，一个屏幕可以同时显示 4 台设备投屏，工作中的两台不同设备可以相互投影，实现跨多平台、双向投影和无线传屏。

◆ 活动 3　提高课程建设的质量

一、识记基本术语

1. 网络课程

网络课程（online course）是基于网络运行的课程。根据教育部 2002 年 2 月颁布的《现代远程教育资源建设技术规范和 11 项试用标准》，"网络课程是通过网络表现的某门学科的教学内容及实施的教学活动的总和，它包括两个组成部分：按一定的教学目标、教学策略组织起来的教学内容和网络教学支撑环境"。

2. 开放课程

开放课程的发展历程可以分为开放课程资源的推广、微教学视频资源的传播以及大规模开放在线课程。开放课程是将在线课程从封闭或者半封闭状态推向开放，将优质的教育资源推向全球，与全球学生共享。[①]

3. 精品课程

精品课程（excellent course）是教育部于 2003 年启动的高等学校教学质量与教学改

---

① 余亮，黄荣怀，杨俊锋. 开放课程发展路径研究[J]. 开放教育研究，2013（6）：28-35.

革工程中的一个重要方面，目的是打造一批高质量的网络课程。精品课程需要有一流教师队伍、一流教学内容、一流教学方法、一流教材、一流教学管理等特点的示范性课程，是由学术造诣高、经验丰富、结构合理的教师团队主持建设，以人才培养为理念，选择先进的教学内容，运用先进的教学理念和方法，依托现代信息技术使用网络进行教学和管理，教学效果显著，具有示范性和辐射推广作用。

4. MOOC

MOOC（massive open online course），即大规模开放在线课程。MOOC 是面向全球社会公众的免费开放课程，是开放课程的新形态，是将优质教育资源集中起来以社会媒体方式发布的课程新模式，具备完整的课程要素和结构。大规模的、不同特质的、分布在不同地区的学生可以采用在线学习的方式，跨时空根据自己的需求选择学习课程、参与学习活动、参与师生互动、获得学习支持、获得学习结果。

5. SPOC

SPOC（small private online course），即小规模限制性在线课程，是相对于大规模开放在线课程而言的。SPOC 面向的是几十到几百个规模的学生，符合课程相应的准入条件才可以申请加入 SPOC 课程，SPOC 是在规模和准入条件上有所限制，但其依旧可以采用 MOOC 的视频和平台的在线评价、讨论互动等功能。

6. 精品在线开放课程

精品在线开放课程（excellent online open course）是教育部为了推进在线开放课程的建设与应用共享，促进信息技术与教育教学深度融合，推动高等学校教育教学改革，提高高等教育教学质量，而启动建设的。2015 年 4 月颁布了《教育部关于加强高等学校在线开放课程建设应用与管理的意见》（教高〔2015〕3 号），启动开展国家精品在线开放课程认定工作。精品在线开放课程是经公开课程平台认证上线，完成至少两期教学活动课程质量高、共享范围广应、用效果好、示范性强的在线开放课程，在教学内容与资源、教学设计与方法、教学活动与指导、团队支持与服务、教学效果与影响等方面，坚持质量为本、注重共享应用、体现融合创新。

7. 微课

微课（micro lesson）是指以先进教育思想和教学理念为指导，以使学生自主学习达到最佳效果为目标，经过精心的信息化教学设计，以视频、动画等形式记录或展示教师围绕某个（某些）知识点（技能点）开展的简短、完整的教学活动。微课体现的是教师针对特定教学任务，充分、合理运用信息技术、数字资源和信息化教学环境进行教学设计和实际教学，并将教学的过程制作成为学习资源的能力。[1]

---

[1]　张一春. 精采教学, 从微课开始[J]. 高校医学教学研究（电子版），2017，6，7（2）：52-54.

8. 网络教学

网络教学（teaching online）是把网络作为教学工具、教学资源和教学环境的一种教学方式，主要包括三方面的内容：一是网络教学是通过网络进行的教学，网络作为知识与信息的载体而存在，可以视为教学的工具或媒体；二是网络教学是开发和利用网络知识与信息资源的过程，网络教学是对学习资源的开发、利用与再生；三是网络教学还把网络作为教学的一种环境。

9. 混合式教学

混合式教学（blended teaching and learning）即线上教学与线下教学相结合的教学，是将传统课堂的面对面教学与在线教学两者的优势结合起来的一种教学模式，对实现差异化教学、促进学生个性化学习具有重要作用。混合式教学需要教师考虑教授知识时线上与线下的占比，考虑什么知识适合线上教学、什么知识适合线下教学。

10. 翻转课堂

翻转课堂（flipped classroom）又称颠倒课堂，是将课堂教学和学生的课后学习进行颠倒的一种教学模式。学生课前根据教师提供的任务学习单自定步调自学教学视频或者资料，课堂上学生进行练习和训练，教师给学生答疑、对学生进行测验并对难点知识进行讲解，从而使课堂和教师的角色发生了变化。

二、阅读优秀文献

1. 了解精品在线开放课程发展史

（1）余亮，黄荣怀，杨俊锋. 开放课程发展路径研究[J]. 开放教育研究，2013，19（6）：28-35.

（2）王友富. 从"3 号文件"看我国在线开放课程发展趋势[J]. 中国大学教学，2015（7）：56-59.

（3）李曼丽著. 解码 MOOC 大规模在线开放课程的教育学考察[M]. 北京：清华大学出版社. 2013.

（4）金慧著. 在线学习的理论与实践 课程设计的视角[M]. 北京：清华大学出版社. 2017.

2. 了解教学设计

（1）林书兵，张倩苇. 我国信息化教学模式的 20 年研究述评：借鉴、变革与创新[J]. 中国电化教育，2015（9）：103-110，117.

（2）何克抗. 建构主义的教学模式、教学方法与教学设计[J]. 北京师范大学学报（社会科学版），1997（5）：74-81.

（3）张一春，钱东东，陈松著. 信息化教学设计实例精析[M]. 北京：高等教育出版社，2016.

（4）W．迪克，L．凯瑞，J．凯瑞.系统化教学设计[M]．6 版．上海：华东师范大学出版社．2007．

3．了解教学交互

（1）戴心来，陈齐荣．网络课程的教学交互及其设计探究[J]．电化教育研究，2005（9）：69-72．

（2）王磊，李艺．网络教学中的交互[J]．中国电化教育，2001（1）：48-51．

（3）陈丽，王志军，（加）特里·安德森（Terry Anderson）．远程学习中的教学交互原理与策略[M]．北京：中央广播电视大学出版社，2016．

（4）孙晓华．交互式网络课程设计与开发[M]．北京：清华大学出版社，2011．

4．了解教学评价

（1）叶澜，吴亚萍．改革课堂教学与课堂教学评价改革——"新基础教育"课堂教学改革的理论与实践探索之三[J]．教育研究，2003(8)：42-49．

（2）陈振华．教学评价中存在的问题及反思[J]．教育发展研究，2009（18）：84-87．

（3）闫寒冰．信息化教学评价　量规实用工具[M]．北京：教育科学出版社，2003．

（4）马志强．在线学习评价研究与发展[M]．北京：中国社会科学出版社，2017．

5．了解教育大数据

（1）张燕南，赵中建．大数据时代思维方式对教育的启示[J]．教育发展研究，2013，33（21）：1-5．

（2）杨现民，唐斯斯，李冀红．发展教育大数据：内涵、价值和挑战[J]．现代远程教育研究，2016（1）：50-61．

（3）方海光著．教育大数据：迈向共建、共享、开放、个性的未来教育[M]．北京：机械工业出版社，2016．

（4）杨现民．互联网+教育：中国基础教育大数据[M]．北京：电子工业出版社，2016．

三、学习政策文件

1.《教育部关于加强高等学校在线开放课程建设应用与管理的意见》教高〔2015〕3 号）（摘录）

……

二、重点任务

（一）建设一批以大规模在线开放课程为代表、课程应用与教学服务相融通的优质在线开放课程。支持具有学科专业优势和现代教育技术优势的高校，以大学生文化素质教育课、受众面广量大的公共课和专业核心课程为重点，建设适合网络传播和教学活动的内容质量高、教学效果好的在线开放课程。鼓励高校间通过协同创新和集成创新的方式建设满足不同教学需要、不同学习需求的在线开放课程或课程群。有组织地建设一批高校思想政治理论课等在线开放课程。

（二）认定一批国家精品在线开放课程。综合考察课程的教学内容与资源、教学设计与方法、教学活动与评价、教学效果与影响、团队支持与服务等要素，采取先建设应用、后评价认定的方式，2017年前认定1000余门国家精品在线开放课程。到2020年，认定3000余门国家精品在线开放课程。

（三）建设在线开放课程公共服务平台。在具有良好公益性、开放性的国内已运行平台中，通过申报、专家遴选的方式，选择基础良好、技术先进、符合国情、安全稳定、优质课程资源集聚、服务高效的平台，认定为在线开放课程公共服务平台。鼓励公共服务平台之间实现课程资源和应用数据共享，营造开放合作的网络教学与学习空间。鼓励高校使用在线开放课程公共服务平台。高校也可选用适合本校需求的其他国内平台以及小规模专有在线课程平台，开展在线开放课程建设和应用。鼓励公共服务平台与国家开放大学教学平台开展合作，为终身教育提供优质课程。鼓励平台建设方、高校协同建设和运用在线课程大数据，为高校师生和社会学习者提供优质高效的全方位或个性化服务。

（四）促进在线开放课程广泛应用。鼓励高校结合本校人才培养目标和需求，通过在线学习、在线学习与课堂教学相结合等多种方式应用在线开放课程，不断创新校内、校际课程共享与应用模式。鼓励承担对口支援任务的高校探索通过在线开放课程支援西部受援高校教学，受援高校应积极应用在线开放课程。鼓励在线开放课程公共服务平台在保障公益性的同时，积极探索课程拓展资源与个性化学习服务的市场化运营方式。

（五）规范在线开放课程的对外推广与引进。对外推广或引进课程应遵守我国教育、中外合作办学、互联网等相关法律法规，履行我国加入世界贸易组织有关教育服务的具体承诺，并择优推荐选择。学校或平台承担课程对外推广或引进课程的直接责任。鼓励通过在线开放课程公共服务平台和境外平台积极对外推广我国优质课程。鼓励优先引进反映学科发展前沿且具有先进的教育理念和教育经验的自然科学、工程与技术科学等学科优质课程。

（六）加强在线开放课程建设应用的师资和技术人员培训。依托高校、相关机构、专家组织和在线开放课程公共服务平台，根据教师、学习者的需求变化和技术发展，开展课程建设、课程应用以及大数据分析应用等培训。

（七）推进在线开放课程学分认定和学分管理制度创新。鼓励高校制订在线开放课程教学质量认定标准，将通过本校认定的在线课程纳入培养方案和教学计划，并制订在线课程的教学效果评价办法和学生修读在线课程的学分认定办法。在保证教学质量的前提下，鼓励高校开展在线学习、在线学习与课堂教学相结合等多种方式的学分认定、学分转换和学习过程认定。

（http://old.moe.gov.cn/publicfiles/business/htmlfiles/moe/s7056/201504/186490.html）

2. 教育部关于印发《教育信息化"十三五"规划》的通知（教技〔2016〕2号）（摘录）

……

（三）不断扩大优质教育资源覆盖面，优先提升教育信息化促进教育公平、提高教育质量的能力。

深入推进三个课堂建设，积极推动"专递课堂"建设，巩固深化"教学点数字教育资源全覆盖"项目成果，进一步提高教学点开课率，提高教学点、薄弱校教学质量；推广"一校带多点、一校带多校"的教学和教研组织模式，逐步使依托信息技术的"优质学校带薄弱学校、优秀教师带普通教师"模式制度化。大力推进"名师课堂"建设，充分发挥名师的示范、辐射和指导作用，以"名师工作室"等形式组织特级教师、教学名师与一定数量的教师结成网络研修共同体，提升广大教师的教学能力和水平。积极组织推进多种形式的信息化教学活动，鼓励教师利用信息技术创新教学模式，推动形成"课堂用、经常用、普遍用"的信息化教学新常态。创新推进"名校网络课堂"建设，各地教育行政部门要制订相关规定，鼓励、要求名校利用"名校网络课堂"带动一定数量的周边学校，使名校优质教育资源在更广范围内得到共享，让更多的学生享受到高质量的教育。继续推动高校建设并向社会开放在线课程，促进中央部门高校支援西部高校开展在线开放课程线上线下混合式教学改革；积极支持、推进高等学校继续教育数字化资源开放和在线教育联盟、大学与企业继续教育联盟建设，扩大高校优质教育资源受益面，在提升高等教育、继续教育质量中发挥重要作用。

（四）加快探索数字教育资源服务供给模式，有效提升数字教育资源服务水平与能力。

继续开展"一师一优课、一课一名师"等信息化教学推广活动，激发广大教师的教育智慧，不断生成和共享优质资源；实施职业教育数字资源试点专项，国家示范性职业学校数字化资源共建共享计划，以先建后补方式继续开展"职业教育专业教学资源库"建设，推动职业院校广泛应用。加快制订数字教育资源相关标准规范，完善多机制、多途径整合优质数字教育资源的制度。加大数字教育资源的知识产权保护力度，加强相关法治培训，增强教育部门、学校使用、应用数字图书、音像制品等资源时，依法保护知识产权的意识和能力，进一步确立通过市场竞争产生优质资源、提供优质资源服务的机制。要通过多种方式大力培育数字教育资源服务市场，积极探索在生均公用经费中列支购买资源服务费用的机制，将数字教育资源的选择权真正交给广大师生。鼓励企业积极提供云端支持、动态更新的适应混合学习、泛在学习等学习方式的新型数字教育资源及服务。各级教育行政部门要保障基础性数字教育资源的供给，并发挥好已有资源的作用，利用以互联网为主的多种手段将资源提供给各类教育机构，尤其是农村、边远、贫困、民族地区的学校免费使用。大力实施面向不同行业、企业的高等学校继续教育e行动计划，办好开放大学、老年大学、就业技能培训等，为全民学习、终身学习提供有力支撑。

（五）创新"网络学习空间人人通"建设与应用模式，从服务课堂学习拓展为支撑网络化的泛在学习。

要积极利用成熟技术和平台，统筹推进实名制网络学习空间的建设与应用。空间要集成网络教学、资源推送、学籍管理、学习生涯记录等功能。要融合网络学习空间创新教学模式、学习模式、教研模式和教育资源的共建共享模式。鼓励教师应用网络学习空间开展备课授课、家校互动、网络研修、指导学生学习等活动；鼓励学生应用网络学习空间进行预习、作业、自测、拓展阅读、网络选修课等学习活动，养成自主管理、自主学习、自主服务的良好习惯；鼓励家长应用网络学习空间与学校、教师便捷沟通、互动，关注学生学习成长过程，有效引导学生科学使用空间。要实现学生学习过程、实践经历记录的网络学习空间呈现；依托网络学习空间逐步实现对学生日常学习情况的大数据采集和分析，优化教学模式，以"人人通"的广泛、深度应用进一步体现"校校通""班班通"的综合效能。

（六）深化信息技术与教育教学的融合发展，从服务教育教学拓展为服务育人全过程。

要依托信息技术营造信息化教学环境，促进教学理念、教学模式和教学内容改革，推进信息技术在日常教学中的深入、广泛应用，适应信息时代对培养高素质人才的需求。有条件的地区要积极探索信息技术在"众创空间"、跨学科学习（STEAM 教育）、创客教育等新的教育模式中的应用，着力提升学生的信息素养、创新意识和创新能力，养成数字化学习习惯，促进学生的全面发展，发挥信息化面向未来培养高素质人才的支撑引领作用。面向未来培养高素质人才，教师能力是关键。要建立健全教师信息技术应用能力标准，将信息化教学能力培养纳入师范生培养课程体系，列入高校和中小学办学水平评估、校长考评的指标体系，将教师信息技术应用能力纳入教师培训必修学时（学分），将能力提升与学科教学培训紧密结合，有针对性地开展以深度融合信息技术为特点的课例和教学法的培训，培养教师利用信息技术开展学情分析与个性化教学的能力，增强教师在信息化环境下创新教育教学的能力，使信息化教学真正成为教师教学活动的常态。

（http://www.moe.edu.cn/srcsite/A16/s3342/201606/t20160622_269367.html）

3. 教育部关于中央部门所属高校深化教育教学改革的指导意见（教高〔2016〕2 号）（摘录）

……

（五）着力推进信息技术与教育教学深度融合

具有学科专业优势和现代教育技术优势的高校，要以受众面广量大的公共课、基础课和专业核心课为重点，致力于以学为本的课程体系重塑、课程内容改革，建设一批以大规模在线开放课程为代表、课程应用与教学服务相融通的优质在线开放课程。创新在线课程共享与应用模式，推动优质大规模在线开放课程共享、不同类型高校小规模定制在线课程应用、校内校际线上线下混合式教学，推进以学生为中心的教与学方式方法变革。高校要完善管理制度，将教师建设和应用在线课程合理计入教学工作量，将学生有组织学习在线课程纳入学分管理，对课程建设质量、课程运行效果进行监测评价。建设虚拟仿真实验教学中心，全面推进信息化实践教学平台建设，充分利用信息技术实现优质实验教学资源开放共享。

（http://www.moe.edu.cn/srcsite/A08/s7056/201607/t20160718_272133.html）

4. 《教育部办公厅关于开展 2017 年国家精品在线开放课程认定工作的通知》（教高厅函〔2017〕40 号）（摘录）

2017 年认定国家精品在线开放课程数量为 500 门左右，其课程申报的基本条件如

表 9-1 所示：

表 9-1 2017 年国家精品在线开放课程认定工作申报要求

申报标准	具体申报条件	是（√） 否（×） 符合
依托平台	全国性公开课程平台	√
	具备大规模在线开放课程特点的省级平台	√
	国际知名课程平台	√
教育阶段	全日制本科	√
	全日制专科	√
认定课程	视频公开课	×
	资源共享课	×
	视频公开课和资源共享课已改造符合要求的	√
	SPOC	×
	非全日制学生使用的网络课程	×
	无完整教学活动、教学过程的在线课程	×
	符合 MOOC 要求，仅供校内使用的课程	×
课程方向	受众面广量大的公共课	√
	专业基础课	√
	专业核心课程	√
	大学生文化素质教育课	√
	创新创业教育课	√
	教师教育课程	√
	在国际知名课程平台上传播中华优秀传统文化的课程	√
开课时长	完成两期及以上教学活动	√
	多个平台不同时间段开设两期以上教学活动	√
课程团队	高校正式聘用的教师申报	√
	老师经由所兼职的学校来进行课程申报	×
	企业人员作为学校正式聘任的兼职人员，经由所兼职的学校来进行课程申报	√

5. 教育部办公厅关于公布 2017 年国家精品在线开放课程认定结果的通知（教高厅函〔2017〕80 号）（摘录）

根据《教育部关于加强高等学校在线开放课程建设应用与管理的意见》（教高〔2015〕3 号）精神和《教育部办公厅关于开展 2017 年国家精品在线开放课程认定工作的通知》（教高厅函〔2017〕40 号）要求，在各省级教育行政部门和中央有关部门所属高校申报的基础上，经资格审查、专家评议与公示，我部决定认定 490 门课程为 2017 年国家精品在线开放课程，现予以公布（名单见附件）。

认定首批国家精品在线开放课程，是我部认真学习宣传贯彻党的十九大精神，写好教育"奋进之笔"，打好高等教育提升质量、推进公平、创新人才培养机制攻坚战的重大行动。我部将以此为契机，全面推进在线开放课程建设与应用，不断深化信息技术与教育教学深度融合，深入推进以学生为中心的课程改革、教学方式与学习方式变革，实现高等教育教学质量的"变轨超车"。

（http://www.moe.gov.cn/srcsite/A08/s5664/moe_1623/s3843/201801/t20180112_324478.html）

6. 教育部办公厅关于开展 2018 年国家精品在线开放课程认定工作的通知（教高厅函〔2018〕44 号）（摘录）

……

二、课程要求

申报课程须贯彻《意见》精神，符合《普通高等学校本科专业类教学质量国家标准》等要求，思想导向正确、科学性强，大规模在线开放课程特征明显，突出以学生为中心的教学设计，课程建设团队充分开展在线教学活动与指导，课程质量高，共享范围广，应用效果好，示范引领性强。

（一）课程团队

课程负责人须为申报高校正式聘用的教师，具有丰富的教学经验和较高学术造诣。主讲教师师德好，教学能力强，积极投身信息技术与教育教学深度融合的教学改革。课程团队结构合理、人员稳定，除课程负责人和主讲教师外，还应配备必要的助理教师，保障线上线下教学正常有序运行。课程团队主要成员须与课程平台显示人员一致。同一课程负责人只能申报一门课程。

（二）课程教学设计

遵循教育教学规律，体现现代教育思想，符合大规模在线开放课程教学特征。注重以学生为中心建立教与学新型关系，构建体现信息技术与教育教学深度融合的课程结构和教学组织模式，课程知识体系科学，资源配置全面合理，适合在线学习和混合式教学。

（三）课程内容

坚持立德树人，能够将思想政治教育内化为课程内容，弘扬社会主义核心价值观。反映学科专业最新发展成果和教改教研成果，具有较高的科学性水平。课程内容更新和完善及时。无危害国家安全、涉密及其他不适宜网络公开传播的内容，无侵犯他人知识产权内容。

（四）教学活动与教师指导

通过课程平台，教师按照学校的教学计划和要求为学习者提供测验、作业、考试、答疑、讨论等教学活动，及时开展在线指导与测评。各项教学活动完整、有效，按计划实施。学习者在线学习响应度高，师生互动充分，能有效促进师生之间、学生之间进行资源共享、互动交流和自主式与协作式学习。

（五）应用效果与影响

申报课程在本校教学过程中能较好地应用，将在线课程与课堂教学相结合，教学方法先进，教学质量高。在其他高校和社会学习者中共享范围广，应用模式多样，应用效果好，社会影响大。

（六）课程平台支持服务

课程平台须按照《中国互联网管理条例》等规定，完成有关的备案和审批手续，至少获得国家信息安全等级保护二级认证。平台运行安全稳定畅通，课程在线教学支持服务高效。同时，须制定相应的管理制度和工作流程，配有专业人员进行审查管理，确保上线课程的内容规范及技术水平。

（http://www.moe.gov.cn/srcsite/A08/s5664/s7209/s6872/201807/t20180725_343681.html）

7．教育部关于公布 2018 年国家精品在线开放课程认定结果的通知（教高函〔2019〕1 号）（摘录）

根据《教育部关于加强高等学校在线开放课程建设应用与管理的意见》（教高〔2015〕3 号）精神和《教育部办公厅关于开展 2018 年国家精品在线开放课程认定工作的通知》（教高厅函〔2018〕44 号）要求，经省级教育行政部门、有关部门（单位）教育司（局）、部属高等学校申报推荐，并经专家评议与公示，教育部决定认定北京大学"慕课问道"等 801 门课程为 2018 年国家精品在线开放课程，现予以公布（名单见附件）。

2018 年国家精品在线开放课程认定是教育部全面贯彻全国教育大会精神，落实《教育部关于加快建设高水平本科教育 全面提高人才培养能力的意见》《教师教育振兴行动计划（2018—2022 年）》《高等职业教育创新发展计划（2015—2018 年）》《新时代高校思想政治理论课教学工作基本要求》和《教育部关于加强新时代高校"形势与政策"课建设的若干意见》精神，坚持立德树人根本任务，推动高等教育教学改革，提高高等教育教学质量，推进教育公平的重要行动，也是打造"金课"，实施一流课程"双万计划"的重要内容。教育部将以在线开放课程建、用、学、管共享为抓手，深入推进信息技术与教育教学深度融合的课程内容、教学模式与教学方法改革，实现我国高等教育教学质量的"变轨超车"。

（http://www.moe.gov.cn/srcsite/A08/s5664/moe_1623/s3843/201901/t20190121_367540.html）

四、了解建设要求

1．《江苏省高等学校在线开放课程建设技术规范》（摘录）

一、教学内容

教学内容包含视频、教学资料（PPT 课件、参考资料等）、随堂测验、课堂讨论、单元测验及单元作业、考试。应保证各类教学资源知识产权清晰、明确，不侵犯第三方权益。

各类资源的具体规范如下：

1．视频（教师的授课录像）

（1）技术要求

时长范围：5~25 分钟（尽量控制在 20 分钟以内）；

视频格式：视频采用 MP4 格式，单个视频文件小于 200M，视频采用 H.264 编码方式，分辨率不低于 720p（1280×720，16∶9）；

音频：清晰，无交流声或其他杂音、噪音等缺陷；

课程简介：如制作课程简介视频，建议长度 50~60 秒。

（2）拍摄要求

画面中教师以中景和近景为主，要求人物和板书（或其他画面元素）同样清晰，不建议无教师形象的全程板书或 PPT 配音。

录像环境应光线充足、安静，教师衣着整洁，讲话清晰，板书清楚。

视频片头/片尾(可选)：片头和片尾的总长要求控制在 10 秒以内。一个教学单元内，如果有多个视频，建议仅在第一个视频加片头，在最后一个视频加片尾。

（3）字幕文件（可选）

字幕文件应单独制作并上传，不能与视频合并，要求用 srt 格式。字幕要使用符合国家标准的规范字，不出现繁体字、异体字、错别字。

（4）课间提问

时长超过 5 分钟的视频应插入课间提问；有条件的课程，建议每 5~6 分钟插入一次。课间提问为 1 道客观题，题型可以是：单选题、多选题、填空题、判断题。

课间提问不计入平时成绩。

2. 教学资料

教学资料可以是课程教学演示文稿或其他参考资料、文献等。

演示文稿和其他格式文档需以 PDF 文档的格式上传；也可使用平台提供的富文本编辑器在线编辑。例如，每讲的 PPT 教案，可放在该讲教学内容的最后，供学生下载。

3. 随堂测验

随堂测验可以方便学生即学即练，也便于老师随时考查学生对教学内容的理解和掌握程度。随堂测验没有提交时间的限制，也不会计入学生的平时成绩。

随堂测验由客观题组成，平台自动判分；题型可以是单选题、多选题、填空题或判断题。一份随堂测验可以由多种题型的客观题组成，题目数量不限。

4. 课堂讨论

课堂讨论是教学团队在教学单元中发起的讨论。平台为每个话题生成单独的讨论区。教师可选择将学生发言情况记入学生的平时成绩。

5. 单元测验及单元作业

单元测验和单元作业设有提交截止有时间，教师可选择计入平时成绩，发布前需确保题目和答案核查无误。

（1）单元测验

单元测验由客观题组成，平台自动判分，题型可以是单选题、多选题、填空题、判断题。一份单元测验可以由多种题型的客观题组成，题目数量不限。教师可以对单元测验设置管理策略，如：学生可以提交的次数（建议 2~3 次）、有效成绩取最后一次成绩还是最好成绩（建议取最好成绩）。

注意：由于填空题判分时有严格的字符比对规则，出题需谨慎。

（2）单元作业

单元作业是主观题，采用学生互评或教师批改的方式进行判分。

注意：单元测验和单元作业的有效期以 10~15 天为宜。为保证注册较晚的学生能够获得证书，前两周作业提交时间建议设定为 30 天。

6. 考试

考试是检测学生课程阶段性/整体学习情况的正式测验题，可以包括客观题和主观题，数量不限。考试题一经发布将不允许修改，发布前需确保考试内容核查无误。

考试题的形式与单元测验和单元作业一致，客观题由平台自动判分，主观题采用学生互评或教师批改的方式进行判分。

考试题学生只能提交一次，且有答题时间限制，该时间按平台的时间计算（即学生一旦开始考试，不论其是否关闭电脑，系统都将按平台的时间计时并按时结束）。

二、课程结构

原则上按周设计教学单元，课程持续时间建议不超过 14 周，超过 14 周的课建议开成两门课，如高等数学（一）、高等数学（二）。

课程结构设置为两级，各级编号均可自主编写（亦可无编号）；

第一级结构仅包括标题，以及单元测验或单元作业；

第二级结构下包括标题、视频、课堂讨论、教学资源、随堂测验等各类教学内容。二级结构的标题可自主编写，每个二级结构中可以包含多个视频文件和其他类型的教学资源，数量不超过 15 个，以 1~2 个学时的课堂负荷为宜。教师可根据自己的习惯和教学安排，对教学内容自由排序。

1. 按周发布课程

如果课程的教学内容按周发布，且每周仅发布一次，建议课程的一级结构按"周"命名。

2. 按内容发布课程

如果课程的教学内容不能严格保证每周发布一次（如每周发布多次，或隔周发布），建议课程的一级结构以"讲""单元"等称谓命名，而不要使用"周"命名。

（http://jyt.jiangsu.gov.cn/art/2018/10/24/art_58320_7851637.html）

2. 福建省高校精品在线开放课程建设标准（试行）（摘录）

一、课程建设总体要求

1. 课程内容与资源。体现现代教育思想、教学理念，符合教育教学规律，及时反映学科最新发展成果和教改教研成果；根据教学目标、学科特点、学生认知规律及教学方式，围绕学科核心概念及教学内容和资源间关系，按照教学单元、专题或模块的框架，合理、有序地设计知识单元和拆分、配置知识点及技能点。

课程基本资源系统完整，视频、音频、教案和演示文稿等经过精心设计和制作，内容准确、系统、完整，对教学内容、教学方法、教学手段等进行了统筹、集成，应用效果好，有助于提高学生学习兴趣，改善教学效果；拓展资源能反映本课程教学特点、建设优势，应用于教或学的某一环节、支持教学或学习过程。

2. 教学设计与方法。能够根据专业特点及学生层次制定课程教学目标，课程本身与每个教学单元、专题都有明确的知识、技能、情感目标，目标实现与否可以测量；遵循有效教学的基本规律，以教学目标为导向，精心设计教学活动，科学规划在线学习资源和教学资源，明确学习评价策略和学习激励措施。

3. 教学活动设计。要重视学习任务与活动设计，体现以学生为主体、以教师为主导的教育理念，能综合运用多种方式、多种手段开展学生的学习活动，积极开展案例式、混合式、探究式等多种教学模式的学习，活动形式包括但不限于在线异步讨论、笔记、信息提醒、测验、教师答疑、作业、同伴互评、线下讨论、问卷、实时讨论、维基和一对一辅导。

4. 学习评价设计。根据课程特点建立多元化学习评价体系，探索线上和线下融合，过程性评价与终结性评价相结合的多元化考核评价模式，有明确合理的课程整体评价策略和各学习周、知识单元的评价策略，包括完成课程学习必需的各项学习活动的数量及评分的标准等；反馈及时；能记录学习和交互过程，并用于学习评价和教学研究。评价类型包括但不限于随堂小测验、单元测验、单元作业、讨论、调查、线下考试、期末考试和作业，原则上每个一级单元至少有一份习题作业。

5. 团队支持与服务。课程建设负责人应为高校正式聘用，具有良好师德、丰富的教学经验和较高的学术造诣的教师，至少应承担本课程25%的授课视频录制任务；课程主讲教师应为教学一线长期承担本课程教学任务的教师，主要人员具有丰富的网络教学和在线开放课程建设经验；支持和鼓励教学名师、知名专家主讲开放课程，鼓励开展跨校、跨专业、跨层次建设满足不同教学需要、不同学习需求的在线开放课程或课程群；课程团队的知识结构、年龄结构、学缘结构及任务分工合理，团队成员包括专业教师和教育技术人员。课程正式运行后，能保证每学年都对外校开放，课程团队应能长期在线服务课程建设，承担课程内容更新、在线辅导、答疑等。

6. 教学效果与影响。基于大数据信息采集分析，全程记录和跟踪教师的教学、学生的学习过程、学习进度、内容和反馈，全面跟踪和分析每个学生的个性特点、学习行为，对进度缓慢或有可能弃学的学生进行回访和提醒，同时为学习者提供及时的反馈信息。开展学习者问卷调查，及时根据调查反馈信息改进课程资源设计和教学。

充分发挥课程共享作用，推进在线开放课程学分认定和学分管理制度创新。支持各高校之间在合作、共赢、协议的基础上实现在线开放共享课程的互认。课程的初始学分由建设该课程的高校设定，其他高校可在双方、多方协议的基础上，根据本校专业设置和课程学分设置标准自行认定学分。

二、课程选题方向

支持高校发挥学科专业优势，充分应用信息技术、现代教育技术和现代远程教育优势，建设一批具有地方特色，更好实现优质资源共享、互通有无的在线开放课程。课程选题应注重科学性和思想性统一，重点选题方向包括：

1. 大学生文化素质教育课；

2. 公共课；

3. 专业课（含学科基础课）；

4. 创新创业教育课。

三、课程要件

1. 课程介绍。课程介绍包括课程特点、教学目标、教学内容覆盖面、教学方法及组织形式、授课对象要求、教材与参考资料、课程已开设和面向社会开放情况等内容。

2. 教学大纲。教学大纲以纲要形式规定课程的教学内容,具体应包括课程的教学目的、教学任务、教学内容的结构、模块或单元教学目标与任务、教学活动以及教学方法上的基本要求等。

3. 教学日历。教学日历是教师组织线上课程教学的具体实施计划表,应按周来明确规定教学进程、授课内容、授课方式、讨论主题与要求、线上线下作业等教学活动的时间进度。

4. 课程导学。课程导学包括课程学习指南、学习建议,各课程单元的学习指南、学习方法建议,各种学习活动和学习方法介绍,常见问题等。

5. 教师授课视频。教师授课视频按教学知识单元录制,每个视频针对 1~2 个知识单元,要求结构完整。每个视频片段 5~15 分钟为宜,最多不超过 20 分钟。每 1 个学分当量的课程学时应不少于 16 学时,教学视频(不含素材)应不少于 120 分钟。

6. 教学资料。教学资料包括每个授课单元的课程教学演示文稿,以及其他参考资料、文献、案例等。

7. 教师团队。课程负责人及主讲教师基本情况介绍;课程团队构成及介绍,包括教学设计人员、助教、拍摄制作人员、技术支持人员、志愿者等。

8. 课堂讨论。每个单元可以安排有一个或多个课堂讨论,需设定讨论的主题。课堂讨论是教学团队在教学单元中发起的讨论。教师可选择将学生发言情况记入学生的平时成绩。

9. 测验。测验包括随堂测验和单元测验,随堂测验可以安排添加在某个教学单元中的多个教学视频间,可以方便学生即学即练,也便于老师随时考查学生对教学内容的理解和掌握程度;单元测验一般安排在整个教学单元学习完成之后进行。随堂测验和单元测验一般由客观题组成,题型可以是单一的单选题、多选题、填空题、判断题,或是上述多种题型的组合,平台自动判分。

10. 作业。作业的形式可以是主观题、客观题,或是两者的组合,可以采用学生互评或教师批改的方式进行判分。

11. 试卷。试卷是检测学生课程阶段性或整体学习情况的正式测验题,可以包括客观题、主观题及两者的组合题;试题满足测试目标的要求,涵盖考查范围内的主要知识点,考查内容的题量和试题难度分布应与教学内容结构一致,具有一定的效度和信度,前后顺序必须合理,试题之间不能相互提示,不能相互矛盾。客观题由平台自动判分,主观题采用学生互评或教师批改的方式进行判分。

12. 课程评价。课程评价包括完成课程学习必需的课程整体评价策略和各学习周、知识单元的评价策略,评价策略明确了完成每个知识单元、每个学习周以及整门课程学习所必须按时完成的各项学习活动的数量、评分标准及成绩合成比例等,列入评价的学习活动包括视频点播、学习讨论、在线测试、在线作业、材料阅读等。

13. 拓展资源。拓展资源指反映课程特点，应用于各教学与学习环节，支持课程教学和学习过程，较为成熟的多样性、交互性辅助资源。例如，案例库、专题讲座库、素材资源库，学科专业知识检索系统、演示/虚拟/仿真实验实训(实习)系统、试题库系统、作业系统、在线自测/考试系统，课程教学、学习和交流工具及综合应用多媒体技术建设的网络课程等。

四、格式与技术要求

1. 教师授课视频

① 制作要求

课程教学视频应该满足慕课教学模式要求，按教学知识单元录制，每个视频针对1~2个知识单元，要求内容结构完整。每个视频片段 5~15 分钟为宜，最多不超过 20 分钟。每 1 个学分当量的课程学时应不少于 16 学时，教学视频（不含素材）应不少于 120 分钟。

教师视频要求画面构图、布局及场景搭配合理；画面整体色彩和谐；声画同步、声音清晰无失真；视频播放无抖动、跳跃；画面字体规范并与背景对比强烈；教师衣着得体，表达清晰，板书清楚。

画面中教师以中景和近景为主，要求人物和板书（或其他画面元素）同样清晰。

② 技术要求

外录式视频课件（使用外置摄像机对教师的讲授和演示过程进行拍摄）的要求

高清视频：

格式：MP4；分辨率：1920×1080 或 1280×720；帧速率：≥25fps

视频码率（编码）：H.264/AVC≥1024kbps；

音频码率（编码）：AAC(MPEG4 Part3)≥128kbps；

采样率：48KHz；声道：立体声 2 声道，做混音处理

标清视频：

格式：MP4 或 FLV；分辨率：720×576 或 720×480；帧速率：≥25fps

视频码率（编码）：H.264/AVC≥512kbps；

音频码率（编码）：AAC(MPEG4 Part3)≥128kbps；

采样率：48KHz；声道：立体声 2 声道，做混音处理

内录式视频，指用软件自动录制教师在电脑屏幕上播放的 PPT、边讲边做的注释，以及对电脑的操作等，配以教师同步讲解的声音和头像。内录式视频及 Flash 课件的分辨率支持 19 寸 16:9 屏幕的最佳分辨率。

声音和画面要求同步，无明显杂音，无明显失真、放音过冲、过弱。伴音清晰、饱满、圆润，无失真、噪声杂音干扰、音量忽大忽小现象。解说声与现场声、背景音乐无明显比例失调。音频信噪比不低于48dB。

字幕要使用符合国家标准的规范字，不出现繁体字、异体字(国家规定的除外)、错别字；字幕的字体、大小、色彩搭配、摆放位置、停留时间、出入屏方式要与其他要素（画面、解说词、音乐）配合适当，不能破坏原有画面。

视频片头/片尾（可选）：片头和片尾的总长要求控制在 10 秒以内。一个教学单元

内，如果有多个视频，建议仅在第一个视频加片头，在最后一个视频加片尾。

2. 文本素材

纯文本采用 UTF-8 编码或 GB18030 编码。采用常见存储格式，如 txt、doc、docx、pdf、rtf、htm、html、xml 等。

3. 图形/图像素材

彩色图像颜色数不低于真彩（24 位色），灰度图像的灰度级不低于 256 级。屏幕分辨率不低于 1024×768 时，扫描图像的扫描分辨率不低于 72 dpi。

采用常见存储格式，如 gif、png、jpeg、jpg、bmp 等。

4. 音频素材

语音采用标准的普通话、美式或英式英语配音，特殊语言学习和材料除外。使用适合教学的语调。

音乐类音频的采样频率不低于 44.1 kHz，语音类音频的采样频率不低于 22.05 kHz。量化位数大于 8 位，码率不低于 64 kbps。音频播放流畅，声音清晰，噪音低，回响小。

采用常见存储格式，如 wma、mp3、mp4 或其他流式音频格式，建议优先采用 MP3 格式。

5. 视频素材

分辨率不低于 320×240，图像清晰，播放流畅，声音清楚。

字幕要使用符合国家标准的规范字，不出现繁体字、异体字(国家规定的除外)、错别字；字幕的字体、大小、色彩搭配、摆放位置、停留时间、出入屏方式要与其他要素（画面、解说词、音乐）配合适当，不能破坏原有画面。音频与视频图像有良好的同步，音频部分应符合音频素材的质量要求。

采用常见存储格式，如 mp4、wmv、mov、flv 或其他流式视频格式，建议优先采用 mp4 格式。

6. 动画素材

动画色彩造型和谐，帧和帧之间的关联性强。动画演播过程要求流畅，静止画面时间不超过 5 秒钟。

采用常见存储格式，如 gif、swf（不低于 Flash6.0）或 svg 存储格式。

7. 演示文稿

文件采用 ppt、pptx 或 pdf 格式制作，如果演示文稿有内嵌音频、视频或动画，则应在相应目录单独提供一份未嵌入的文件。同时提供关于最佳播放效果的软件版本说明。

版式朴素、大方，颜色适宜，便于长时间观看；在适当位置标明课程名称、模块（章或节）序号与模块（章或节）的名称。每页版面的字数不宜太多。正文字号应不小于 24 磅字，使用 Windows 系统默认字体，不要使用仿宋、细圆等过细字体，不使用特殊字体，如有特殊字体需要应转化为图形文件。文字要醒目，避免使用与背景色相近的字体颜色

动画连续，节奏合适，不宜出现不必要的动画效果，不使用随机效果。文件内链接都采用相对链接，并能够正常打开。使用超级链接时，要在目标页面有"返回"按钮，

不同位置使用的导航按钮保持风格一致或使用相同的按钮。

8. 网页课件

网页目录层次清晰，命名简洁、准确、合理。页面上要标明当前页面展示内容的标题。每个网页内要有完整的标签，每个网页内标签之间要写明该页的标题，并且与页面上的标题一致。网页内的所有路径写法均使用相对路径。

对于背景、表格、字体、字号、字体颜色等统一使用样式表（CSS）处理。网页的样式风格尽量一致，在背景、色调、字体、字号上不能相差太多。如果有背景音乐，背景音乐的音量不易过大，音乐与课件内容相符，并提供控制开关。

兼容 Microsoft IE、Google Chrome、Mozilla Firefox 等常见浏览器，鼓励采用 HTML5 编码，并充分考虑苹果、安卓等移动总终端的适应性。

9. flash 课件

课件以 swf 格式提交。课件的开始要有醒目的标题，标题要能够体现课件所表现的内容。文字要醒目，避免使用与背景色相近的颜色，根据课件的内容和使用对象的特点来确定整体色彩和色调。选用字体时尽量避免文字残损，字体大小可以根据文字多少进行调节。

画面简洁清晰，界面友好，操作简单。尽量根据教学内容的实际需求，设计较强的交互功能，促进学习者参与学习，但交互要合理设计。动画连续，节奏合适，提供进度控制条。背景音乐的音量不易过大，音乐与课件内容相符，并提供控制开关。在课件中不同位置使用的导航按钮风格一致或使用相同的按钮。

课件应采用 Flash 6.0 以上版本制作。

（http://jyt.fujian.gov.cn/xxgk/zfxxgkzl/zfxxgkml/zcwj/zdgkwj/201607/t20160707_3657717.htm）

3. 福建省高校精品在线开放课程遴选指标（试行）（摘录）

评分指标

一级指标	二级指标	主要观测点	评审标准	分值 K_i
1. 课程团队（10分）	课程负责人	学术水平、教师风范	具有良好师德，学术造诣高，教学能力强，教学经验丰富，教学特色鲜明，教学成果显著。	3
	团队成员	人员配置、结构配置	团队知识结构、年龄结构、学缘结构及任务分工合理，团队成员包括专业教师和教育技术骨干。	4
	教学研究与从业经验	团队教学经验	主要人员具有网络教学和在线开放课程建设经验；有相关教学、科研论文和成果。	3

续表

一级指标	二级指标	主要观测点	评审标准	分值 K_i
2. 课程内容与资源（28）	内容选择	内容思想性、科学性、实践性、先进性、创新性、扩展性	体现现代教育思想，符合教育教学规律，及时反映学科最新发展成果和教改教研成果，具有思想性、科学性、实践性、先进性、创新性、扩展性。适应在线开放教育和辅助学习需要，有助于学习者创新能力、实践能力和可持续发展能力的培养。	5
	内容组织	课程模块；教学单元；知识点、技能点拆分；资源组织	每门课程提供一个知识图谱，将所有的知识点，按照一定的结构呈现出来。教学内容结构完整，教学单元的设计和知识点、技能点的拆分或配置合理；各类基本资源均按照教学单元、专题或模块的框架，予以合理、有序的组织和配置，与知识点、技能点对应清晰；导航简明，方便各类用户查阅、使用。	6
	基本资源①	资源内容、资源设计、资源可用性、资源呈现方式	课程基本资源系统完整，能反映本课程教学理念、教学思想、教学设计，展现课程团队教学风采；视频、教案和演示文稿等经过精心设计和制作，应用效果好，有助于提高学生学习兴趣，改善教学效果；学习任务的设置清晰明了。符合在线开放课程建设技术要求。	6
	课程教学视频讲授质量	教学仪态、教学语言、教学方法、技术标准、时长	仪态端庄、举止从容；语调适宜，语言生动，充满感染力，使用普通话；教学方法富于变化，有利于学生创新能力的培养；每 1 个学分当量的课程，其教学视频应不少于 120 分钟；符合在线开放课程程建设技术要求。	8
	拓展资源②	资源内容、资源设计、资源可用性、资源呈现方式	具有一种以上能反映本课程教学特点、建设优势，应用于教或学的某一环节、支持教学或学习过程的拓展资源。该拓展资源的开发基于现实的教学需求，内容充实完整，适应教或学的内在规律；体现了教学模式和方法手段的创新；具有较高的交互性和智能化水平，开发技术先进，界面友好，开放性好，用户使用方便，应用于教学能产生实际效果。扩展资源应以事实、案例、解决问题的完整过程等为主；为学生完成学习任务提供支持。	3

续表

一级指标	二级指标	主要观测点	评 审 标 准	分值 K_i
3. 课程教学设计 (30 分)	教学目标	教学目标具体性、可衡量性、可分解性、可实现性、时限性	能够根据专业和课程特点及学生层次制定教学目标，课程本身与每个单元都有明确的知识、技能、情感目标，目标实现与否可以测量，教学活动、学习评价和教学资源以教学目标为导向。	5
	教学活动	活动目标、活动设计、活动类型、活动反馈	有明确的学习活动目标；能运用多种方式、多种手段开展学生的学习活动；有必要的指导，能为学生提供帮助；提供支持学生自主学习和协作学习的条件，并能激发学生的学习积极性和主动性，注重对学习能力的培养。活动形式包括但不限于在线异步讨论、笔记、信息提醒、测验、教师答疑、作业、同伴互评、线下讨论、问卷、实时讨论、维基和一对一辅导。	6
	学习评价	评价方式、反馈及时性、学习过程记录	根据课程特点采用形成性评价与总结性评价相结合的方式，有明确合理的评价策略，包括完成课程学习必须的作业数量及评分的标准、测试数量及标准等；反馈及时；能记录学习和交互过程，并用于学习评价和教学研究。评价类型包括但不限于随堂小测验、单元测验、单元作业、讨论、调查、线下考试、期末考试和作业，原则上每个一级单元至少有一份习题作业。	5
	教学方法	方法设计、方法运用	根据课程内容和学生特点，灵活运用案例分析、分组讨论、角色扮演、启发引导等教学方法，引导学生积极思考、乐于实践，提高教、学效果。	6
	用户体验设计	界面设计、媒体应用、人机交互模式	页面布局合理，色彩搭配协调、页面信息量适度；根据学科内容选择和应用恰当的媒体形式和传播方式，内容精练，表述准确，符号规范；导航清晰、明确；人机交互符合成人学习者的心理和行为特点，自然、流畅，认知负荷低。	5
	交互设计	人际交互模式、交互层次、交互频次	注重信息技术的应用，人机交互模式灵活多样；师生积极参与互动，论坛发帖较多，帖子平均回复数大于 3，答疑回复间隔时间在 48 小时以内。在条件允许的情况下组织进行线下交互。	3

续表

一级指标	二级指标	主要观测点	评审标准	分值 K_i
4. 学习支持与学习效果(20分)	在线支持能力	依托平台的技术性能	支持 10000 人同时访问；从提交查询到结果页面载入完成，延时要求小于 3 秒，最大延时不超过 7 秒，要有超过 60%的查询最大延时不超过 2 秒。	2
	导学服务	服务目标、服务模式、服务对象	提供完整的课程介绍、学习指南、常见问题、课程推荐等服务，引导学生了解和适应学习环境，指导学生学习课程内容并参与学习活动。	5
	督学服务	服务目标、服务模式、服务对象	提供对学习者学习过程和学习计划执行情况的追踪记录，判断学习者的学习进度，对进度缓慢或有可能弃学的学生进行回访和提醒，同时为学习者提供及时的反馈信息。	5
	助学服务	服务目标、服务模式、服务对象	为学生提供实时讨论、线下讨论、问题反馈/投诉、课程笔记等服务，对遇到问题的学生帮助其解决一些实质性的困难，帮助学生在具体课程的学习中顺利完成学习任务，达到预定学习目标。	5
	学生评价	选课人数、应用频度、应用效果	有一个周期的开课；一定量的选课人数；调查曾经学习过该课程学生对课程的使用情况。	3
5.建设措施及效果(12分)	建设措施	建设方式、资源更新与维护措施、激励政策	建设方式；资源更新措施；日常维护机制；激励措施；鼓励校级、校企联合开发。	4
	共享措施	共享措施与激励政策	推动共享的激励政策；提供校际共享、校内共享、跨领域共享等多种共享方式。	4
	共享效果	选课学校及人数	提供外校选课；共享给外校使用。	2
	课程特色	课程特色	课程有较显著的特色，值得推广使用。	2

评分指标总分计算：$M = \sum K_i$，其中 K_i 是各二级指标的分值。专家意见为对评审对象的总体评价。

注：①基本资源指能反映课程教学思想、教学内容、教学方法、教学过程的核心资源，包括课程介绍、教学大纲、教学日历、教案或演示文稿、重点难点指导、作业、参考资料目录和课程全程教学录像等反映教学活动必需的资源。

②拓展资源指反映课程特点，应用于各教学与学习环节，支持课程教学和学习过程，较为成熟的多样性、交互性辅助资源。例如：案例库、专题讲座库、素材资源库，学科专业知识检索系统、演示/虚拟/仿真实验实训（实习）系统、试题库系统、作业系统、在线自测/考试系统，课程教学、学习和交流工具及综合应用多媒体技术建设的网络课程等。

（http://jyt.fujian.gov.cn/xxgk/zfxxgkzl/zfxxgkml/zcwj/zdgkwj/201607/t20160707_3657717.htm）

活动实践

1. 请根据自身需求选择几个国内外在线开放课程平台进行体验学习。

2. 请结合自己的实际教学活动需求，利用优质特色教学工具辅助教学。

3. 阅读与在线开放课程建设相关的文献与文件，了解建设的指导思想、方法和建设经验。

参 考 文 献

[1]   K K. Activity theory as a potential framework for human-computer interaction research [M]//N BA., Context and consciousness: activity theory and human-computer interaction. Cambridge, MA: MIT Press, 1996.

[2]   L C., Y-L L. Understanding and examining design activities with cultural historical activity theory [M]. Springer,2014: 89-106.

[3]   梅里尔，盛群力，陈伦菊. 教学内容尊为王，教学设计贵为后[J].电化教育研究，2017，38（3）：5-11.

[4]   N B A. Studying context: a comparison of activity theory，situated action models，and distributed cognitions [M]//B. A. N BA., Context and consciousness: activity theory and human-computer interaction. Cambridge, MA: MIT Press, 1996:35-52.

[5]   T J., S M., OMalley, C., et al. Towards a task model for mobile learning: a dialectical approach [J]. International Journal of Learning Technology, 2006(2):138-158.

[6]   敖永红，何星霖，王雪宇，等. 借鉴雅思、GRE 等考试，提高 MOOC 题库建设质量的研究[J]. 工业和信息化教育，2015（6）：67-71.

[7]   陈庚，张进宝，李松，等. 网络课程资源建设之课程规划研究[J]. 现代远程教育研究，2010（2）：63-74.

[8]   陈雅. 基于认知弹性理论的网络课程教学内容的组织[J]. 中国成人教育，2014（13）：141-143.

[9]   崔盼盼，郑兰琴. 协作学习活动设计质量评估方法的个案研究[J]. 现代教育技术，2018（10）：64-69.

[10] 杜若，张晓英，陈桃. 学习活动设计问题分析与交互式数字教材建设[J]. 中国远程教育，2018（8）：54-62.

[11] 范文翔，马燕，冯春花，告示. 基于 MOOC 的非正式学习研究[J]. 计算机教育，2014（9）：21-25.

[12] 付道明，徐福荫. 普适计算环境中的泛在学习[J]. 中国电化教育，2007（7）：94-98.

[13] 葛楠，孟召坤，徐梅丹，等. 非正式网络学习共同体中社会存在感影响因素研究[J]. 中国远程教育，2017（1）：37-44.

[14] 郭雯雯. 基于云服务的协作学习研究[D]. 长春：东北师范大学，2014. 16-17.

[15] 国家开放大学图书馆. OER 与 MOOC：开放的"异"与"同"[EB/OL]. [2014-05-01]. http://library.crtvu.edu.cn/crtvul_ou_express/41.pdf.

[16] 国家中长期教育改革和发展规划纲要（2010-2020 年）[J]. 中国高等教育，2010（z3）：1-17.

[17] 纪二娟. 在线学习中的引领活动设计[D]. 保定：河北大学，2010.

[18] 加涅，等. 教学设计原理[M]．5 版. 王小明，等译. 上海：华东师范大学出版社，2007：3.

[19] 姜燕，王少兵，刘赟. 基于多媒体三维教学系统的设计与研究[J]. 信息与电脑（理论版），2009（12）：64，66.

[20] 教育部关于公布 2018 年国家精品在线开放课程认定结果的通知（教高函〔2019〕1 号），http://www.moe.gov.cn/srcsite/A08/s5664/moe_1623/s3843/201901/t20190121_367540.html.

[21] 冷静，吴小芳，顾小清. 面向深度学习的在线课程活动设计研究——基于英国开放大学的案例剖析[J]. 远程教育杂志，2017（2）.

[22] 李亚男，王楠. 基于知识可视化的移动学习环境设计研究[J]. 中国电化教育，2013（11）：21-24.

[23] 张乐乐，黄如民. 联通主义视域下的移动学习环境设计[J]. 现代教育技术，2013，23（2）：115-119.

[24] 李玉顺，杨莹，吴美琴，等. 中学生网络学习活动设计流程及分析框架的研究——基于"视像中国"的初中生网络课程实践[J]. 中国电化教育，2017（5）：80-87.

[25] 刘冰. 社会网络视角下慕课学习者互动关系研究[J]. 宁波大学学报（教育科学版），2016，38（5）：62-69.

[26] 刘玲. MOOC 中同伴互评的功能与策略探究——以 edX、Coursera 平台及北京大学的 MOOC 课程为例[J]. 工业和信息化教育，2014（11）：11-16.

[27] 刘清堂，叶阳梅，朱珂. 活动理论视角下 MOOC 学习活动设计研究[J]. 远程教育杂志，2014（4）：99-105.

[28] 卢家楣. 教学内容的情感性处理策略[J]. 教育研究，2002（12）：70-74.

[29] 吕宬. 高校图书馆非正式学习互动空间设计研究[D]. 上海：华东师范大学，2017. 6-10.

[30] 马海文. 如何提高远程教育中学生的学习效果[J]. 教育革新，2008（11）：71-71.

[31] 钱小龙，汪霞. 美国大学课程国际化之路[J]. 高教发展与评估，2012，28（3）：102-108+124.

[32] 秦瑾若，傅钢善. MOOC 课程讨论区中的社会性交互研究——以中国大学 MOOC 平台《现代教育技术》课程为例[J]. 中国教育信息化，2017（5）：20-24.

[33] 秦学明，孟红娟. 大规模开放在线课程的特征分析及其发展反思[J]. 软件导刊（教育技术），2015，14（3）：27-29.

[34] 盛东方. 移动学习资源开发与管理方法研究[D]. 南京：南京大学，2013. 15-16.

[35] 宋吉祥，吴学贤，杨成. 网络学习平台的类型与功能分析[J]. 中国教育技术装备，2005（9）：10-15.

[36] 孙苗. 开放课程的学习模式及教育意义分析[J]. 教育现代化，2015（1）：91-95.

[37] 王卫军，杨薇薇，邓茜，等. 在线课程设计的原则与理念思考[J]. 现代远距离教育，2016（5）：54-60.

[38] 魏雪峰，杨现民. 移动学习：国际研究实践与展望——访英国开放大学迈克·沙普尔斯教授[J]. 开放教育研究，2014（1）：4-8.

[39] 吴江，马磐昊. 基于超网络的 MOOC 平台知识流动研究[J]. 图书与情报，2015（6）：97-106.

[40] 吴青，罗儒国. 学习分析：从源起到实践与研究[J]. 开放教育研究，2015，21（1）：71-79.

[41] 肖为胜，方志军. 在线学习模式浅探[J]. 教育学术月刊，2009（6）：108-109.

[42] 闫英琪. 微信支持下的移动学习活动设计与实证分析——以"VF 程序设计"课程为例[J]. 电化教育研究，2016（2）：88-94.

[43] 杨开城. 以学习活动为中心的教学设计理论[M]. 北京：电子工业出版社，2005.

[44] 余亮，黄荣怀，杨俊锋. 开放课程发展路径研究[J]. 开放教育研究，2013（6）：28-35.

[45] 张维忠，唐慧荣. 可视化教学内容设计的五大原则[J]. 电化教育研究，2010（10）：99-102.

[46] 张一春. 精品网络课程设计与开发[M]. 南京：南京师范大学出版社，2008：26-27.

[47] 张一春. 信息化教学技术与方法[M]. 北京：高等教育出版社，2013：10.

[48] 张一春. 信息化教学设计精彩纷呈[M]. 北京：高等教育出版社，2018：99-111.

[49] 张玉. 学生个人网络学习空间的学习活动设计与实施[D]. 浙江师范大学，2017.

[50] 赵立影. 从活动理论看以学生为中心的学习环境设计[J]. 现代教育技术，2004（4）：19~21.

[51] 中国教育信息化网. 教育部关于加强高等学校在线开放课程建设应用与管理的意见[J]. 中华人民共和国国务院公报，2015（18）：48-50.

[52] 钟志贤. 知识建构、学习共同体与互动概念的理解[J]. 电化教育研究，2005（11）：20-24.

[53] 周仕东. 科学探究与教学内容的选择[J]. 教育理论与实践，2002（11）：59-62.

[54] 周文瑾. 信息化教学的教学评价[J]. 当代教育论坛，2005（10）.

[55] 朱弘扬. 基于生态属性的网络学习活动设计与应用研究[D]. 浙江师范大学，2016.